CHOIX

DE

VASES PEINTS

DU

MUSÉE D'ANTIQUITÉS DE LEIDE.

CHOIX

DE

VASES PEINTS

DU

MUSÉE D'ANTIQUITÉS DE LEIDE;

PUBLIÉS ET COMMENTÉS

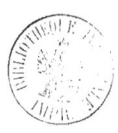

PAR

J. ROULEZ,

DOCTEUR EN PHILOSOPHIE ET LETTRES ET EN DROIT ROMAIN ET MODERNE, PROFESSEUR A LA FACULTÉ DE PHILOS. ET LETTRES DE L'UNIVERSITÉ DE GAND,
MEMBRE DE L'ACADÉMIE ROYALE DES SCIENCES, DES LETTRES ET DES BEAUX-ARTS DE BELGIQUE;
MEMBRE ÉTRANGER OU CORRESPONDANT DES ACADÉMIES ROYALES DES SCIENCES DE MUNICH, DE GÖTTINGUE, DE TURIN,
DE L'ACADÉMIE DES INSCRIPTIONS ET BELLES-LETTRES DE L'INSTITUT IMPÉRIAL DE FRANCE ;
DE L'ACADÉMIE ROYALE D'HERCULANUM DE NAPLES, DE L'ACADÉMIE PONTIFICALE D'ARCHÉOLOGIE DE ROME, ETC.

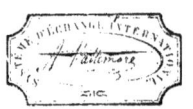

GAND,
TYPOGRAPHIE DE I. S. VAN DOOSSELAERE.

MDCCCLIV.

A

SA MAJESTÉ

GUILLAUME III

ROI DES PAYS-BAS,

PRINCE D'ORANGE-NASSAU, GRAND-DUC DE LUXEMBOURG,

DUC DE LIMBOURG, ETC.

SIRE !

La partie la plus importante des vases peints du musée d'antiquités de Leide est un don de la munificence personnelle du roi Guillaume I, d'illustre mémoire, et un témoignage durable de la haute protection dont il entoura les lettres et les arts.

En offrant à Votre Majesté l'hommage d'un ouvrage consacré à la publication des principaux de ces monuments, j'ai cru me conformer au vœu des Curateurs de l'Université de Leide et payer publiquement, en leur nom, au petit-fils le tribut de reconnaissance dû si légitimement à la royale libéralité de l'aïeul.

La haute bienveillance avec laquelle Votre Majesté a daigné m'accorder l'honneur de faire paraître cet ouvrage sous ses auspices, est pour moi la plus douce récompense de mes travaux.

Je suis avec un profond respect,

Sire!

DE VOTRE MAJESTÉ

LE TRÈS-HUMBLE ET TRÈS-OBÉISSANT SERVITEUR,

J. ROULEZ.

AVANT-PROPOS.

Diverses causes, dont la connaissance importe peu au public, ont retardé cette publication beaucoup plus longtemps que l'eussent désiré plusieurs archéologues et que je l'eusse voulu moi-même. Les planches étaient terminées dès 1846, et la rédaction du texte explicatif des deux premières remonte à cette époque. Mon travail, interrompu alors, fut repris seulement après un intervalle de cinq années, et continué avec plusieurs longues interruptions encore.

La section des vases peints du musée de Leide s'est formée par des acquisitions et des dons successifs. Un grand nombre de ces vases doivent provenir de la Grèce ; ils faisaient du moins partie des objets antiques que le colonel Rottiers rassembla, pendant son séjour dans ce pays, où il remplit une mission, et qu'il vendit au Gouvernement en 1823. D'autres ont été trouvés dans la Cyrénaïque et donnés par M. Clifford Cocq Van Breugel, consul des Pays-Bas à Tripoli. D'autres encore ont été rapportés soit de l'Italie, soit de la Grèce par différentes personnes et vendus ou donnés au musée [1]. Mais la partie, sans contredit la plus importante, consiste en une des collections formées par Lucien Bonaparte du produit des fouilles qu'il fit exécuter dans ses domaines de Canino, sur le territoire de l'ancienne Étrurie. Cette collection, renfermant une centaine de pièces, fut exposée et mise en vente à Rotterdam dans le courant de l'année 1839. Le roi Guillaume I l'acheta des fonds de sa cassette pour en faire don au musée de Leide. Mais, par une noble

---

[1] Voy. L.-J.-F. Janssen, *De Grieksche, Romeinsche en Etrurische Monumenten van het Museum van Oudheden te Leyden, kort beschreven*, 1848, pp. IV, sv, et 82.

délicatesse, qui double le prix du bienfait, le généreux monarque voulut que cet acte de libéralité demeurât secret; l'acquisition fut censée avoir eu lieu pour le compte de l'État [1].

Des vases peints compris dans le présent recueil, quatre appartenaient à la collection du colonel Rottiers, tous les autres faisaient partie de la collection du prince de Canino. Ma publication offre les pièces capitales du musée, mais elle ne contient pas toutes celles qui auraient mérité d'y entrer; parmi les vases de cette dernière catégorie, les uns sont déjà publiés [2], deux ou trois autres ont échappé à mon attention, d'autres enfin n'auraient pu être admis sans que l'ouvrage ne sortît des limites que je lui avais assignées. Mon choix n'a pas été fait sur les lieux en présence des monuments, mais à mon retour de Leide, et d'après mes notes seules, puisqu'à cette époque il n'existait pas encore de Catalogue imprimé.

Si la libéralité des réglements du musée m'a permis, à moi étranger, de publier un grand nombre de monuments inédits, qui font l'ornement de cet établissement, l'amitié et l'obligeance extrême du savant directeur, M. C. Leemans, m'ont procuré toutes les facilités désirables pour cette entreprise. De plus, cet antiquaire distingué a bien voulu diriger et surveiller l'exécution des planches. Je le prie de recevoir ici l'expression de ma vive reconnaissance. J'ajouterai que j'ai été assez heureux pour rencontrer dans M. T. Hooiberg, dont l'atelier de lithographie est établi dans le local même du musée, un artiste aussi habile que modeste.

GAND, le 1er août 1854.

[1] Voy. C. LEEMANS, De Zangles; eene Grieksche beschilderde Drinkschaal, etc., p. 18, sv. Leyden, 1844. in-4°.

[2] Ce sont : 1° deux amphores panathénaïques dans les Mon. ined. dell' inst. arch. Vol. I. Tav. XXI-XXII, n°s 1 a, b, et 8 a, b. Une troisième amphore panathénaïque, que j'avais confondue avec celle que l'on voit ibid., n° 3 a, b, mais dont elle diffère un peu, est encore inédite; 2° une belle amphore de Nola, à figures rouges, représentant Minerve et Nicé, dans l'Élite des Monuments céramographiques. T. 1, pl. LXXVI. A, et une autre amphore représentant Apollon et Diane sous le palmier de Délos, ibid. T. II, pl. XL; 3° un lécythus montrant un jeune garçon nu dans une chaudière chez GERHARD, Auserlesene Griech. Vasenbilder, I, Taf. LXX, S. 6; 4° une coupe qui fait le sujet de la publication précitée de M. LEEMANS.

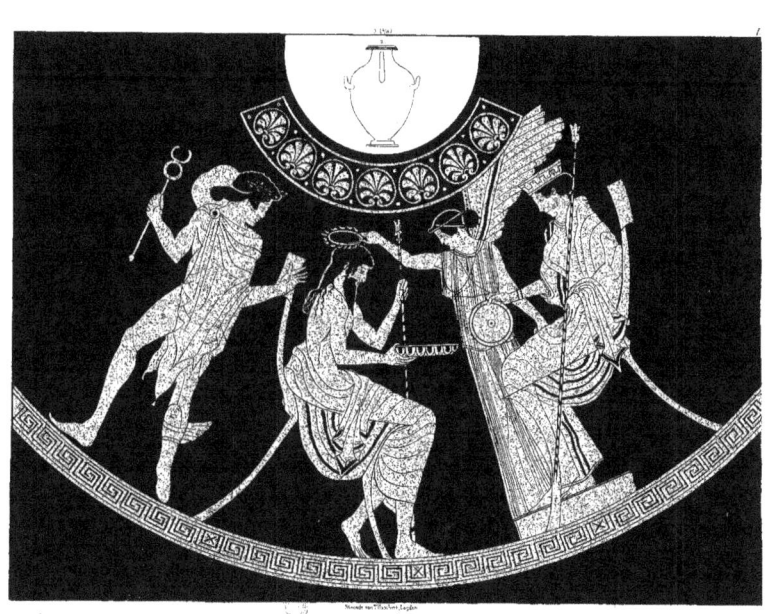

CHOIX

DE

VASES PEINTS

DU

MUSÉE D'ANTIQUITÉS DE LEIDE.

PLANCHE I.

LES FIANÇAILLES DE JUPITER ET DE JUNON.

Lorsque les Anciens avaient à parler des Dieux, ils commençaient par Jupiter [1]. Pour me conformer à leur usage, je donnerai la première place dans la série des peintures, que je vais essayer d'expliquer, à celle [2] sur laquelle figure le maître de l'Olympe et que reproduit la planche I. Jupiter occupe le centre de la composition; il est assis sur un siège à haut dossier, tourné à droite. De la main gauche il s'appuie sur son sceptre, attribut de la royauté, et tient dans la droite une patère; le *pallium*, dont il est vêtu, laisse nue la partie supérieure de son corps. Le dieu a la figure jeune; sa chevelure retombe sur son dos en boucles longues et onduleuses; une barbe touffue ombrage son menton et descend jusque sur sa poitrine. Sur un siège placé à l'extrémité droite et en face de celui de Jupiter est assise Junon,

---

[1] Voyez Terpandre *ap.* Clem. Alex. *Strom.* VI, p. 784. Alcman *ap* Himer. *Orat.* V, 3. Pindar. *Nem.* II, 3. Aratus *Phænom.* V, 1. *ib.* schol.; Theocrit, *Id.* XVII, 1. etc.

[2] Elle décore une hydrie de Vulci. Voyez Gerhard, *Rapporto Volcente* (*Annali dell' Instituto archeologico.* Vol. III, p. 141 [229].)

reconnaissable à la beauté fière de sa figure et à la majesté de son maintien; elle porte également dans les mains une patère et un sceptre, enrichi d'une incrustation de métal, disposée en ligne spirale. Ses pieds reposent sur un escabeau. La déesse a pour vêtement une tunique longue, recouverte d'un péplus, dont un des bouts est rejeté sur son bras gauche. Des pendants d'oreilles et des bracelets rehaussent la richesse de sa parure. Elle est coiffée du modius, ornement de tête qu'on retrouve principalement aux anciennes idoles de la Junon d'Argos [1]. Une jeune femme ailée et vêtue d'une tunique sans manches et à plis très-fins, se tient debout entre Jupiter et Junon; elle se tourne vers le premier et lui pose une couronne sur la tête. A l'extrémité gauche de la composition, nous apercevons Mercure s'éloignant du lieu de la scène en jetant un regard derrière lui et en faisant un geste qui exprime la surprise; il va porter aux autres dieux l'heureuse nouvelle de l'acte qui s'accomplit. Son pétase rejeté en arrière, laisse à découvert son front, ceint d'une couronne de myrte, pareille à celle de Jupiter [2]. Tout son vêtement consiste en une chlamyde, rattachée sur l'épaule au moyen d'une agrafe. Il a un pied chaussé d'une bottine ailée; l'absence de la même chaussure à l'autre pied doit être attribuée, sinon à une restauration, à la négligence de l'artiste. On sait que les céramographes apportaient en général peu de soin à l'exécution des parties plus ou moins secondaires des figures. Le dieu porte dans la main le caducée, son attribut ordinaire.

Cherchons maintenant à fixer le sens de la composition. La première idée qui se présente à l'esprit, à la vue de Jupiter couronné, c'est sa victoire sur les Titans ou sur les Géants, victoire qui lui assura l'empire du monde; c'est la même idée dont nous retrouvons l'expression complexe dans les représentations du Jupiter appelé *Nicéphore*, à cause de la victoire qu'il porte sur la main [3]. Mais un examen plus attentif de la disposition des figures du tableau ne nous permettra guère de nous arrêter à cette signification. Ce ne peut être sans intention particulière et par l'effet du hasard, que le roi et la reine de l'Olympe sont assis en face l'un de l'autre. La position de Junon indique, à n'en pas douter, que la déesse n'est pas là simple spectatrice, mais qu'elle a un rôle dans la scène qui se passe. Je soupçonne, en conséquence, que la peinture a trait à l'*hiérogamie* ou mariage sacré des deux divinités. Les croyances religieuses des Grecs plaçaient Jupiter et Junon au premier rang des dieux protecteurs de l'union conjugale, et considéraient leur mariage comme le type de tous ceux qui se contractent sur la terre [4]. Le culte que la Grèce leur rendait en cette qualité était très-répandu. A Athènes, la fête célébrée en leur honneur, le 21 mars, s'appelait ἱερὸς γάμος [5]. A Cnosse, dans l'île de Crète, l'anniversaire de leur mariage était religieusement fêté sur les bords du fleuve Thérène, où s'élevait leur temple : les cérémonies qui y avaient lieu étaient l'imitation d'anciens rits nuptiaux, que la tradition avait transmis d'âge en âge [6]. Les rits nuptiaux composaient également avec les sacrifices la fête de Junon à Samos [7], et probablement que dans

---

[1] Voy. une hydrie du musée de Berlin chez Panofka, *Argos Panoptes* Taf. IV, 2, et chez Lenormant et De Witte, *Élite des monuments céramogr.* T. I, pl. XXV; un autre vase chez Millingen, *Peintures de vases*, pl. LII; un troisième chez Inghirami, *Monumenti Etruschi.* V, tav. 15. (Les trois idoles seulement ont été reproduites par M. Gerhard, *Antike Bildw.* Taf. CCCIX, 5, 9 et 10, Voy. l'explication, p. 398); enfin un bas-relief chez Stackelberg, *Apollotempel zu Bassæ*, Taf. 29.

[2] Une couronne sur la tête d'un messager était le signe d'une bonne nouvelle. Voyez Sophocl. *Trachin.* vs. 178, sq.

[3] Tel était le Jupiter olympien de Phidias, Pausan, V, 11, 1.

Voy. des médailles d'Antiochus chez Visconti, *Iconograph. Gr.*, pl. 4 nᵒˢ 22-24; de Vitellius chez Millin, *Galerie mythol.* X, 43; d'Hadrien chez Mionnet, *De la rareté des méd. rom.* T. I, p. 187.

[4] Diodor. Sicul. V, 75. Dionys. Halicarn. *Rhetor.* II, 2. T. V, p. 235. Reisk.

[5] Photii *Lexicon.* voc. ἱερὸν γάμον, p. 80. ed. Hermann. *Etymolog. Magn.* voc. ἱερομνήμονες, p. 425. ed. Lips et Hesych. voc. ἱερὸς γάμος. T. II, p. 28. Welcker, *zu Schwenck's Etymol. myth. Andeutung.* S. 272.

[6] Diodor. Sic. V, 72.

[7] *Nuptiarum ritu* Varro ap Lactant. *Fals. relig.* I, 17.

beaucoup d'autres localités [1], ils faisaient le fond des solennités religieuses en l'honneur de la déesse. Il existait plusieurs versions sur le lieu où l'union mystérieuse des deux divinités suprêmes de l'Olympe s'était accomplie; différentes traditions locales plaçaient le théâtre de cet événement dans l'Argolide [2], à Samos [3], dans l'île d'Eubée sur le mont Ocha près de Carystos [4], à Cnosse en Crète [5], enfin sur le mont Cithéron dans la Béotie [6]. La poésie épique célébra dans ses chants l'hiérogamie de Jupiter et de Junon [7] et la comédie s'en empara à son tour, pour la travestir et en exagérer les côtés licencieux [8]. Il est à croire que l'art ne négligea pas non plus cette source [9]. La céramographie, dont une partie des productions étaient destinées à des cadeaux de noces, y trouvait des sujets de composition convenables. Cette considération me fait persister à appeler du nom de ces deux divinités [10] les personnages sans attributs, montés sur le char dans la procession nuptiale représentée sur quelques peintures de vases d'ancien style [11]. Pour mettre de la variété dans les représentations d'un même événement, les artistes avaient l'habitude d'en choisir tantôt un épisode et tantôt un autre. La conduite de l'épouse à la demeure du mari faisait partie de la célébration des noces proprement dites. Mais la veille avait eu lieu une autre cérémonie, nommée *protélies*, dans laquelle des offrandes étaient faites aux divinités protectrices du mariage [12]. Cette dernière cérémonie était précédée à son tour par les fiançailles : le père de la jeune personne buvait d'abord à une coupe pleine de vin, puis la présentait à son gendre futur [13], ou bien la jeune fille elle-même faisait connaître sa volonté, en offrant la coupe à l'homme qui lui était destiné [14]. Je ne connais pas de représentations qui puissent être appliquées, avec quelque probabilité, aux protélies de Jupiter et de Junon [15]; mais je crois pouvoir regarder la peinture qui nous occupe, comme étant relative à leurs fiançailles.

---

(1) Ces localités sont indiquées par Wieseler dans la *Real-Encyclop. der class. Alterthumsw.* voc. *Juno*. T. IV, p. 559, fgg.

(2) Schol. Theocrit. XV, 64. Pausan. II, 36, 2.

(3) Schol. Homer. Il. XIV, 296, p. 398. Bekker. Eustath., *Ibid.* p. 987, 10. Rom. T. III, p. 228. Lips.

(4) Stephan. Byzant. voc. Κάρυστος, p. 160. Westermann. Plut. *ap* Euseb. *Praep. Evang.* III, p. 83. On croit reconnaître le sanctuaire de Jupiter et de Junon dans les ruines du plus ancien temple de la Grèce, qui existent encore aujourd'hui sur cette montagne. Voyez *Monum. dell' Institut. archeolog.* III, 37, et la description d'Ulricus dans les *Annal.* Vol. XIV, p. 10 sv.

(5) Diodor. Sic., *l. c.*

(6) Pausan. IX, 3, 1. Plut. ap Euseb. *l. c.*

(7) L'auteur des *Théogamies* attribuées à Pisandre de Camire (Voy. Welcker, *Der epische Cyclus.* S. 97, f. 99. Dübner, *Pisandri fragm.* p. 6.) avait commencé son poème par le mariage de Jupiter et de Junon, Macrob., *Saturn.* V, 2.

(8) Ce mariage faisait le sujet de la comédie d'Alcée, intitulée ἱερός γάμος. Voyez Meineke, *Histor. crit. comicor. gr.* p. 247 et *Fragm. comic. gr.* Vol. II, p. 828. sq.

(9) On trouve la procession nuptiale de Jupiter et de Junon sur un bas-relief publié par Zoëga, *Bassi-rilievi di Roma.* T. II. Tav. 101. Voyez Welcker, *Rhein-Mus.* (Neue Folge.) T. I. S. 420, fgg.

(10) Des explications différentes ont été proposées par MM. Gerhard, *Auserles. Gr. Vasenbild.* Th. II. S. 189 et Ott. Jahn. *Archæolog. Aufsœtze.* S. 94.

(11) Voyez l'hydrie de Vulci publiée dans les *Bulletins de l'Académie de Bruxelles.* T. VIII. Part. I, et les autres vases que j'y ai indiqués p. 428, not. 2. Je vois avec satisfaction que mon opinion semble être partagée par M. Raoul-Rochette, dans la description qu'il fait (*Choix de peintures de Pompéi*, p. 11, not. 1.) d'une amphore existant aujourd'hui à la Pinacothèque de Munich, et représentant une procession nuptiale. Ce savant et habile antiquaire donne aussi les noms de Jupiter et de Junon aux deux personnages montés sur le quadrige.

(12) Τὰ προτέλεια γάμων, προγαμεῖα. Voyez Pollux III, 38 Phot. voce. προτέλεια et προτελείαν, p. 343. Hermann. Plut. *Aristid.* 20. Achilles Tat. II, 12, p. 35. Jacobs. Cf. Ruijnken. *ad Tim. Lexic.* p. 224. ed. 2. Böttiger, *Die Aldobrandinische Hochzeit* S. 128 *Kunstmythologie*, II. S. 252. Ad. Becker, *Charikles* S. 437, fg.; K. F. Hermann, *Gottesdienstliche Alterthuemer der Griech.* § 48, 3 et *Privatalterth.* Th. II, C. III, § 31, 8; et mon article sur les protélies de Bacchus et d'Ariane dans les *Bulletins de l'Académie de Belgique.* T. XIII, Ire part. p. 122.

(13) Pindar. *Olymp.* VII, 1-4. *Ib.* Boeckh, *Explicat.* p. 168.

(14) Athenæus, XIII, 35, p. 575 a, et 36, p. 576 a-b. A. Becker (*Charikles.* S. 433) objecte que ces deux exemples sont étrangers aux mœurs grecques. Son objection est vraie pour le premier; mais la comparaison du second avec le passage de Pindare offre une base suffisante à l'opinion de M. Boeckh. Ces fiançailles étaient accompagnées d'un serment Stobæus, *Sermon.*, LXXIV, 61. Eschyl. *Eumenid.*, 214. Ὥρας τελείας καὶ Διὸς πιστώματα.

(15) Dans mon article précité sur les protélies de Bacchus et d'Ariane (p. 128), j'ai rapporté à celles de Jupiter et de Junon la peinture d'une *pelikè* de la collection d'Hamilton, publiée dans les *Vases d'Hamilton.* T. I, pl. CCXXII et dans l'*Élite des monuments céramograph.* T. I, pl. XXI. Mais le manque de

PLANCHE I.

Je dois expliquer d'abord un détail qui pourrait donner à mon opinion une apparence de fausseté; je veux parler de la couronne que reçoit Jupiter. Offerte à l'un des époux seulement, elle semble être le signe d'une victoire, plutôt que d'avoir trait au mariage. Or, voici quelle est la nature de ce triomphe : pour arriver aux fiançailles dont nous voyons la célébration, le dieu a dû surmonter la longue résistance de sa sœur, et il n'est parvenu à la vaincre que par la ruse, en ayant recours à une métamorphose [1]. Dans sa composition, l'artiste a rappelé à la fois ces deux événements successifs. La femme ailée, qui pose la couronne sur la tête de Jupiter, tient de la main gauche un objet caché par le corps de Junon; c'est, sans nul doute, l'oenochoé, avec laquelle elle remplira la coupe des fiancés. On comprend aisément que, dans ces sortes de représentations, l'artiste ne pouvait pas s'astreindre à suivre ponctuellement ce qui se pratiquait dans la vie réelle; l'acte, dont l'accomplissement était essentiel, c'est la libation, indice de la foi promise.

Cette figure ailée pourrait être prise pour Nicé ou la Victoire. Les œuvres de l'art nous la montrent tantôt remettant au vainqueur une couronne ou une bandelette, tantôt lui versant la liqueur d'une libation; l'oenochoé est donc un de ses attributs ordinaires. Comme la libation cependant est l'action principale de notre tableau et qu'elle a pour but de consacrer les serments des époux, l'office d'échanson appartient avec plus de droit à Iris [2]; aussi c'est ce dernier nom que je crois devoir adopter.

L'intérêt de mon explication de l'hydrie de Leide me fait un devoir de mentionner ici deux autres peintures de vases. La première est la célèbre coupe de Sosias du Musée de Berlin [3]; on y voit Jupiter et Junon tenant chacun une coupe, dans laquelle Hébé ou Iris va verser une liqueur de son oenochoé. Quoique, dans son ensemble, la composition contienne une allusion au mariage, elle ne peut cependant pas se rapporter à la cérémonie des fiançailles; car les autres couples de divinités, placées après Jupiter et Junon, feront également une libation et l'un de ces couples se compose de deux déesses. M. Gerhard a donc eu raison de reconnaître dans cette peinture un tableau de la félicité des dieux, occupés à savourer le nectar. J'admets également, quoique avec moins d'assurance, la même interprétation pour l'amphore de Vulci où Ganymède ailé verse le nectar à Jupiter et à Junon, en présence de Neptune, de Minerve et de Mercure [4]. Mais sans parler des personnages secondaires, il y a entre ces compositions et la nôtre une différence essentielle, qui semble leur donner une signification toute différente; elles montrent les deux divinités assises à côté l'une de l'autre, tandis que sur le vase de Leide nous les voyons affrontées [5].

---

sceptre et de stéphané à la femme qui tient l'oenochoé, laisse planer beaucoup de doute sur mon explication.

[1] Voyez les textes cités ci-dessus, p. 3, not. 2. Ajoutez y Pausanias II, 17, 4. Dans la légende samienne le dieu triomphait également par la ruse. Voyez p. 3, not. 3.

[2] Hesiod., Theogon. vs. 784 sq. Ζεὺς δέ τε Ἶριν ἔπεμψε θεῶν μέγαν ὅρκον ἐνεῖκαι Τηλόθεν ἐν χρυσέῃ προχόῳ, πολυώνυμον ὕδωρ κτλ. — Le grand vase de Chiusi ou Musée de Florence nous montre Iris assistant comme témoin au pacte solennel par lequel Thétis est fiancée à Pélée. Voy. Monumenti inedit. dell' Instit. Vol. IV, Tav. LV.

[3] Elle est publiée dans les Monumenti inediti dell' Instituto archeologico, Vol. I, pl. XXIV; chez Otf. Müller, Denkmæler der alten. Kunst I, 43, 240, et d'une manière plus complète chez Gerhard, Griech. und Etrusk. Trinkschalen des K. Mus. zu Berlin. Taf. VI. VII.

[4] Gerhard, Auserlesene Griech. Vasenbilder. I. Taf. VII, p. 31, svv.

[5] Une peinture de vase de la collection de lord Northampton, offrant cette même disposition, parait devoir être expliquée de la même manière que notre hydrie. Nous lisons dans l'Archæolog. Zeitung de M. Gerhard, IV, p. 341, la description suivante de cette peinture : « Stamnos mit rothen Figuren schoensten Styls. » Einerseits sitzt Zeus und empfängt eine libation nicht aus Hebe's » sondern aus Athenens Hand. Ihm gegenueber sitzt Hera, mit » einem Kalathos bedeckt und ein Scepter haltend. »

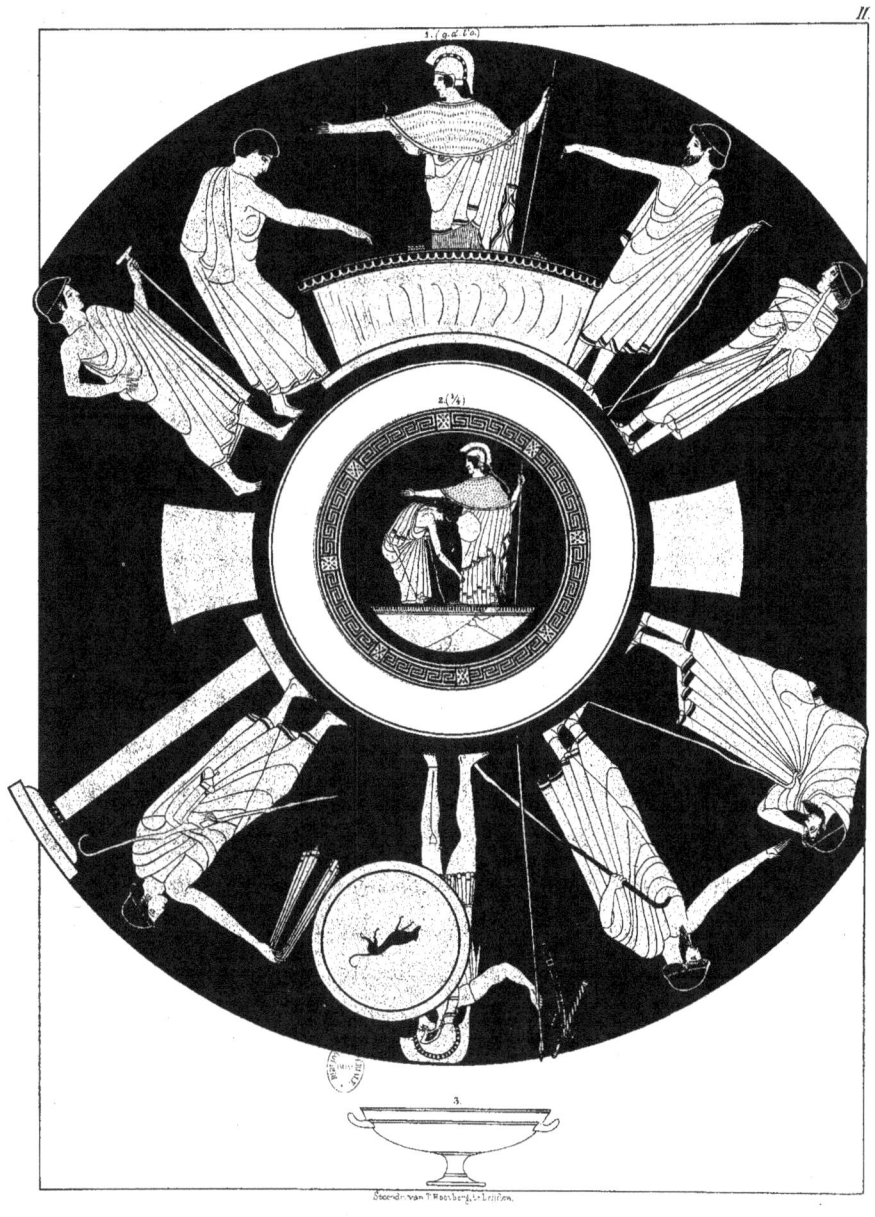

PLANCHE II.

L'ORACLE DE MINERVE SCIRADE.

Chaque année, le 12 de *Scirophorion* (juin), se célébrait à Athènes la fête des *Scires* ou *Scirophories* : la prêtresse de Minerve, le prêtre de Neptune-Érechthée, celui du Soleil et toute la famille des Étéoboutades, munis de parasols blancs σκίρα, se rendaient de l'acropole à un endroit nommé *Sciron* [1], là où les premières semailles avaient été faites [2]. C'était une procession dans les champs pour la réussite des fruits de la terre, auxquels de trop grandes chaleurs pouvaient devenir fatales. Le lieu d'où elle partait, les personnes qui la composaient indiquent suffisamment qu'elle constituait une partie du culte de Minerve ou Athéné Poliade, protectrice de l'agriculture. Les auteurs font mention de deux localités du nom de *Sciron*; l'une était située dans le voisinage de la ville sur la route d'Éleusis; elle avait été ainsi appelée à cause d'un certain Scirus, devin de Dodone, qui, venu au secours des Éleusiniens en guerre avec Érechthée, y périt et y fut enterré [3]. On n'a aucune preuve de l'existence d'un temple de Minerve dans cet endroit [4]. L'autre *Sciron* se trouvait dans le dème de Phalère; le devin, dont il vient d'être parlé, y avait élevé un temple en l'honneur d'Athéné, surnommée *Skiras* [5]. Des versions différentes attribuent la fondation du culte de cette déesse à Thésée [6] ou à un autre Scirus, contemporain de ce prince et colonisateur de l'île de Salamine [7]. Selon un texte de Plutarque [8], ce Scirus aurait eu lui-même

---

[1] Voy. Harpocrat. v. Σκίρον, p. 270. Schol. *ad* Aristophan., *Eccles.* 18. T. X, p. 927. Invernizi et *Thesmoph.* 841. T. XI, p. 518. Photii *Lexic.* voc. Σκιρόν, p. 387. Hermann. Si l'on se tient à la lettre des textes précités, il faut admettre qu'il n'y avait qu'un seul dais sous lequel s'abritait la prêtresse de Minerve avec les prêtres d'Hélios et de Posidon, voire même avec ce dernier seul. L'invention du parasol était attribuée à Minerve. Bekker, *Anecdot. Gr.*, p. 304.

[2] Plut. *Præcept. conjug.* c. 42.

[3] Pausan. I, 36, 3.

[4] S'il y avait eu un temple de Minerve dans cet endroit, on ne comprendrait pas pourquoi Pausanias l'aurait passé sous silence, lui qui indique soigneusement les temples et les tombeaux existant sur la même route. Le silence de cet écrivain serait d'autant plus surprenant qu'à ce propos il fait mention du temple d'Athéné-Scirade dans le Phalère. Observons en outre que les auteurs n'assignent pas un temple pour but à la procession des Sciropho-ries, mais un *certain* lieu nommé Sciron (εἴς τινα τόπον), où sans doute on faisait un sacrifice en plein champ. Ces raisons ne me permettent donc pas de me rallier à l'opinion de M. Gerhard (*Ueber*

die Minervenidole Athens. S. 15, fgg.), qui admet l'existence de deux temples consacrés à Athéné-Scirade.

[5] Pausan. *l. cit.* Cf. Philochor. *Fragm.* 42, p. 391. ed. Car. Müller. Pherecrates ap. Phot. *Lexic.* v. Σκίρον· τόπος Ἀθήνησιν ἐφ' οὗ... Σκιράδος Ἀθηνᾶς ἱερόν.

[6] Schol. Aristoph. *l. c.* Σκιράδα δὲ Ἀθηνᾶν Θησεὺς ἐποίησεν, ὅτε ἐπανήει ἀποκτείνας τὸν Μινώταυρον. Cf. Photius *l. c.* voc. Σκιρός. *Etymolog. Magn.* voc. Σκιρροφοριών, p. 651. Lips.

[7] Praxion dans le livre II de ses *Mégariques*, ap. Schol. Aristoph. et Phot. *ll. citt.* Cf. Plut. *Thes.* c. 17. Il existait dans l'île de Salamine même, sur le promontoire de Cynosura, un temple de Minerve Scirade. Voy. Herodot. VIII, 94. M. Bæhr dans sa note sur ce passage, T. IV, p. 129, confond à tort le temple en question avec celui du Phalère. Strabon (Lib. IX, § 9, p. 393) dit à propos de Salamine : ἐκαλεῖτο δ'ἑτέροις ὀνόμασι τὸ παλαιόν· καὶ γὰρ Σκιράς, καὶ Κυχρεία, ἀπό τινων ἡρώων, ἀφ' οὗ μὲν Ἀθηνᾶ τε λέγεται Σκιράς, καὶ τόπος Σκίρα ἐν τῇ Ἀττικῇ κ. τ. λ.

[8] *L. c.* πρὸς τῷ τοῦ Σκίρου ἱερῷ. Remplacer dans ce texte τοῦ Σκίρου par τῆς Σκιράδος, serait appliquer un remède trop violent;

un temple à côté de celui de Minerve. Il s'agit maintenant de savoir dans laquelle de ces deux localités se rendait la procession du mois de Scirophorion. Je penche à croire que c'était au Sciron, sur le chemin d'Éleusis; l'absence d'un temple, qui rappelât le nom de la déesse en l'honneur de qui les Sciropheries avaient lieu, explique comment on a pu arriver, plus tard, à attribuer cette fête à Cérès et Proserpine [1]. Mais la religion ionienne, implantée à Athènes par Thésée, établit une seconde fête des *Scires*, consacrée à la Minerve Scirade du Phalère et entièrement indépendante du culte de l'acropole [2]. Les *Oschophories* en constituaient une partie. Des jeunes gens portant des branches de vigne chargées de leurs grappes, couraient du temple de Bacchus à celui de Minerve [3]; circonstance qui autorise à supposer que cette fête avait lieu vers l'époque des vendanges [4]. Le fils d'Égée est cité comme l'auteur de l'institution des oschophories [5].

De ce qui précède on peut tirer la conclusion que la Minerve Scirade, la déesse habitant une contrée au sol crayeux et blanchâtre [6] se présente à nous avec un caractère agraire, de même que la Minerve Poliade [7], dont elle était en quelque sorte le dédoublement; nous devons les considérer l'une et l'autre comme la personnification de la chaleur tempérée du ciel. Il est dans la nature des divinités de la lumière de prédire l'avenir; la déesse de l'acropole et celle du Phalère eurent leur oracle. Dans le temple de la première, on nourrissait un serpent et l'on tirait des présages de la manière dont il mangeait les gâteaux qui lui étaient jetés [8]; dans le temple de la seconde, les prédictions se faisaient au moyen de dés [9]. On rencontre dans l'antiquité plusieurs vestiges de la divination à l'aide de dés ou de petites pierres [10]; l'invention en était attribuée à Minerve [11]. Il faut rapporter à ce genre de divination les *thries* de Delphes [12] et l'oracle d'Hercule à Bura. Voici ce que Pausanias [13] nous apprend de ce dernier. Les personnes qui allaient le consulter, adressaient d'abord leurs prières et leurs vœux au dieu, puis prenaient quatre des dés, dont il y avait provision aux pieds de sa statue, et les jetaient sur la table. Chaque dé portait certains signes; on en lisait l'interprétation sur une tablette.

Il est probable que la vogue qu'obtinrent les oracles de Minerve Scirade, fit placer le jeu de dés sous la protection de la déesse; car le Sciron devint non seulement le rendez-vous des devins [1], mais aussi celui des joueurs [2], qui y furent suivis par les femmes publiques [3]. On alla même jusqu'à donner le nom de *Sciraphie* (Σκιραφεία) au jeu de dés, et à appeler *Sciraphion* (Σκιράφιον) tout endroit où l'on se réunissait pour ce jeu [4].

Ces notions préliminaires étaient indispensables pour l'intelligence des représentations qui ornent la *cylix* ou coupe [5] reproduite sur la planche II. A l'extérieur, la peinture de l'un des côtés montre Minerve, ou plutôt la statue de cette déesse, occupant le centre de la composition; elle a devant elle une base ou un autel sur lequel se trouvent deux tas de globules figurant des dés. Le pédotribe debout à droite du spectateur, semble en avoir pris quelques-uns qu'il laisse tomber sur l'autel. Du côté opposé un éphèbe se baisse en tendant la main pour ramasser aussi des dés et tenter le sort à son tour. Deux autres éphèbes assistent à cette opération. Il doit être évident pour tout le monde que nous avons devant les yeux une consultation de l'oracle d'*Athéné Scirade*. Ces jeunes gens viennent s'enquérir si la victoire les attend ou non dans les jeux auxquels ils se proposent de prendre part [6]. Selon toute vraisemblance le personnage barbu jette les dés pour le compte de l'éphèbe qui se tient derrière lui. La même scène se répète, mais d'une manière plus abrégée, dans l'intérieur de la cylix. On n'y voit qu'un seul éphèbe s'inclinant pour prendre quelques-uns des dés placés aux pieds de la déesse sur une base, dont la forme imite celle d'une coupe.

La peinture extérieure, opposée à celle qui a été décrite plus haut, représente une scène de départ. Un guerrier barbu, la tête couverte d'un casque, s'apprête à partir pour la guerre. Il porte dans la main droite une lance et dans la gauche un grand bouclier rond, ayant pour emblème un lévrier. On voit son épée suspendue dans le champ de la peinture. Ce guerrier se retourne vers un jeune homme drapé, tenant d'une main un bâton recourbé et de l'autre une pièce d'étoffe ou une chlamyde qu'il lui présente. La colonne qui termine le tableau de ce côté indique que la scène se passe dans l'intérieur d'un palais. A l'autre extrémité de la composition nous voyons un personnage barbu, enveloppé dans un manteau; il a le corps courbé sur son bâton et porte la main au front en signe de douleur. Un autre personnage barbu, debout en face de lui, semble lui adresser des paroles de consolation et d'encouragement. Le sens de cette composition, mise en rapport avec les précédentes, ne saurait être douteux. Le guerrier qui part a consulté l'oracle de Minerve Scirade; le pronostic tiré du coup de dés n'est pas rassurant; c'est là la cause de l'affliction du personnage barbu, qui doit être son père. Plusieurs passages d'auteurs anciens [7]

---

(1) Pherecrates ap. Phot. Lexic. voc. Σκίρον, p. 585 : Τόπος Ἀθήνησιν, ἐφ'οὗ οἱ μάντεις ἐκαθέζοντο. Un passage d'Hesychius (voc. Σκειρόμαντις, p. 1205.) porterait à croire toutefois que ces devins s'occupaient moins du jeu de dés que du vol des oiseaux.

(2) Theopomp. ap. Phot. Lex. voc. Σκιράφια, τά κυβευτήρια, ἐπειδή διέτριβον Σκιρῷ οἱ κυβεύοντες. Cf. ci-dessus, p. 6, not. 11.

(3) Stephan. Byz. voc. Σκίρος, p. 265. Westerm. ἐν δὲ τῷ τόπῳ τούτῳ αἱ πόρναι ἐκαθέζοντο.

(4) Suid. voc. Σκιραφεῖον. Hesychius, p. 1205. Phot. Lexic. l. c. Stephan. Byzant. l. c. Eustath. ad. Odyss. l. c.

(5) Cette cylix provenant de Vulci est décrite dans le *Muséum Étrusque de Lucien Bonaparte*, p. 99 ev. N° (1014) : « Dans l'intérieur Minerve étend la main droite sur un Augure incliné devant » elle. Inscriptions n° 1014. A l'extérieur, d'un côté, deux Augures » offrent une monnaie sur l'autel de Minerve en présence de deux » autres figures drapées. De l'autre côté un guerrier qui porte un » lévrier pour devise sur son bouclier, écoute un Augure qui lui » présente une bandelette : un autre Augure semble consoler un » vieillard. Inscriptions 1014bis. » Cf. Gerhard, *Rapporto Volcente*, p. 134 (189). Si les inscriptions en question, où l'on ne peut lire du reste que le mot Καλος, ont réellement existé sur ce vase, elles ont entièrement disparu aujourd'hui, sans laisser aucune trace. Il est plus probable qu'elles appartiennent à un autre vase.

(6) Philostrat. *Heroic*. III, 11-13, p. 277. ed. Westerm. ap. Didot. Lucillus, *Anthol. Palat.* XI, 165. Cf. Welcker, *Rhein. Mus.* III. S. 602.

(7) Plutarch. *Arat.* c. 20. Æschyl. Sept cont. Theb. v. 414. Voy. d'autres textes encore chez Welcker *Rhein. Mus.* III. S. 605.

semblent renfermer une allusion à l'usage où étaient les gens de guerre de consulter le sort au moyen de dés. Le tableau des palestrites étant emprunté à la vie réelle, nous pourrions croire qu'il en est de même de celui-ci et nous tenir en conséquence dans les généralités, en l'appelant le départ d'un guerrier athénien. Mais nous ne devons pas perdre de vue non plus que les artistes aimaient souvent à exprimer les faits généraux par des allusions mythologiques déterminées. Je vais donc essayer de donner des noms aux principaux personnages de notre tableau, sans me permettre toutefois de sortir du cycle des fables attiques.

Le fait qui au premier abord semble offrir le plus de vraisemblance est le départ de Thésée pour aller combattre le Minotaure. C'est de cet événement en effet que date la fondation du culte de Minerve Scirade dans le Phalère; et l'on sait du reste que les difficultés chronologiques qui naissent d'un pareil rapprochement n'arrêtaient pas les artistes. Le guerrier sera Thésée prenant congé d'Égée; celui-ci s'afflige de la réponse de l'oracle sans se douter que ce sont ses jours et non ceux de son fils qui sont menacés. Le personnage qui console le malheureux père peut être Lycus, frère du roi d'Athènes [1], le même dont les menées firent passer plus tard le pouvoir royal des mains de Thésée dans celles de Mnesthée [2]. La destination de la pièce d'étoffe portée par le jeune homme se devine facilement : c'est la voile de pourpre ornée de feuillages d'yeuse que l'on doit hisser au navire athénien, dans le cas où il ramène Thésée sain et sauf [3]. Deux raisons cependant semblent s'opposer à cette explication et je ne chercherai pas à les dissimuler. La première réside dans l'armure complète de l'oplite que j'ai appelé Thésée. Sur les monuments connus jusqu'ici, le héros athénien combat le Minotaure tantôt avec l'épée [4], tantôt avec la massue [5]; on croit remarquer un casque sur l'un d'entre eux [6], mais aucun n'a encore montré ni la lance ni le bouclier [7]. La seconde raison est plus grave. Les anciennes traditions n'avaient probablement rien déterminé relativement à l'âge du vainqueur du Minotaure; de là les fluctuations de l'art primitif. Les peintures de vases de style archaïque le représentent tantôt barbu, tantôt imberbe [8]. Mais à partir de Phidias le type de Thésée fut fixé d'une manière définitive; on le dépeignit comme un jeune homme dans la fleur de l'âge, avec toutes les grâces de la jeunesse [9]. C'est dans cet état qu'il nous apparaît sur les vases peints de style perfectionné et que nous devrions le trouver ici.

Ces considérations m'engagent à proposer un autre sujet; on pourrait voir dans le guerrier occupé à s'armer Mnesthée, roi d'Athènes, ou le héros salaminien Ajax, se préparant à partir pour Troie, où l'un et l'autre trouvèrent la mort. Dans le premier cas le père désolé sera Pétée [10] et le personnage qui le console ce même Lycus mentionné ci-dessus et qu'une autre coupe peinte de Vulci [11] nous montre en compagnie de Mnesthée. Si l'on opte pour Ajax, il suffira de remplacer

---

[1] Apollod. III, 15, 5. Strab. IX, 6, p. 392.
[2] Schol. Aristophan. Plut. 627 avec la note d'Hemsterhuys. Schol. Aristid. T. III, p. 688. l. 25. Dindorf.
[3] Simonid. ap. Plutarch. l. c.
[4] Millin, Peintures de vases, II, 78, 6. O. Jahn, Vasenbilder Taf. II; il a presque toujours cette épée sur les peintures de style archaïque. Voy. Stephani, Der Kampf zwischen Theseus und Minotaur. Taf. I-X.
[5] Tischbein, Engrav. I, 25, reproduit dans la Galer. Mythol. de Millin, CXXXI, 492.

[6] Millin, Peint. de Vases, II. 11. Galer. Mythol. CXXXI, 490.
[7] Le jeune fils d'Égée porte cependant la lance avec l'épée dans une scène qui se rattache à son expédition contre le Minotaure sur un vase du musée de Berlin avec les inscr. Θεσευς, Αθεναια, Διονυσος, Αριανε, chez Gerhard, Etrusk. und Kamp. Vasenb. Taf. VI, VII.
[8] Voy. Stephani, Kampf., etc. S. 69.
[9] Stephani, S. 52.
[10] Plutarch, Thes. c. 32.
[11] E. Braun, Die Schaale des Kodros. Gotha, 1843, fol.

Pétée par Télamon et Lycus par Scirus de Salamine, fondateur du culte de Minerve Scirade [1].

Les peintures de notre *cylix* viennent confirmer l'interprétation que l'on a donnée à une série de vases [2] montrant Athéné debout derrière une base sur laquelle se trouvent des globules ou dés, que deux guerriers assis ou agenouillés sont occupés à remuer. On est généralement d'accord aujourd'hui pour reconnaître dans ces représentations une consultation de l'oracle de Minerve Scirade, ou au moins une cérémonie relative au culte de cette déesse [3]. Des compositions analogues, mais où ne comparait pas Athéné, sont considérées au contraire et avec raison comme un simple jeu, par lequel deux guerriers cherchent à charmer les ennuis de la vie des camps. On a donné à ces guerriers, d'après des textes anciens, les noms de Palamède et de Protésilas [4] ou de Thersite [5]; mais sur deux vases à inscriptions ils sont nommés Achille et Ajax [6]. Deux autres vases [7] de la seconde catégorie montrent derrière les guerriers deux femmes, dont le geste indique qu'elles prennent le plus grand intérêt au jeu. La présence de ces femmes ferait songer aux courtisanes athéniennes qui fréquentaient le Sciron [8], si les ceps de vigne qui les entourent ne semblaient dénoter plutôt le caractère religieux de la composition, et ne rappelaient les Oschophories liées intimement, comme nous l'avons vu, aux Scirophories. Sur un troisième vase provenant d'Athènes [9], les guerriers sont remplacés par deux personnages assis sur des pliants et enveloppés dans un ample manteau, je suis d'avis de les prendre simplement pour des habitués du Sciron, malgré l'urne placée auprès d'eux, et que je ne saurais regarder, avec un habile archéologue [10], comme l'urne du sort puisque l'on ne s'en servait pas pour cet oracle.

Minerve est représentée deux fois sur notre coupe avec le même costume et dans la même position; elle est armée d'un casque à haut cimier; son vêtement se compose d'une tunique longue et d'un péplus que recouvre une égide écaillée et bordée de serpents, mais sans le *gorgonium*. Elle tourne la tête à droite et étend le bras du même côté en signe de bienveillance et de protection; de la main gauche elle s'appuie sur sa lance. La déesse se présente donc à nos regards avec un caractère entièrement pacifique. Je ne sais si cette figure, qui du reste a de la ressemblance avec celle de l'Athéné Parthénos [11], ne nous offre pas l'image de l'idole de la Minerve Scirade, telle qu'elle

---

[1] Voyez ci-dessus, p. 5, not. 7.

[2] Je citerai un lécythus provenant d'Athènes chez Raoul Rochette, *Monum. inédits d'antiq. fig.* pl. LVI; une amphore de la collection Pizzati, publiée par moi dans les *Bulletins de l'Acad. de Bruxelles.* Février 1840. T. VII, pl. I, p. 109, et par M. Gerhard, *Ueber die Minervenidole Athens.* Berlin, 1844. Taf. V, 9. Pour la connaissance d'autres vases je renvoie le lecteur aux indications données par ce dernier savant, *Etruskische und Kampanische Vasenbilder des k. Mus. zu Berlin.* S. 29 (13).

[3] Gerhard, *Rapporto Volcente*, p. 133 (180). *Auserlesene Gr. Vasenb.* III, p. 96. *Etrusk. u. Kamp. Vasenb.* S. 29, fg. *Ueber Minervenidole Athens*, p. 27. Panofka, *Bulletino d. Instituto.* 1832, p. 71, sqq. *Bilder antik. Lebens*, p. 17, sv. Welcker, *Rhein. Mus.*, III. S. 601, fgg. Roulez, *Bulletins de l'Acad. de Brux.*, l. c., p. 113, sv. (Cf. K. F. Hermann, *Götting. g. Anz.* Februar 1845, p. 256.) O. Jahn, *Telephos und Troilos.* S. 87.

[4] Euripid. *Iphig. Aul.*, 190, sqq.

[5] Polygnote dans la *Lesché de Delphes* avait peint Protésilas et Thersite jouant aux dés, Pausan. X, 31, 2.

[6] Ce sont le vase d'Exékias dans le Musée du Vatican (*Monumenti dell' Instit. arch.* II, pl. XXII. *Museum Etrusc. Gregor.*

Tav. LIII); et un vase inédit de la collection Candelori, actuellement à Munich.

[7] Amphore appartenant à M. Gerhard et publiée par lui : *Etrusk. und Kamp. Vas.* Erläut. Taf. E, n° 22; coupe du Musée du Louvre chez Dubois-Maisonneuve, *Introd. à l'étude des Vases* pl. XXIX, 3, et reproduite dans l'ouvrage précité de M. Gerhard. Taf. E. 24.

[8] L'exemple suivant que rapporte Plutarque (*Quæstt. Rom.* 55.) de l'enjeu d'une partie de dés, prouve que ce rapprochement des joueurs athéniens et de femmes publiques n'était pas sans motif : Ζάκορός τις Ἡρακλέους..... τὸν θεὸν προὐκαλεῖτο διαβαλέσθαι τοῖς κύβοις πρὸς αὐτόν, ὥσπερ ἐπὶ ῥητοῖς· καὶ νικήσας μὲν, εὑρίσθαι τι παρὰ τοῦ θεοῦ χρηστόν· ἂν δὲ λειφθῇ, δεῖπνον αὐτὸς τῷ θεῷ παρασχεῖν, καὶ μείρακα καλὴν συνανακπαυσομένην. κ. τ. λ. Ce trait conservé par une légende romaine me paraît très-applicable aux mœurs grecques.

[9] Amphore de la collection Révil, décrite par M. De Witte dans le *Bullet. de l'Instit. Arch.*, 1831, p. 95.

[10] Gerhard, *ouv. cit.* S. 29 (17).

[11] Voy. Gerhard, *Ueber die Minervenidole Athens.* Taf II, 1. 2. 6.

avait été consacrée par la religion officielle d'Athènes. Certes si l'on peut espérer de la rencontrer sur quelque vase, la couleur locale des représentations publiées ici, permet de l'y chercher plutôt que partout ailleurs. La Minerve des peintures de style archaïque, où deux guerriers jouent aux dés, diffère essentiellement de la nôtre par la pose et le mouvement du corps et par la vivacité du geste. Si l'on n'aimait mieux attribuer cette différence au caprice des artistes, il faudrait peut-être pour l'expliquer, avoir recours à la supposition que la scène se passant dans le camp des Grecs sous les murs de Troie, ils ont jugé bon de remplacer la Minerve Scirade d'Athènes par une figure qui se rapprochât davantage du *Palladium* troyen. M. Gerhard [1] placé en présence de la même difficulté, l'a tranchée en admettant deux idoles, ainsi que deux temples d'Athéné Scirade; mais j'ai dit plus haut que l'existence d'un temple de cette déesse sur la voie d'Éleusis manque de preuves et ne parait pas vraisemblable.

Cette belle cylix du musée de Leide est le monument capital pour la connaissance de l'oracle d'Athéné *Skiras*, et les représentations qui la décorent sont uniques jusqu'ici.

Les lignes qui précèdent étaient écrites depuis longtems, lorsque M. Birch publia [2] une coupe du musée britannique, sur l'un des côtés de laquelle est également figurée une consultation de l'oracle du Sciron. Minerve placée derrière une base est vêtue de la même manière que sur notre peinture. La position offre une légère différence, consistant en ce que la déesse a la tête tournée à gauche du spectateur, qu'elle s'appuie sur sa lance de la main droite et que le bras gauche au lieu d'être tendu horizontalement est levé. Cette dernière circonstance a pu être commandée par le défaut d'espace; d'ailleurs l'un geste comme l'autre est caractéristique d'une personne qui parle. A droite de la déesse, dont ils semblent écouter la réponse, se tiennent debout deux personnages, l'un barbu et l'autre imberbe; ils sont tous les deux très-rapprochés de la base sur laquelle ils ont probablement déjà jeté les dés. Après eux et du même côté se trouvent deux autres hommes barbus : celui qui occupe l'extrémité du tableau est enfoncé dans son manteau, se penche en avant sur son bâton et repose la tête dans sa main; le compagnon qui le précède se retourne vers lui et semble compâtir à sa douleur. A gauche de Minerve nous voyons encore un jeune homme imberbe et un homme plus âgé et barbu; le premier avance la main vers la base comme pour y ramasser les dés qui sont censés s'y trouver, quoique l'artiste ait négligé de les y indiquer. La peinture qui orne le côté opposé de la coupe représente une violente dispute entre deux guerriers. La peinture de l'intérieur montre Pâris ou Ménélas conduisant Hélène. Comme le sujet de l'un au moins de ces tableaux est emprunté au cycle troyen, il est probable que le tableau de la consultation de l'oracle s'y rapporte également. Je n'hésite pas à reconnaitre dans cette dernière composition Minerve Scirade consultée par les chefs athéniens avant leur départ pour l'expédition contre Troie. Ces guerriers sont Ménesthée, les fils de Thésée, Acamas et Démophon [3] et peut-être aussi Ajax qui était allié à la famille royale d'Athènes et dont la vanité des Athéniens revendiquait la gloire comme un héritage légitime [4]. On se rappelera que la coupe de Codrus réunit aussi dans un même tableau Ménesthée et Ajax se disposant à partir pour la guerre de Troie.

---

[1] *Ouv. c.*, p. 17.

[2] *Description of a fictile vase from Vulci*. London, 1847 (From the *Archæologia*. Vol. XXXII, pl. XI).

[3] Une légende athénienne, ne tenant aucun compte de l'inimitié qui existait entre Ménesthée et la famille de Thésée, faisait partir celui-ci pour Troie avec Acamas et Démophon; schol. Euripid., *Troad.*, 31 (Θησεῖδαι) ἀφίκοντο εἰς Ἴλιον Μενεσθέως ἡγουμένου.

[4] Voy. Welcker, dans Niebuhr's *Rhein. Mus.*, III, p. 61 svv. A. Schoell zu Sophocl. *Ajax*, p. 95 svv. Bergk, *Zeitschrift f. Alterth.* 1844, p. 955 svv. Otf. Jahn, *Arch. Aufsœtze*, p. 187 sv.

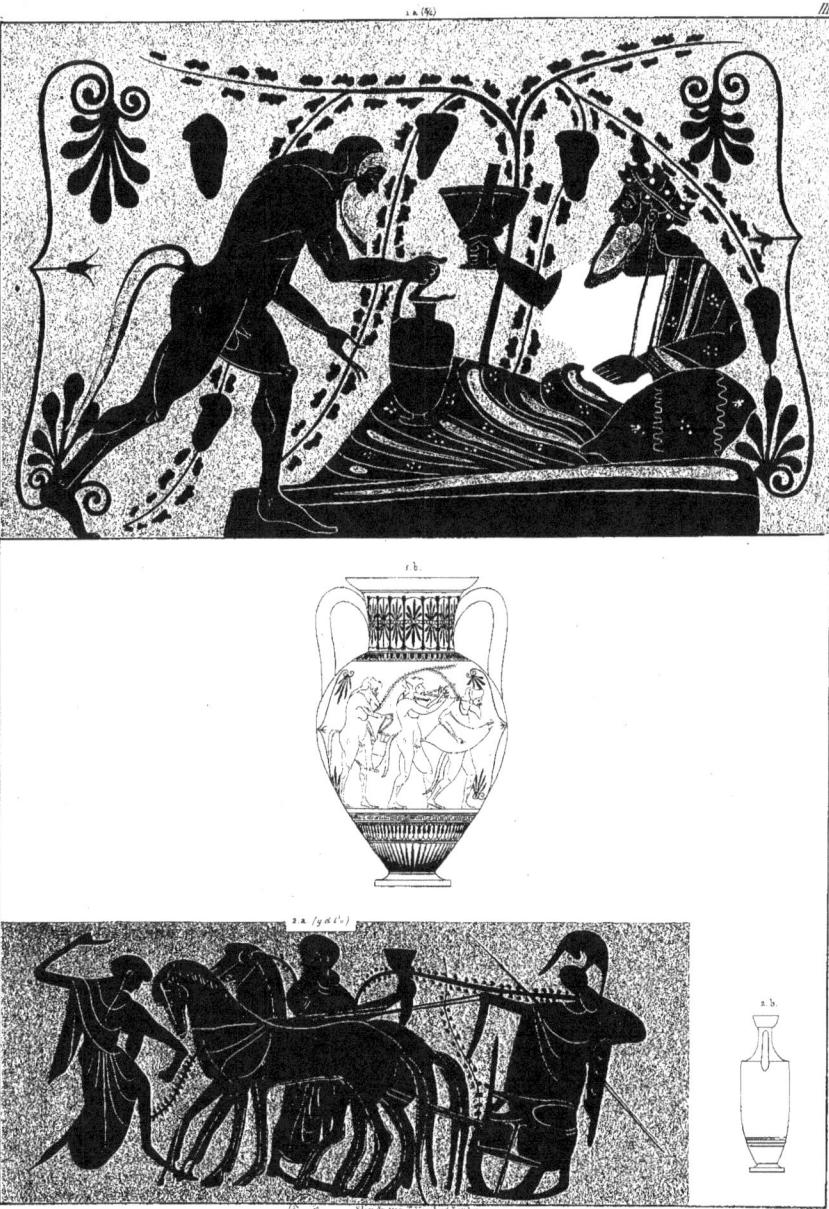

PLANCHE III.

1. BANQUET DE BACCHUS. — 2. LA MINERVE BACHIQUE.

1. Le coffre de Cypsélus, conservé dans le temple de Junon à Olympie, était orné sur toutes ses faces d'une suite de représentations qui en faisaient un des monuments les plus curieux de l'art grec ancien. Nous ne le connaissons plus que par la description qu'en a donnée Pausanias; mais un grand nombre de vases peints de style archaïque, venus au jour depuis une vingtaine d'années, servent d'illustration au texte du périégète grec et nous permettent de nous former une idée plus exacte de ces représentations. Sur la quatrième face du coffre, dit Pausanias [1], on voyait Bacchus ou Dionysus barbu, couché dans une grotte tapissée de vignes, de pommiers et de grenadiers; il était vêtu d'une tunique talaire et tenait en main une coupe d'or. Retranchons de cette courte description les pommiers et les grenadiers, détails très-accessoires, et elle s'appliquera parfaitement à la peinture principale de l'amphore de Vulci, reproduite sur notre pl. III, 1a. En effet la base peu élevée et parallélipipède qui sert de lit au dieu, semble être taillée dans le roc de la grotte, comme celles qui se rencontrent dans les hypogées de l'Étrurie; le coussin sur lequel il appuie le coude est une outre gonflée. Un silène muni d'une oenochoé s'approche de Dionysus qui avance son canthare ou sa coupe à deux anses, afin qu'il la remplisse de vin. On ne doit pas douter que ce silène ne figurât sur la sculpture d'Olympie; l'écrivain grec, à la vérité, n'en parle pas, mais par la raison que c'est un personnage secondaire. Il n'eut pas passé également sous silence Ariane, si celle-ci se fût trouvée à côté du dieu, et l'on peut avancer avec toute assurance, que les peintures de vases où ils sont représentés l'un et l'autre couchés sur une cliné à l'ombre d'une vigne [2] n'ont rien de commun avec la représentation du coffre de Cypsélus. Il existe d'autres peintures où Bacchus est le seul personnage du banquet et qui pourtant ne sauraient avoir que des rapports éloignés avec ce monument. Telle est une amphore de Vulci de style ancien, qui a passé de la collection Durand [3] au musée britannique : elle offre sur chacune des deux faces Bacchus barbu couché sur une cliné et tenant une branche de lierre. Telle est encore un lécythus de la Grande-Grèce [4], où Bacchus imberbe, couché sur une

---

[1] V, 19, 6. Διόνυσος δὲ ἐν ἄντρῳ κατακείμενος γένεια ἔχων καὶ ἔκπωμα χρυσοῦς, ἐνδεδυκὼς ἐστι ποδήρη χιτῶνα· δένδρα δὲ ἄμπελοι περὶ αὐτὸν καὶ μηλέαι τέ εἰσι καὶ ῥοαί.

[2] De Witte, Catalogue Durand, n° 95. 99. 126, et d'autres vases encore cités par M. Raoul-Rochette, Choix de peintures de Pompéi, p. 44 et suiv.

[3] Catalogue Durand, n° 70.

[4] Ibid., n° 78.

cliné, est muni d'un rhyton; près de lui sont deux satyres. Une amphore du Musée de Berlin [1] montre Dionysus jeune à moitié assis, à moitié couché sur un siége allongé et recouvert d'une peau de panthère ; il tient de la main gauche le thyrse et de la droite le canthare, qu'un jeune satyre remplit de vin; une vigne les ombrage tous les deux de son feuillage épais. D'autres personnages du cycle bachique agrandissent la composition. Sur un cratère publié par Passeri [2], le dieu, également imberbe, est étendu sur une cliné, le coude gauche appuyé sur un coussin; il porte dans la main un cep de vigne. Devant le lit se trouve une corbeille contenant des pommes et d'autres fruits, et du sol s'élèvent des branches de myrte. Un génie ailé Iméros [3] ou Pothos [4] est debout sur le lit en face du fils de Sémélé; de chaque côté du groupe central se voit un satyre. Un vase de la collection d'Hamilton [5] montre Bacchus assis sur une base carrée, s'appuyant de la main gauche sur son thyrse et avançant de la droite son canthare, dans lequel un silène verse du vin. Sur un vase de Coghill [6], nous trouvons le dieu debout; une longue barbe ombrage son menton; il porte dans la main gauche un cep de vigne et dans la droite son canthare qu'un satyre va remplir de vin. Le même sujet se reproduit dans l'intérieur d'une coupe de Vulci [7].

Toutes ces représentations, malgré quelques différences dans les détails, ont la même signification. Comme Bacchus donne le vin qui anime et égaie les banquets, il en est le protecteur. Par conséquent le *comos* (κῶμος, πότος) du dieu est censé être le prototype de tous ceux qui ont lieu parmi les hommes, principalement à l'occasion des Dionysies [8].

Le côté opposé de l'amphore (pl. III, 1*b*) nous montre trois silènes barbus, marchant l'un après l'autre : le premier est chargé d'une outre remplie de vin, le second joue de la double flûte et le troisième porte une oenochoé; ils se rendent évidemment à un *comos*. Peut-être cependant faut-il mettre cette peinture en rapport avec la peinture principale. Dans ce cas les silènes doivent être regardés comme des gens de service de Bacchus. Celui qui est muni de l'oenochoé sera le même que nous avons vu faisant auprès du dieu l'office d'échanson. Les deux autres n'ont pas encore paru au banquet qui commence. Le porteur de la provision de vin ne viendra qu'après que l'oenochoé aura été vidée et le joueur de flûte ne sera appelé que lorsque les premières libations auront égayé l'esprit du fils de Sémélé.

2. Quelle que soit l'obscurité dont le défaut de renseignements écrits entoure encore la nature des rapports de Dionysus avec Athéné, l'existence de ces rapports est mise hors de doute par une série de monuments figurés. De ce nombre est la peinture archaïque de notre pl. III, 2*a*, qui sert d'ornement à un lécythus. Nous y voyons Athéné montant sur un quadrige; elle a déjà saisi de la main gauche les rênes des chevaux et tient une haste de la main droite. Un casque à cimier élevé couvre sa tête et un vaste péplus enveloppe tout son corps; son bouclier parait suspendu à son dos. On aperçoit à côté des chevaux Dionysus barbu s'avançant à la rencontre de la déesse. Il porte dans une main le *Céras* et

---

[1] Gerhard, *Apulische Vasenbilder des k. Museums zu Berlin*. Taf. I, p. 1.

[2] *Picturæ Etruscor. in vasculis*. Tom III, tab. 219.

[3] Cf. De Laborde, *Vases de Lamberg*, I, pl. 69. Dubois-Maison-neuve, *Introd. à l'étude de Vases*, pl. XXII. *Bulletino dell' Inst. arch.* 1856. p. 122.

[4] Otto Jahn, *Vasenbilder*, p. 16. Taf. II.

[5] D'Hancarville, *Antiquités*, etc., T. IV, pl. 26.

[6] Millingen, *Peintures de Vases de la collection de Coghill*, pl. XXIII. La planche LI du même recueil offre un dessin où je crois reconnaître également Bacchus imberbe, assis sur une cliné, tenant de la main gauche le thyrse et de la droite le canthare, dans lequel un satyre s'apprête à verser du vin.

[7] Gerhard, *Auserlesene Vasenb.* I. Taf. LVII, 3.

[8] Plat., *de Legg.* VI, p. 775 : πίνειν δὲ εἰς μέθην οὔτε ἄλλοθί που πρέπει πλὴν ἐν ταῖς τοῦ τὸν οἶνον δόντος θεοῦ ἑορταῖς.

dans l'autre des branches de vigne ou d'olivier. Une bacchante danse devant le quadrige en jouant, paraît-il, des crotales. Il n'est pas sans intérêt de rapprocher de la peinture de ce vase, qui doit provenir de la Grèce [1], celle d'un scyphus de Nola [2] conservé au musée de Berlin. Ces deux monuments se ressemblent non seulement pour le sujet, mais encore pour l'imperfection du dessin et la pauvreté de l'exécution. Au centre de la composition se voit Minerve ayant déjà un pied sur son quadrige; à droite un satyre impertinent enlace de ses deux bras la taille d'une bacchante qui s'enfuit; à l'extrémité gauche un autre satyre fait des gestes peu décents. Des branches de lierre ou de vigne s'étendent sur le fond du tableau. Nous retrouvons Athéné avec son char et dans la même pose sur une belle peinture d'ancien style publiée par M. Gerhard [3]; mais Bacchus, au lieu de venir au-devant de la déesse, se tient derrière le char comme s'il allait y monter à son tour. Les branches de vigne qu'il porte dans la main se projettent jusqu'au-delà de Minerve. Nous remarquons à côté des chevaux Apollon Citharède ainsi que Cora et en avant Hermès. Cette procession a quelque ressemblance avec une pompe nuptiale et pourrait nous faire songer à l'Hiérogamie de Dionysus et d'Athéné. La déesse, cette fois sans son char, est représentée en compagnie des mêmes divinités, moins Hermès, sur une hydrie du prince Vidoni [4]. Une amphore du musée de Berlin [5] nous montre debout en face l'un de l'autre Athéné et Dionysus Citharède. Non seulement les accords de la cithare sont un moyen de persuasion et de conciliation, mais cet instrument par lui-même est le symbole de l'harmonie et de l'union. Minerve porte souvent d'ailleurs sur son bouclier des signes de son affiliation au cycle bachique, tels que la tête de bouc, la panthère, le canthare, le céras, la couronne de lierre [6]. Une guirlande de cette plante sert d'ornement au casque de la déesse sur une terre cuite du musée de Berlin [7]; d'où il semble permis de conclure que c'était la Minerve bachique qu'on adorait à Épidaure sous le nom de Κισσαία [8]. Je n'ai point à m'occuper ici d'une autre classe de représentations [9], où Minerve est en société de Bacchus, mais où intervient, peut-être comme rival de ce dernier [10], Hercule dont je parlerai plus loin de l'hiérogamie avec la déesse.

---

(1) Voy. JANSSEN, De Griech. monumenten, etc., p. 166, n° 1696.
(2) Chez GERHARD, Antike Bildwerke. Taf. XLVI, 5. Cf. Berlins ant. Bildw., p. 215, n° 667.
(3) Auserlesene Vasenb. Th. II. Taf. CXXXVIII.
(4) Ibid. Th. I. Taf. XXXV.
(5) Ibid. Taf. XXXVII.
(6) Voy. Annali dell' Instituto archeol. II, p. 235. GERHARD, ouv. c. Th. I, p. 212. ROULEZ, Bulletin de l'Académie de Brux. T. XII, 1re part. p. 345 (Mélanges fasc. IV.)
(7) Chez PANOFKA, Terracotten des k. Mus. zu Berlin. Taf. VII.
(8) PAUSAN. II, 19, 1. Voy. PANOFKA, ouv. c., p. 25, sv. Cette conclusion resterait encore vraie dans l'hypothèse même que ce surnom viendrait non pas de la présence d'une couronne de lierre sur le casque ou le bouclier de la déesse, mais de ce que le xoanon était fait de bois de lierre; car ce bois ne peut pas avoir été choisi au hasard et sans intention.
(9) GERHARD, Auserl. Vas. Th. I. Taf. XXXVI, p. 138, sv. Taf. LXVII. LXVIII. LXIX, 1. Th. II, Taf. CXXXIX et CXLI. Bulletin de l'Académie de Brux. T. XII, 1re part., p. 346.
(10) PANOFKA, l. c., p. 25. M. GERHARD préfère voir l'union de Minerve et d'Hercule, consacrée par Bacchus. Cf. ROULEZ, ouv. c., p. 344.

PLANCHE IV.

1. L'INITIATION ET LE DÉPART DE TRIPTOLÈME. — 2. UN MESSAGE D'IRIS.

1. Le mythe de Triptolème est étroitement lié aux mystères d'Éleusis, dont une antique tradition rattachait l'institution à celle de l'agriculture. Déméter ou Cérès, ayant fait au fils de Célée le présent du blé, le chargea d'aller le communiquer à tous les peuples et, pour l'accomplissement de cette mission, lui prêta le char sur lequel elle avait elle-même parcouru la terre à la recherche de sa fille. C'est le sujet que nous voyons représenté sur le côté principal d'une amphore de Vulci, remarquable par la beauté et l'élégance des formes (Pl. IV, 1). Triptolème est assis sur un char auquel sont attachées des ailes de cygne; il s'appuie de la main gauche sur un sceptre et tient de la droite une patère dans laquelle il a reçu une libation sacrée que lui a versée Cérès, debout à côté de lui. Le héros éleusinien est enveloppé dans un manteau dont un des bouts rejeté sur l'épaule gauche laisse à découvert l'épaule et le bras droits; les boucles de sa longue chevelure, serrée par une couronne de laurier ou de myrte, retombent sur ses joues et sur ses épaules. Cérès, à en juger par sa pose, va s'éloigner de lui et lui adresse une dernière recommandation. La déesse est vêtue d'une tunique plissée et rabattue en diploïdion ainsi que d'un péplus; un diadème de métal orne sa tête. Elle porte dans la main droite un prochoüs et dans la gauche un flambeau ou un autre attribut resté inachevé.

Le même sujet se répète, avec des circonstances diverses, sur un grand nombre de vases [1]; mais ceux où, comme sur notre amphore, la scène se compose des deux personnages principaux seulement ne sont pas communs [2]. Le plus souvent on voit Proserpine ou Cora avec sa mère et le fils de Célée; quelquefois d'autres personnages sont adjoints à ces trois derniers et élargissent le cercle du tableau.

Le rôle qui revient à Cérès dans cette scène explique déjà pourquoi j'ai donné le nom de cette déesse à la figure de femme du vase de Vulci que ses attributs ne désignent pas particulièrement comme telle : la vérité de cette dénomination est mise hors de doute par trois vases à inscriptions [3],

---

[1] M. Gerhard en a donné une revue générale dans un appendice, au Tome I de ses *Auserles. Vasenbild*, p. 216, sv., et MM. Lenormant et De Witte ont reproduit ou publié pour la première fois une grande partie de ces peintures dans leur *Élite des monuments céramographiques*, Tome III, pl. XLVI-LXVIII, dont le texte n'a pas encore paru.

[2] Les seuls vases connus jusqu'ici sont : 1° une péliké du musée de Berlin, décrite par MM. Panofka (*Museo Bartoldiano*, p. 131, svv.) et Gerhard (*Berlins ant. Bildw.*, n° 896) et publiée dans l'*Élite des Mon. céram.* III, pl. XLVII; 2° Une coupe du prince de Canino, *Réserve Étrusque*, n° 24; 3° Une péliké provenant de Veies, publiée par M. Campanari, *Vasi di Vejo*, Tav. IV et dans l'*Élite* précitée, pl. LXI.

[3] Kalpis du prince de Canino, *Réserve Étrusque*, n° 36. De Witte, *Catalogue Étr.*, n° 49. Inghirami, *Vasi fittili* J, Tav. 33. O. Müller, *Denkmæler*, II, 111. *Élite* précitée, pl. L;

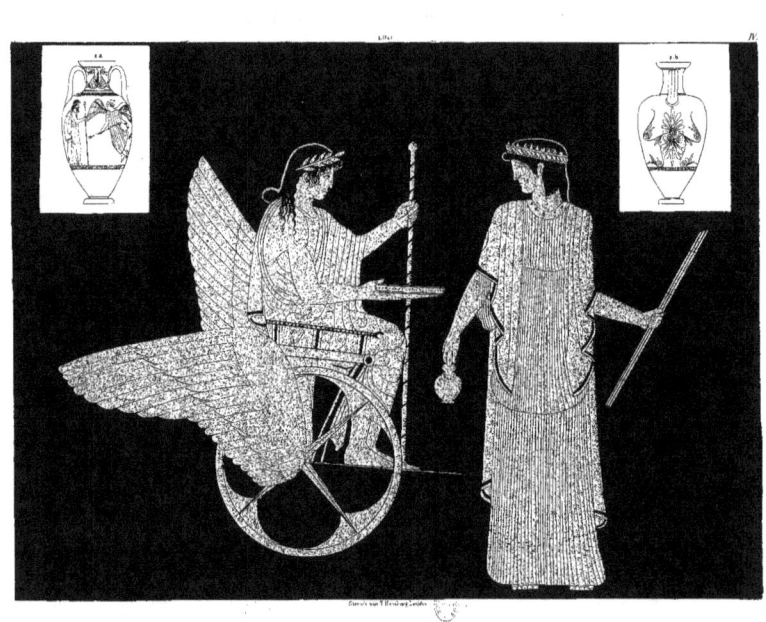

où le nom de Δεμετερ se lit au-dessus de la figure de femme qui occupe la même position et verse la libation.

La peinture d'un cratère provenant de Cumes et conservé au musée de Naples [1] laisse apercevoir clairement par sa disposition que l'artiste a fait choix du moment du départ de Triptolème : en effet le héros éleusinien portant dans les mains un sceptre et des épis de blé a mis un pied sur le char qui se trouve devant lui et retourne la tête pour dire un dernier mot à Cora, debout derrière lui avec deux torches; Cérès placée à côté de sa fille à l'extrémité gauche du tableau s'appuie des deux mains sur une charrue. Au contraire le peintre d'un autre vase [2] semble avoir voulu indiquer d'une manière aussi peu équivoque le retour du fils de Célée : Triptolème les mains vides, s'apprête à descendre de son char, arrêté presqu'au bas de la pente d'une éminence, au pied de laquelle Cérès vient le recevoir; de l'autre côté se voit Proserpine avec deux torches allumées. Sur notre amphore, de même que sur presque tous les autres vases, nul indice particulier n'apprend si le fils de Célée, assis sur son char va commencer son voyage ou s'il l'a terminé. J'avais cru d'abord [3] que les représentations où Triptolème est muni d'une patère sans les épis nous le montrent de retour de sa mission recevant la libation d'usage [4], ou la libation sacrée, signe de son apothéose [5]. Aujourd'hui, je penche plutôt à ne pas établir de distinction entre les compositions de cette catégorie et celles où Triptolème porte des épis en même temps que la patère : toutes paraissent relatives au départ annoncé suffisamment par la présence du char, et comme le but du voyage était généralement connu, les céramographes ont pu, sans inconvénient, négliger de placer des épis dans les mains de Triptolème. Un point cependant que je ne saurais admettre, c'est que la libation versée au héros éleusinien soit celle qui accompagne ordinairement les adieux [6]. Je la considère plutôt comme une allusion à l'initiation du fils de Célée et je crois trouver dans les détails de quelques-unes de ces représentations des preuves à l'appui de mon opinion. Le vase de Veies montre le char de Triptolème entre deux colonnes. Sur un autre [7], nous voyons une colonne surmontée d'un trépied ; la colonne reparaît sur d'autres peintures [8] et le magnifique vase du Louvre nous offre un autel [9]. Toutes ces indications dénotent évidemment que la scène se passe dans le temple de la grande déesse d'Éleusis. Ensuite ce n'est pas toujours Triptolème seul qui reçoit la libation : on remarque aussi la patère dans les mains de Proserpine [10] et même dans celles d'une troisième figure [11] qui n'est peut-être pas une divinité. Bien plus, sur une de ces compositions [12], une prêtresse, probablement une des filles de Célée, apporte le seau pour les ablutions que l'on voit figurer fréquemment dans les représentations de

---

kélébé d'Agrigente au musée de Naples, Politi, *Concordia* II, 14. Minervini, *Bulletino arch. Napolit.*, n° 2, p. 13, svv. Gerhard, *Archæolog. Zeitung*, 1ᵉʳ *Jahrg.*, p. 12, svv. *Élite*, etc., pl. LXII; vase de Nola appartenant à M. Ph. Cucuza, publié dans les *Monum. ined. dell' Instit.* I, pl. IV et dans l'*Élite*, etc., pl. LVIII.

(1) Décrit par MM. Schulz, *Bulletino dell' Inst. arch.*, 1842, p. 9; Minervini, *Bullet. Napolitano*, p. 6 ; et Gerhard, *Archæolog. Zeitung*, 1843, p. 15; publié dans l'*Élite céramogr.* III, pl. LXIV.

(2) *Élite des Monum. céramogr. l. c.* pl. LIII. Sur un vase représentant une scène d'initiation (Panofka, *Cabinet Pourtalès*, pl. XVI.), Triptolème est assis sur son char en guise de trône. Il ne peut être question là de voyage.

(3) *Bulletins de l'Académie de Bruxelles.* Tome VII, 2ᵉ part., p. 186 (*Mélanges* III).

(4) Cf. Panofka, *Museo Bartold.*, p. 132.

(5) Cf. Boettiger, *Griech. Vasengemälde* I, 2, p. 206, sv.

(6) Guigniaut, *Religions de l'antiquité*, Tome III, 3ᵉ part., p. 1235, not.

(7) Tischbein, IV, 10. Inghirami, *Vasi fittili* II. Tav. 162. *Élite*, etc., pl. LVII.

(8) Vase d'Agrigente cité ci-dessus. Ailleurs la colonne est remplacée par une stèle, *Élite*, pl. LIX.

(9) Publié souvent, mais avec le plus d'exactitude par Millingen, *Unedited monum.* I, XXIV et depuis par M. Panofka, *Vasi di Premio*, I, 2.

(10) Voir le vase du Louvre précité.

(11) Voy. le vase du Louvre chez Millingen *l. c.* et un autre du musée de Berlin chez Gerhard, *Trinkschalen und Gefässe*. Th. I. Taf. AB.

(12) *Élite céramograph.* III, pl. LVIII.

mystères. Enfin Triptolème a constamment le front ceint d'une couronne de feuillage, soit de myrte, soit de laurier [1]. De l'ensemble de tous ces détails on doit conclure, paraît-il, que tous les vases qui représentent Triptolème sur son char, tenant dans les mains la patère avec ou sans épis, contiennent une double allusion à deux faits différents et consécutifs, à son initiation aux mystères et à son voyage par toute la terre [2]. Au contraire les vases, où le héros éleusinien se voit avec des épis seulement, ne sauraient, je pense, indiquer autre chose que son départ pour porter aux hommes de toutes les contrées les bienfaits de l'agriculture et de la civilisation.

Le sceptre, dont Triptolème est presque toujours muni, lui est attribué en sa qualité soit d'anacte d'Éleusis [3], soit d'hiérophante [4]. Relativement à son char, il suffira de répéter l'observation qui a déjà été faite par plusieurs archéologues [5] : ce char est sans ailes sur les peintures de style archaïque; sur celles d'un style plus libre, comme la peinture de notre amphore, il est ailé; sur des peintures plus récentes et d'un style plus perfectionné il est à la fois ailé et tiré par des dragons.

2. Le revers de l'amphore de Vulci (Pl. IV. 2 *a.*) montre une figure de femme ailée, vêtue d'une tunique longue dont elle retrousse un des bords avec la main gauche. Le caducée qu'elle porte dans la droite fait reconnaitre en elle Iris, la messagère céleste. Le personnage barbu, en face duquel elle plane, a la tête ceinte d'une bandelette ou d'un diadème, est enveloppé dans un manteau et s'appuie sur un sceptre. Quoiqu'aucun de ses attributs ne révèle un dieu plutôt qu'un roi [6], je n'hésite cependant pas à voir en lui Jupiter, dont la fille de Thaumas prend les ordres ou à qui elle rend compte d'un message accompli. C'est ainsi qu'une amphore du musée de Berlin [7] offre d'un côté Iris ailée et munie du caducée et de l'autre le maître des dieux, reconnaissable cette fois à la foudre qu'il porte en même temps que le sceptre. S'il serait aventureux d'appliquer à ce dernier vase un message déterminé, il n'en peut être de même à l'égard de la peinture qui nous occupe : elle semble au contraire devoir être rapprochée de celle du côté opposé du vase. Selon une tradition très-ancienne [8], lorsque Cérès affligée et irritée de la perte de sa fille se fut retirée à Éleusis et eut frappé la terre d'une stérilité complète, Jupiter dépêcha vers elle, mais en vain, la messagère des dieux, pour l'engager à revenir dans l'Olympe et à faire cesser la terrible calamité qui menaçait de détruire par la famine tout le genre humain. Nous voyons sur notre vase Iris revenant annoncer l'insuccès de sa mission.

---

[1] Le myrte était le symbole des mystères et comme tel employé pour les couronnes des prêtresses de Cérès, schol. SOPHOCL., OEdip. Col. 713. ANTEMIDOR. I, 79. Voy. ma note dans le *Bulletin de l'Acad. de Brux. l. c.*, p. 183. La substitution du laurier au myrte sur les représentations de Triptolème n'est souvent peut-être que le résultat de l'inadvertance des céramographes.

[2] On trouve encore l'expression non équivoque de ce double sens sur le célèbre vase du musée de Naples, provenant d'Armento et décrit par M. GERHARD, *Neapels antike Bildw.*, p. 283-87 et par M. PANOFKA, *Cabinet Pourtalès*, p. 84, sv.

[3] *Hymn. in Cererem*, vs. 473, sv.
. . . ἡ δὲ κιοῦσα θεμιστοπόλοις βασιλεῦσιν
δεῖξε, Τριπτολέμῳ τε. . . . .
, ...
δρησμοσύνην θ'ἱερῶν, καὶ ἐπέφραδεν ὄργια πᾶσιν.

[4] D'après une tradition rapportée par XENOPH., *Hist. Gr.* VI, 3, 6, et figurée sur un vase du comte de Pourtalès (PANOFKA, *Cabinet Pourtalès*, pl. XVI, p. 87, sv), Triptolème enseigna les mystères de Déméter et de Cora à Hercule et aux Dioscures.

[5] GERHARD, *Auserl. Vas.* I, p. 169 et 216. GUIGNIAUT, *ouv. c.*, p. 1234. Voy. par rapport à ces différences observées sur les monuments figurés en général, BÖTTIGER, *ouv. c.*, p. 209, sv. ROULEZ, *l. c.*, p. 185.

[6] Suivant HOMÈRE, Il. XXIV, 149, sqq. Jupiter envoya Iris à Priam pour lui dire d'aller racheter d'Achille le corps d'Hector. C'est peut-être ce fait que représente une peinture publiée par MILLIN, *Peintures de vases*, 1, pl. LXII.

[7] PANOFKA, *Museo Bartold.*, p. 99, sqq. GERHARD, *Berlins antike Bildw.*, n° 898, p. 259.

[8] *Hymn. in Cerer.* 303-323.

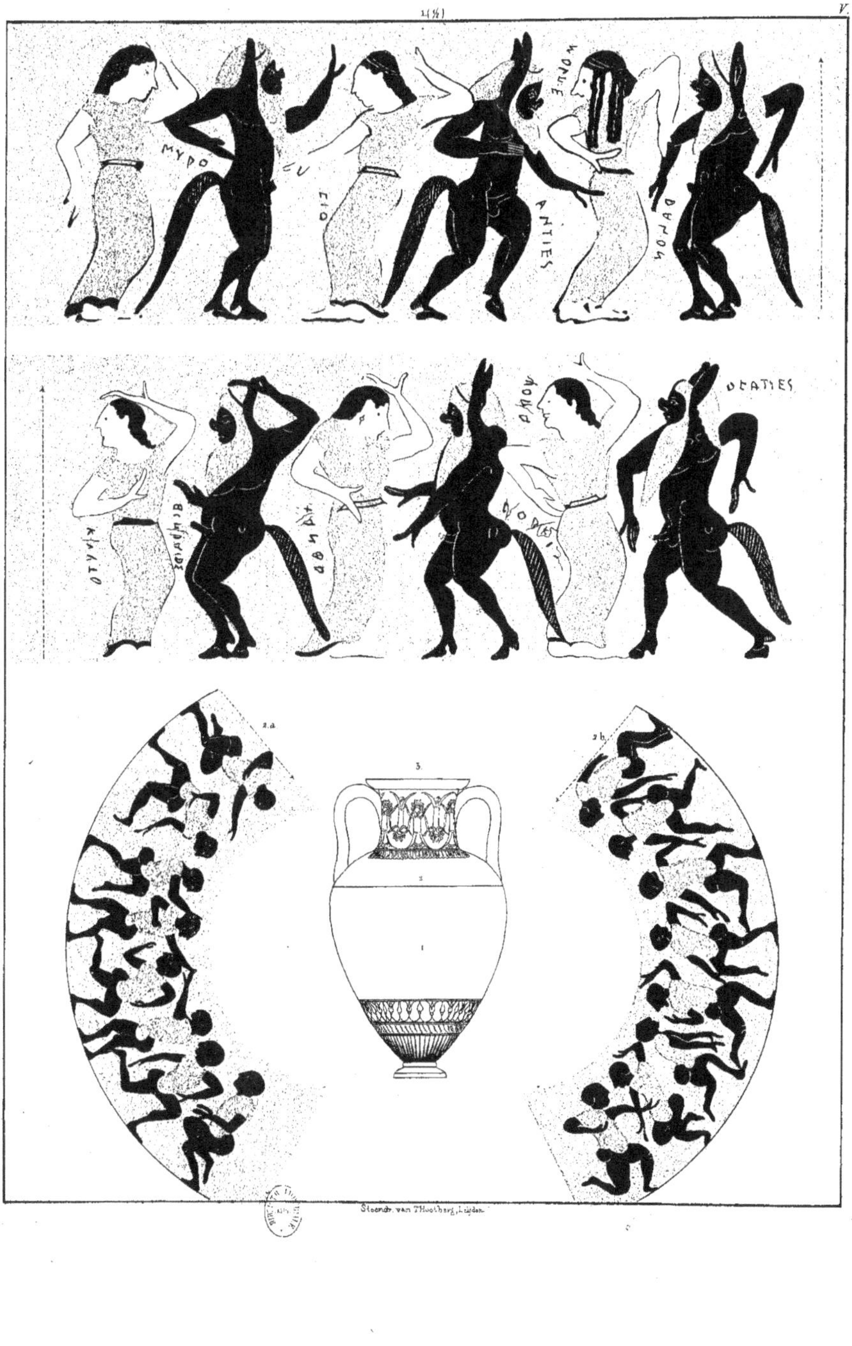

PLANCHE V.

1. DANSE BACHIQUE. — 2. CHŒUR DE JEUNES GARÇONS.

Cette amphore à deux rangs de peintures à figures noires d'un archaïsme d'imitation provient des fouilles de Vulci; elle est remarquable par la réunion des sujets qui y sont représentés, par les inscriptions qu'elle porte [1] et par la forme particulière des silènes [2] que l'on y voit. Ces raisons m'ont déterminé à l'admettre dans ce recueil, malgré l'obscénité d'un des tableaux, précisément du plus curieux.

1. La peinture du second rang offre une danse exécutée par six silènes et par un même nombre de bacchantes formant en tout cinq groupes. On aperçoit dans le premier groupe le silène *Simos* (Σ)ΙΜΟΣ [3] entre les bacchantes *Myro* ΜΥΡΟ [4] et *Eio* ΕΙΟ [5]; il tourne le dos à la première et va droit à la seconde, qui, loin de s'effrayer de son approche, semble par son geste le railler, sinon

---

[1] Des *fac-simile* de ces inscriptions se trouvent dans le *Museum Étrusque* de Lucien Bonaparte, prince de Canino (Viterbe, 1829, 4°), pl. XX, n° 802, et chez L. J. F. Janssen, *Musei Lugduno-Batavi inscriptiones graec. et lat.* Tab. VIII.

[2] Je pense avec M. Wieseler (*Das Satyrspiel nach Maasgabe eines Vasenbildes*, p. 197, svv.) qu'il ne faut pas faire de différence entre les silènes et les satyres. Si j'ai adopté ici le premier de ces noms, c'est que le mot Σειληνός paraît indiquer l'aplatissement du nez σιμότης, qui est fortement marqué chez tous les personnages du thiase bachique représentés sur notre peinture.

[3] L'inscription (Σ)ΙΜΟΣ qui existe sur l'exemplaire en noir de la planche V, que j'ai sous les yeux, a malheureusement disparu par l'inadvertance du lithographe de tous ou du moins de la plupart des exemplaires coloriés. Σιμός signifie *camus, qui a le nez épaté* : c'est une épithète caractéristique des silènes; aussi leur voyons-nous ce nom fréquemment appliqué sur les vases. Cf. *Mus. Borbonico*, II. Tav. 45; O. Jahn, *Vasenbilder*, Taf. III; vase de Ruvo, décrit par Schulze, *Bulletino dell'Instit. arch.* 1836, p. 122; vase de Vulci, décrit par De Witte, *Catalog. Étrusque*, n° 43.

[4] Nous rencontrons le nom de la liqueur favorite de Bacchus Οἶνος (Tischbein, II, 44. 50. Cf. O. Jahn, *l. c.*, p. 17) donné à un satyre, et un de ses dérivés Οἰνονόη (La Borde, *Vases de Lamberg*, I, 65. Cf. O. Jahn, *l. c.*, p. 17 [15].) ou Οἰνώη (Nonnus, *Dionys.* XXIX, 253) appliqué à une bacchante. Pourquoi le nom de la *Myro* de notre amphore ne viendrait-il pas pareillement de μύρον, c'est-à-dire des parfums avec lesquels les Anciens frelataient leur vin? Aelianus, *Var. Hist.* XII, 31 : Μύρῳ γὰρ οἶνον μιγνύντες οὕτως ἔπινον.... καὶ ἐκαλεῖτο ὁ οἶνος μυρίνης. Cf. Athenaeus, I, p. 23 b. Pollux, VI, 17. Hesych., s. v. T. II, p. 657 Alberti. Juvenal., *Satir.* VI, 303. Μυρὼ est du reste le nom d'une femme-poète de Byzance. Athen., X, p. 490. Antipat. Thess., *ep.* XXIII, 3. Meleagr. *Cor.* I. 5. Cf. Jacobs, ad *Anthol. Gr.* T. XIII, p. 920, et d'une autre femme philosophe de Rhodes, Scip. sub. voc., p. 917, Bern., et Eudoc., p. 300.

[5] On doute si ce nom ne doit pas se lire *Sio* ou *Bio* (O. Jahn, *l. c.*, p. 22. — M. Janssen, *l. c.*, p. 53, écrit FIO); ce qui ne me paraît pas probable. Je ne pense pas non plus qu'il soit mutilé, puisqu'un autre vase le reproduit exactement de même. De l'exclamation bachique εὐοῖ les Grecs ont formé Εὔιος (*l.* Εὔοιος) surnom de Bacchus (*Etymol. M.*, p. 394, 12) et Εὔοια, nom d'une Ménade (Vase chez Tischbein, II, 44 [50]. O. Jahn, *l. c.*, p. 48 [20].); de plus, l'exclamation εὐᾶ est devenue le nom d'une autre Ménade (sur un vase de Ruvo. Voy. O. Jahn, *l. c.*, p. 24 [47].) Le nom d'*Eio* pourrait également tirer son origine de εἴα ou de εἴα ὤ (Aristophan. *Pac.* 468. 495) et ferait allusion au geste provocateur de la femme qui le porte.

le provoquer. Dans le groupe suivant les silènes *Anties* ΑΝΤΙΕΣ [1] et *Thanon* ΘΑΝΟΝ [2] dansent aux deux côtés de la bacchante *Molpe* ΜΟΛΠΕ [3], placée au milieu d'eux; cette femme échevelée fait face à l'un et se retourne vers l'autre comme pour répliquer à ses propos. Vient ensuite la bacchante *Klyto* ΚΛΥΤΟ [4] que la posture du silène *Hippœus* ΗΙΠΠΑΙΟΣ [5] debout vis-à-vis d'elle oblige à détourner la tête par un reste de pudeur. Plus loin *Xantha* ΧΑΝΘΑ [6] est en regard avec *Dorkis* ΔΟΡΚΙΣ [7]. Enfin le dernier groupe se compose de la bacchante *Chora* ΨΟΡΑ [8] et du silène *Oraties* ΟΡΑΤΙΕΣ [9].

Un autre vase à peintures noires et de la même provenance, ayant fait partie de la collection Durand [10], doit être mentionné ici à cause de sa ressemblance avec l'amphore que je viens de décrire et dont il semble être une variante. Il représente une danse obscène de sept silènes et de cinq bacchantes avec les noms tracés à côté des figures, les uns de gauche à droite, les autres de droite à gauche. On y rencontre également deux groupes de trois personnes, à savoir la bacchante *Xanthoé* ΧΑΝΘΟΙ (rétrograde) placée entre les silènes *Hippos* ΗΙΠΟΣ (rétrograde) et *Smos*

---

[1] M. Gerhard (*Rapporto Vulc.*, p. 174, n° 671) reconnaît l'influence étrusque dans la formation de ce nom et de quelques autres qui ont une terminaison semblable. Il le regarde en outre comme dérivé d'Ἄνθος et par conséquent comme l'équivalent de Ἄνθιος. Je ne vois pas du tout le besoin de recourir à cette dernière supposition. Ἀντίες (ἀντίης Kramer, *Ueber den Styl der bemahlt. gr. Thongef.*, p. 64) pour Ἀντίας ou Ἀντίος est ici celui qui fait tête à une autre personne, qui danse vis-à-vis d'elle. Ἀντίας est connu comme nom d'homme; c'est aussi le nom que portait un fils de Circé et d'Ulysse, Dionys. Hal., I, 72.

[2] M. O. Jahn (*l. c.*, p. 22) lit DANON; ce qui conduit à Δάμων, nom très-connu; M. Gerhard *l. c.* ΘΑΣΟΝ, M. Kramer. *l. c.* BANON et M. Janssen, *l. c.* PAΣΟΝ. L'examen attentif des divers *fac-similé* m'a convaincu que la première lettre du nom ressemble beaucoup à l'O dans *Eio* et qu'elle offre la figure d'un Φ dont l'arc droit serait effacé, par conséquent la figure d'un D renversé; d'où j'ai conclu que ce doit être un Φ ou un Θ. Nous obtenons ainsi ΦΑΝΟΝ ou ΘΑΝΟΝ. J'ai accordé la préférence au dernier à cause du nom ΘΑΝΟΝΤΟΝ donné à un satyre sur le vase de Ruvo précité. M. Gerhard, comme on vient de le voir, a remplacé le N du milieu par un Σ; sa forme me paraît à moi le rapprocher plus du M que de cette dernière lettre : nous aurions dans ce cas Θάμων, forme dorique pour Θεάμων.

[3] Ce nom a trait au chant qui accompagne la danse; il a été donné aussi à l'une des Sirènes, Schol. Apollon. Rhod., IV, 892.

[4] On a lu le même nom, en l'attribuant à une femme, sur un vase du cabinet Durand. De Witte, *Catalog.*, p. 143, n° 394. Cf. Kramer, *l. c.*, p. 62, not. 1. Mais M. Gerhard, qui a publié ce vase, réunit ce mot à un autre et en forme l'épithète qualificative κλυτότοξος donnée à un jeune archer, *Auserles. Vasenbild.* Taf. CXC. CXCI, p. 88.

[5] Un des silènes du vase Durand décrit plus bas est appelé ΗΙΠΟΣ, c'est-à-dire Ἵππος. Ces noms, donnés individuellement à deux silènes, étaient une dénomination générique de ces suivants de Bacchus, que l'on représentait souvent, comme ici, avec des queues de cheval, Philostrat., *Imag.*, 1, 24 (22) 1 : τὸ ἐπὶ τὰ οὐραῖα ἵπποι. Cf. Pausan., I, 24. 7. On rencontre Ἱππαῖος comme nom propre chez Callim., *Anthol. Palat.*, VII, 523.

[6] Ce mot signifie proprement *la blonde, la rousse*. Sur le vase Durand nous le voyons transformé en ΧΑΝΘΟΕ avec la même signification. Remarquons du reste que M. Gerhard a proposé de lire ΧΑΝΘΟΣ et de rapporter ce nom à un silène, *Archæol. Intelligenzblatt der allgem. Literatur-Zeitung.* Halle, 1836, p. 50. Le nom de notre bacchante est donné par Hésiode à une fille de l'Océan et de Thétis (*Theogon.*, 356) et par Virgile à une nymphe des eaux (*Georg.*, IV, 356).

[7] Ce nom se retrouve à côté d'un des silènes sur le vase Durand; il vient de δόρξ, chèvre sauvage, sinon de δόρκος ou δόρκων, daim, chevreuil. On a des exemples de l'emploi de ces deux derniers mots comme noms propres, voy. Pape, *Wörterbuch der griech. Eigennamen*, sub, vv.; ainsi un commandant de troupes lacédémoniennes est appelé Δόρκις chez Thucyd., 1, 95. — Le fac-similé du prince de Canino porte fautivement ΟΡΚΙΣ pour ΔΟΡΚΙΣ; cette erreur a été reproduite par M. O. Jahn, *l. c.*, p. 23, et par d'autres encore.

[8] On avait lu d'abord ce nom Psora; mais M. Kramer a fait remarquer avec beaucoup de justesse que le Ψ est mis ici pour le X selon l'usage des Doriens (*l. c.*, p. 59. Cf. O. Jahn, *l. c.*, p. 23 [63]. Leemans, *Animadv. in Mus. ant. L. B. Insc.*, p. 23). Ce savant a eu tort toutefois, selon moi, d'écrire Χώρα au lieu de Χόρα. Il me paraît qu'appliqué à une danseuse ce dernier mot est beaucoup plus convenable. On se rappellera que sur une autre vase de Vulci (Gerhard, *Rapp. Vulc.*, p. 185, n° 748. Cf. O. Jahn, *l. c.*, p. 23) on rencontre les noms : ΧΟΡΙΠΛΑΙΣ, ΧΟΡΟΚΟΜΟ, ΧΟΡΟ.

[9] Les uns ont lu *Obaties* (Gerhard, *l. c.*, p. 174. O. Jahn, *l. c.*, p. 25), d'autres *Ofaties* (Cf. Müller, Janssen, *l. c.* et Kramer, *l. c.*, p. 57 et 61 [2].); mais qu'il faudrait faire dériver de ὄα, peau de brebis. Ayant remarqué que la seconde lettre de ce mot ne diffère guère sur le vase du P dans le mot précédent ΧΟΡΑ, je me suis tenu à la leçon ΟΡΑΤΙΕΣ, mot dont la racine sera Ὄρος, montagne. Le mot ΟΡΑΠΑΣ (peut-être ΟΡΑΤΙΕΣ) se lit également sur un autre vase (publié dans les *Mon. ined. dell' Instit. arch.* Vol. II. Tav. 37) à côté de la figure d'une nymphe. Voy. O. Jahn, *l. c.*, p. 20 (57).

[10] De Witte, *Cabinet Durand*, p. 49, n° 145. Cf. Gerhard, *Archæolog. Intelligenzblatt*, 1836, p. 48, svv. — Une autre amphore, mais sans inscriptions, représentant une danse obscène de six silènes et de quatre bacchantes a été publiée par M. Gerhard, *Auserles. Vas.*, III. Taf. 185.

ΣΜΟΣ [1]; et la bacchante *Doro* ΔΟΡΟ [2] placée entre le silène *Podis* ΠΟΔΙΣ [3] et un autre sans nom. Les trois autres couples de danseurs sont la ménade *Eio* ΕΙΟ et le satyre *Smis* ΖΜΙΖ [4]; le silène *Melpa* ΜΕΛΠΑ (rétrograde) [5] et la ménade *Phoebé* ΦΟΙΒΕ (rétrograde) [6]; le silène *Dorcis* ΔΟΡΚΙΣ (rétrograde) et la ménade *Naïs* ΝΑΙΣ [7].

Le peintre de notre vase semble avoir poussé jusqu'aux dernières limites [8] la forme animale des silènes : non seulement il leur a donné la queue de cheval [9], que, sur les vases peints à figures noires, on voit à ces suivants de Bacchus plus fréquemment même que la queue de bouc, mais il a remplacé encore les pieds humains qu'ils ont d'ordinaire par des pieds de cheval [10], et les oreilles de bouc par des oreilles d'âne [11]. On remarquera en outre leur chevelure longue et épaisse, serrée par un bandeau et tombant jusqu'au milieu de leur dos; ainsi que leur barbe touffue descendant jusqu'à la ceinture. Le volume et l'aplatissement du nez portent également l'empreinte de l'exagération et achèvent de donner à ces figures une apparence de caricature.

La danse chez les Grecs ne consistait pas essentiellement dans le mouvement des pieds, la gesticulation (χειρονομία) y jouait un rôle non moins important et contribuait puissamment à communiquer de la grâce à cet exercice [12]. Parmi les figures de danse mentionnées par Athénée [13], il en est plusieurs qui concernent le geste : l'une d'elles s'appelait *la main* ou plutôt *le bras pendant* (χείρ καταπρηνής), une autre, *la main* ou *le bras relevé* (χείρ σιμή [14]). On pourrait croire que sur

[1] On croit généralement que c'est le mot Σιμός estropié, Voy. Gerhard, *Arch. Intellig.*, etc., p. 49. Jahn, *l. c.*, Hase, dans Stephani *Thesaur. ling. gr.*, sub. voc. Si l'on n'acceptait pas cette explication qui me paraît fort vraisemblable, il faudrait rapprocher Σμὸς de σμοῖος qu'Hesychius, sub. voc. explique par χαλεπὸς, φοβερός.

[2] Δωρώ est le nom de la déesse des séductions chez Aristophan., *Equit.*, 529. On peut encore rapprocher de ce nom celui de l'océanide Δωρίς, Hesiod., *Theog.*, 241.

[3] Ce nom a la même origine que les deux suivants de forme différente : Ποδῆς, combattant troyen chez Homère, *Iliad.*, XVII, 572 : Πόδων, nom propre chez Suidas, s. voc., p. 525. Bernh. Mais, selon M. Gerhard, *l. c.*, le vase au lieu de ΠΟΔΙΣ porterait ΠΟΡΙΣ, mot qui s'emploie quelquefois pour Πόρτις, jeune taureau. Si cette leçon n'est pas vraie, elle semble du moins très-spécieuse, surtout si on la rapproche du mot Δόρκις qui précède.

[4] MM. Gerhard et Jahn regardent ce mot aussi comme une altération de Σιμός. Ne conviendrait-il pas plutôt de lire Σμίς, qui serait une forme particulière de Σμῦς employé pour μῦς, rat.

[5] Dans le *Thesaur. ling. gr.* de Stephan., édit. de Paris chez Didot, sub. v., Μέλπα est indiqué par erreur comme un nom de femme. Ce nom de *Melpa* ou *Melpas* rappelle l'épithète de μελπόμενος donnée à Bacchus (Pausan., I, 2, 5) et la muse du chant, Melpomène.

[6] Nom très-commun appartenant entr'autres à une nymphe, épouse de Danüus, Apollodor., II, 15.

[7] Proprement le nom générique des nymphes des fleuves et des fontaines; il a été porté par une fille de Zéthus (Apollod., I, 7, 6), par la mère de Glaucus (Athenæus, VII, p. 496 C), par une nymphe qu'épousa Chiron (Schol. Pind., *Pyth.*, IV, 182), et par une courtisane (Athen., XIII, 586 F et 587 F.).

[8] Dans le *Muséum étrusque* du prince de Canino, où, p. 91, notre amphore est décrite sous la rubrique suivante : *Les mystères d'Atys et de Cybèle*, les silènes sont considérés comme des « prêtres déguisés en faunes et privés des organes virils. » (Cf. *Élite des monum. céramogr.* T. I, p. 4.) Cette mutilation n'est cependant qu'apparente, car les membres prétendûment mutilés sont complétés par une touche de rouge, qui doit représenter le gland découvert; à moins que l'artiste n'ait eu l'intention de figurer nos silènes ayant, comme certains animaux, l'organe de la génération renfermé dans une gaine ou fourreau.

[9] Voy. ci-dessus, p. 48, not. 5. Cf. Welcker, *Nachtrag zur Æsch. Trilog.*, p. 120.

[10] Des silènes à pieds de cheval se rencontrent : 1° sur un vase peint chez Gerhard, *Auserl. Vasenbild.*, I. Taf. LVI, 1 (forme du vase) (Un autre vase du même recueil, Taf. LII, offre un silène à pieds de taureau, selon l'éditeur [p. 180]; mais il pourrait bien avoir simplement les pieds de cheval; au moins le dessin ne nous les montre pas fendus. Peut-être faut-il en dire autant des silènes chez Inghirami, *Vasi fittili*, II, 109, 1); 2° sur deux miroirs étrusques, Gerhard's *Etrusk. Spiegel*, I, Taf. 92, 2 et 3; 3° à plusieurs figurines, De Witte, *Catalogue Beugnot*, p. 126, nᵒˢ 273. 274. 275.

[11] Le silène à oreilles d'âne de la peinture archaïque chez Gerhard, *Auserl. Vas.*, I, 37, 2, semble avoir aussi des oreilles d'âne. Cf. Wieseler, *Das Satyrspiel*, p. 130, sv. not. 3, où est rapporté le passage de Lucien (*Bacch.* C. 2) dépeignant le vieux silène ὦτα μεγάλα ὄρθια ἔχοντα.

[12] Athenæus, XIV, p. 629 B.

[13] *Ibid.*, p. 630 A.

[14] La signification du mot σιμή dans le cas présent, reste pour moi fort problématique. J'ai été conduit à lui donner le sens auquel je me suis arrêté par la raison que, les expressions χείρ καταπρηνής et χείρ σιμή étant placées à la suite l'une de l'autre, m'ont paru opposées entr'elles, de même que chez Aristote (*Problem.*, II, 38) nous trouvons les mots πρὸς τὰ κατάντη mis en opposition avec πρὸς τὰ σιμά. Si mon hypothèse est fondée

PLANCHE V.

notre vase la première est exécutée par les silènes Thanon et Oraties et la seconde par quatre des bacchantes qui posent le derrière de la main gauche sur leur tête.

Cette danse de silènes et de ménades fait probablement allusion aux danses qui s'exécutaient anciennement aux fêtes de Dionysus et qui ont donné naissance au drame, mais il n'est pas facile de la déterminer. Parmi les danses bachiques qui paraissent avoir été nombreuses, trois nous sont plus particulièrement connues, parce qu'elles constituaient une partie essentielle des trois genres de drame : ce sont *l'emmelia, la cordace* et *la sicinnis*, appartenant respectivement à la tragédie, à la comédie et au drame satyrique [1]. La gravité, la noblesse et la décence qui caractérisaient la première de ces danses [2] ne permettent pas de la reconnaître sur notre amphore. Ce ne peut être non plus la sicinnis; car celle-ci, quoique particulière aux satyres, s'exécutait avec une vivacité [3] dont nous ne remarquons pas la moindre trace. Reste la cordace : tous les textes anciens s'accordent pour en signaler l'obscénité [4] ; Théophraste [5] l'appelle la danse des gens ivres, et regarde comme le comble de l'effronterie de l'exécuter sur le théâtre sans déguisement. Chez Lucien [6] nous voyons Silène danser la cordace après un banquet. Du reste elle ne se dansait pas seulement par des hommes, Aristophane [7] nous apprend qu'Eupolis, dans sa comédie intitulée *Maricas* et dirigée contre Hyperbolus, avait mis sur la scène la vieille mère du démagogue athénien exécutant la cordace dans l'état d'ivresse. Une des figures de cette danse, sans doute la plus caractéristique, consistait dans l'agitation lascive des reins [8]. Athénée range la cordace avec l'emmelia et la sicinnis parmi les danses calmes, c'est-à-dire exemptes de mouvements violents et maniaques [9] ; elles se distinguaient toutes les trois par la variété et la simplicité des figures. Des divers caractères qui viennent d'être énumérés, quelques-uns peuvent se reconnaître jusqu'à un certain point dans la danse bachique représentée sur notre amphore, et si on voulait ne pas la laisser sans nom, on pourrait lui donner celui de cordace avec beaucoup plus de raison qu'aux danses figurées sur certains autres monuments [10]. Pollux [11] nous a conservé le nom d'une autre danse, dont les exécutants étaient nus et échangeaient entre eux des propos obscènes, mais comme elle n'est pas comptée au nombre des danses bachiques, il ne saurait en être question ici, et, quant à la danse *phallique* désignée expressément par le même

---

nous devons reconnaître la même figure sur un vase du Louvre publié par Dubois-Maisonneuve, *Introduct. à l'étude de vases*, pl. LX, où du reste l'éditeur prend erronément les danseurs pour des satyres. O. Müller (*Handbuch der Archæol.* § 425, 1, p. 746. éd. 3) s'était formé une idée différente de ce geste, puisqu'il le voit sur un vase de Lamberg (De la Borde, I, 78), où des jeunes gens accompagnant le taureau dionysiaque et portant des flambeaux, lèvent la main gauche à demi fermée à la hauteur de leur figure.

[1] Lucian., *de Saltatione*, 22 : Τὰ μὲν γὰρ Διονυσιακὰ καὶ βακχικὰ οἶμαί σε μὴ περιμένειν ἐμοῦ ἀκοῦσαι, ὅτι ὀρχήσεις ἐκεῖνα πάντα ἦν· τριῶν γοῦν οὐσῶν τῶν γενικωτάτων ὀρχήσεων, κόρδακος καὶ σικινίδος καὶ ἐμμελείας, οἱ Διονύσου θεράποντες οἱ σάτυροι ταύτας ἐφευρόντες ἀφ' αὑτῶν ἑκάστην ὠνόμασαν. *Ibid.*, 26. ἐν ἑκατέρᾳ ἐκείνων (κωμῳδίας καὶ τραγῳδίας) ὀρχήσεως ἰδίου τι εἶδός ἐστιν, οἷον τραγικῇ μὲν ἡ ἐμμέλεια, κωμῳδικῇ δὲ ὁ κόρδαξ, ἐνίοτε δὲ καὶ τρίτης σικινίδος προσλαμβανομένης. Cf. Schol. Aristoph., *Nub.*, 540. Aristoxen. ap. Phot. *Lex.*, 508, 9. 511, 13. Bekker, *Anecdot. Gr.*, p. 101, 17.

[2] Athen. XIV, p. 631 D : Ἐμμέλεια σπουδαία. Cf. Plat., *de Legg.*, p. 816 B.

[3] Athen. *Ibid.*, p. 630 D. : καὶ ἔστιν ὁμοία ἡ μὲν πυρρίχη τῇ σατυρικῇ· ἀμφότεραι γὰρ διὰ τάχους. Cf. *Ibid.*, p. 630 B. Voy, Wieseler, *Das Satyrspiel*, etc., p. 65, sv.

[4] Athen. *Ibid.*, p. 831 D. : κόρδαξ παρ' Ἕλλησι φορτικός. Cf., p. 630 E.; schol. Aristoph. *Nub.*, 540. Hesych., s. v. : κόρδαξ εἶδος ὀρχήσεως ἀσέμνως κωμώστης.

[5] *Character.* VI.

[6] *Icaromenipp.* 27.

[7] *Nub.* 552-55. Cf. Meineke, *Histor. crit. comic. gr.*, p. 139.

[8] Schol., Aristoph. *Nub.* 540 : κόρδαξ κωμικὴ ἥτις αἰσχρῶς κινεῖ τὴν ὀσφύν.

[9] Athenæus, *Ibid.*, p. 629 D. : τὰ δὲ στασιμώτερα, καὶ ποικιλώτερα, καὶ τὴν ὄρχησιν ἁπλουστέραν ἔχοντα, καλεῖται..... ἐμμέλεια, κόρδαξ, σίκιννις. A ces danses plus calmes l'écrivain grec oppose d'autres danses qu'il qualifie de μανιώδεις ὀρχήσεις.

[10] Ainsi la cordace a été reconnue par Visconti sur un bas-relief du Vatican, où elle est pourtant beaucoup moins caractérisée que sur notre amphore, *Museo Pio Clement.* Tom. IV. Tav. XXIX, p. 194, sq, éd. de Milan, 8°.

[11] *Onomast.* IV, 105 : λαμπροτέραν δὲ, ἣν ὠρχοῦντο γυμνοὶ σὺν αἰσχρολογίᾳ.

grammairien [1] comme appartenant au culte de Dionysus, nous n'en connaissons que le nom et je ne la crois pas applicable non plus à notre vase.

2. La peinture du rang inférieur (pl. V, 2. *a. b.*) est sans contredit un des tableaux les plus curieux et les plus importants que nous possédions pour la connaissance de la danse ancienne. Les jeunes garçons au nombre de seize, qui composent le chœur, présentent les poses les plus variées. Les uns se tiennent debout sur la jambe droite, les autres sur la jambe gauche, et lèvent l'autre jambe en la portant soit en arrière, soit en avant. On ne remarque pas moins de variété dans la gesticulation. Une des figures qui mérite le plus de fixer l'attention, mais pour laquelle je n'ai pas trouvé de nom dans les textes anciens, est celle qu'exécute un groupe de trois danseurs : deux étendent le bras gauche de manière à ce que leurs mains se joignent; le troisième passe au-dessous en dansant.

Cette danse est probablement censée avoir lieu aussi à l'occasion d'une fête religieuse. Si l'on se rappelle que sur les vases de Vulci, une représentation bachique est souvent opposée à une composition relative aux divinités delphiques, l'on sera amené à soupçonner que l'on a sous les yeux un de ces chœurs de jeunes garçons, tels que les habitants de Délos en organisaient chaque année en l'honneur d'Apollon [2], et que l'on en voyait sans doute également dans d'autres localités où le fils de Latone recevait un culte particulier.

Le costume des danseurs de notre amphore mérite d'être remarqué [3] : il se compose d'une tunique courte collant au corps, et d'un caleçon. Le premier de ces vêtements étant coloré en rouge, se distingue facilement; l'autre, au contraire, doit se deviner plutôt qu'il ne s'aperçoit, par la raison qu'il est de la même couleur que les chairs des figures.

---

[1] *Onomast.* IV, 101 : φαλλικὸν ὄρχημα ἐπὶ Διονύσῳ.

[2] Lucian., *l. c.*, cap. 16. Plutarch. *Thes.*, cap. 21 : (Θησεὺς) ἐχόρευσε μετὰ τῶν ἠϊθέων χορείαν, ἣν ἔτι νῦν ἐπιτελεῖν Δηλίους λέγουσι, μίμημα τῶν ἐν τῷ Λαβυρίνθῳ περιόδων καὶ διεξόδων ἔν τινι ῥυθμῷ περιελίξεις καὶ ἀνελίξεις ἔχοντι γιγνομένην. Καλεῖται δὲ τὸ γένος τοῦτο τῆς χορείας ὑπὸ Δηλίων γέρανος.

[3] On retrouve un costume à peu près semblable aux danseurs représentés sur une autre peinture de vase chez Passeri, *Picturae Etruscor. in Vasc.* T. III, tab. 228 et chez Dubois-Maisonneuve, *Introduction à l'étude des vases antiques*, pl. 60.

PLANCHE VI.

L'AURORE POURSUIVANT CÉPHALE.

L'enlèvement de Céphale par l'Aurore, l'un des sujets favoris de la poésie et de l'art athéniens, est représenté sur un grand nombre de vases peints [1], parmi lesquels l'amphore de Vulci, publiée ici, occupe une place distinguée, non seulement à cause du nombre des personnages mis en scène, mais encore pour l'élégance de la composition. Sur la face principale (pl. VI, 1) l'Aurore, reconnaissable aux grandes ailes attachées à ses épaules [2] poursuit un jeune homme qu'elle est près d'atteindre et de saisir par le milieu du corps; celui-ci fuit d'un pas rapide et se retourne vers elle. Les deux javelots et le lagobole (Λαγωβόλον) [3] qu'il tient dans les mains annoncent qu'il a été surpris pendant une partie de chasse. Un de ses compagnons ayant les mêmes armes que lui s'enfuit du côté opposé et se retourne également vers la déesse contre laquelle il lève son lagobole. L'Aurore se fait remarquer par la richesse de son vêtement, qui se compose d'une tunique à larges manches, toute couverte de broderies et d'un péplus avec une bordure; un diadème d'or enrichi de pierreries ceint son front. Le chasseur, objet de son amour, est vêtu d'une tunique courte [4] et d'une chlamyde; un pétase à larges bords couvre sa tête. Son compagnon porte la chlamyde seulement, et est coiffé d'un bonnet, qui est plutôt un pétase à petits bords qu'un *pileus* [5]. Les traditions mythologiques nomment plusieurs jeunes gens remarquables par leur beauté pour lesquels l'Aurore s'éprit d'amour et qu'elle enleva [6]; Orion, l'un deux, s'adonnait à la chasse aussi bien que Céphale et pourtant c'est le nom de ce dernier

---

[1] On en trouvera une liste à peu près complète chez Otto Jahn, *Archæologische Beitraege*, p. 93. Cf. Gerhard, *Auserles. Vasenbild.* Th. III, s. 39, not. 33.

[2] Il ne manque pas, à la vérité, d'exemples de représentations figurées où la déesse n'a pas d'ailes (voy. Ot. Jahn, owo. c., p. 94, not. 2); mais dans la scène de l'enlèvement du moins tous les vases nous la montrent ailée.

[3] Le lagobole était un bâton dont on se servait pour la chasse du lièvre, schol. Theocr. IV, 49. Pollux, IV, 120, *Etymol. M.*, p. 807, 46. Les monuments figurés offrent quelque variété dans sa forme. Sur notre amphore c'est un bâton uni qui se termine par une grosse boule (Cf. Le bâton de Pan dans l'*Élite des mon. céramogr.* II, pl. C et CIII *a*). Ailleurs il ressemble au *pedum* noueux et ordinairement recourbé des borgers (Festus, p. 29. ed. Müller : *Agolum pastorale baculum quo pecudes aguntur. Glos-*

saria Labb.: *Agolum λαγωβόλον*. Millingen, *Unedited Monum.* I, pl. 18. *Monumenti inediti dell'Institut. arch.* II, 8. De la Borde, *Vases de Lamberg.* T. II, pl. 47 où deux chasseurs sont à la poursuite d'un lièvre) ou bien à une massue légère (Minervini, *Monumenti inediti posseduti da R. Barone*, I. Tav. 4.)

[4] Céphale porte également une tunique sous sa chlamyde sur un stamnus de Vulci qui faisait partie de la collection Durand, voy. le *Catalogue*, n° 253 et le *Catalogue Beugnot*, n° 46.

[5] Le bonnet béotien (κυνέη) et celui des nautonniers (πῖλος) sont l'un et l'autre plus élevés et plus pointus; on les trouve fréquemment donnés à des chasseurs (voy. Millingen, *l. c.*; Minervini, *l. c.; Museum Kirker*, Tab. IV, p. 19) et à divers héros.

[6] Ces jeunes gens sont Orion (Apollodor, I, 4, 4), Clytus (Hom. *Odyss.* XV, 250), Tithon (Apollod., III, 12) et Céphale (Apollod., I, 9. 4).

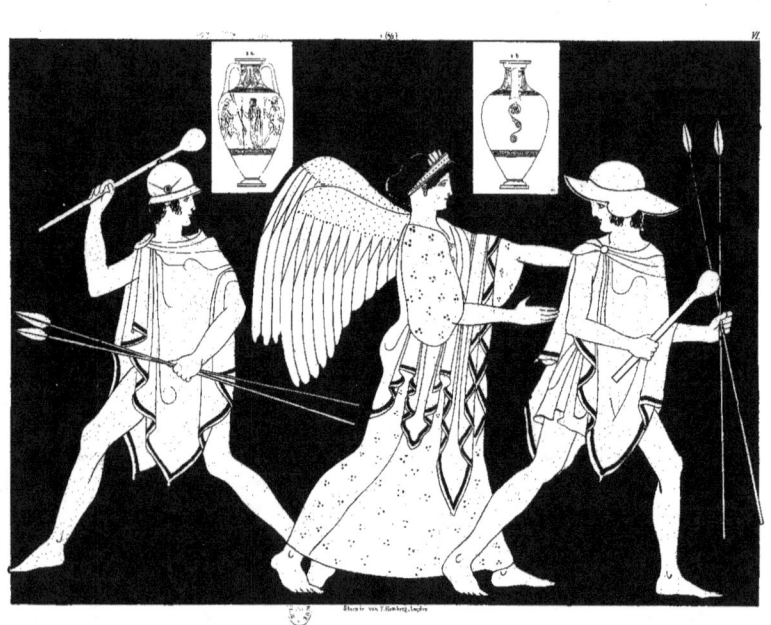

que l'on donne généralement, et cela avec raison, au jeune chasseur poursuivi par la déesse du jour; car c'est le seul nom qu'aient offert jusqu'ici les vases à inscriptions [1].

Sur la plupart des peintures, la scène de l'enlèvement se réduit aux deux personnages principaux, les seuls du reste que mentionne la tradition écrite. Il est quelques vases cependant qui, comme notre amphore, donnent un compagnon à Céphale [2]. Deux d'entre eux méritent de fixer un instant notre attention, à cause des inscriptions qu'ils portent. L'un est un magnifique cratère de Cumes, publié par feu Avellino [3] : On voit Céphale, ΚΕΦΑΛΟΣ, fuyant devant l'Aurore, ΕΩΣ, tandis qu'un autre jeune homme, près duquel se lit le mot de ΚΑΛΛΙΜΑΧΟΣ, court du côté opposé et s'apprête à lancer une pierre contre la déesse. Je me range volontiers de l'avis du savant interprète de ce monument [4], qui regarde καλλίμαχος non pas comme le nom propre de ce personnage, mais comme une épithète qualificative faisant allusion à sa tentative de résistance; elle a toutefois, selon moi, la signification de *combattant valeureux*, et non pas celle de *défenseur du beau jeune homme*. L'autre vase, provenant de Capoue, se trouve présentement dans le magasin du marchand d'antiquités Barone, à Naples [5]. L'Aurore, ΗΟΣ, y poursuit un jeune homme armé d'un lagobole, en forme de massue, et dont aucune inscription n'indique le nom. Son compagnon, qui fuit dans la direction opposée, est nommé Tithon, ΤΙΘΟΝΟΣ; il est coiffé d'un bonnet pointu et porte dans les mains une massue et deux javelots. On a prétendu [6] que cette dernière inscription, dont la place aurait été à côté de la figure du jeune homme poursuivi, avait été mise par erreur près de la figure de son compagnon. En effet, une autre peinture à inscriptions [7] montre l'Aurore ΗΕΩΣ poursuivant Tithon ΤΙΘΩΝΟΣ accompagné de Priam ΠΡΙΑΜΟΣ et de Dardanus ΔΑΡΔΑΝΟΣ. Mais dans cette dernière composition, Tithon est un musicien portant une lyre et non pas un chasseur.

La gymnastique, à laquelle la chasse se rattache, faisait partie, comme la musique, de l'éducation de la jeunesse : parmi les héros d'Homère, Achille et Pâris jouent de la cithare et manient la lance ou l'arc. Si donc il venait au jour un vase à inscriptions qui montrât Tithon chasseur ou Céphale citharède poursuivi par l'Aurore, une telle représentation n'aurait rien de surprenant. Mais jusque là il convient, je pense, de rester dans le domaine des faits et de ne pas fonder des hypothèses sur ce qui est seulement possible. Or, les monuments figurés, d'accord avec le témoignage des auteurs anciens, représentent le fils de Déionée comme chasseur [8]. D'un autre côté, les traditions mythologiques ne nous apprennent rien des occupations favorites de Tithon [9]; mais une peinture, viens-je de dire, le montre muni d'une lyre. Nous pouvons croire, en conséquence, qu'il y avait un type différent arrêté pour chacun d'eux et que c'était la diversité des attributs donnés à ces personnages qui permettait aux Anciens de distinguer l'enlèvement de Céphale de celui de Tithon [10].

Si, en me plaçant à ce point de vue, je ne saurais admettre que sur le vase de Capoue le jeune

---

[1] L'un de ces vases a été publié par Tischbein, II, 61 et reproduit dans plusieurs autres collections; un autre par Millin, *Peintures de vases*, II, 53; on lit sur tous les deux ΗΕΟΣ ΚΕΦΑΛΟΣ ΚΑΛΟΣ.

[2] Caylus, *Recueil d'antiquités*, II, 35, 2. Millin., *Peintures*, II, 34. Catal. Durand, l. c. Monum. dell' Inst. arch. III, Tav. XXX.

[3] *Bulletino arch. Napolitano*, I, Tav. I, p. 5 et 55, svv. Cf. *Bulletino dell' Instit. arch.* 1842, p. 9, sq et 1845, p. 66. Gerhard's *Archæolog. Zeitung*, I, p. 59, fg.

[4] Cf. O. Jahn, l. c., p. 95. Minervini, l. c., p. 21.

[5] Chez Minervini, l. c. Tav. IV.

[6] Brunn, *Bullet. dell' Instituto arch.* 1851, p. 1.

[7] Fragment d'un diota provenant de Vulci décrit dans le *Bull. arch.* 1848, p. 40. Voy. Panofka, *Annal. dell' Instit. arch.*, XIX, p. 252. Cf. Gerhard, *Archæol. Zeitung*. 1848, p. 321, sq.

[8] Cf. O. Jahn, *Arch. Beitr.*, p. 99 et Gerhard, l. c., p. 322.

[9] Servius cependant en fait un guerrier. Voy. Georgic., III, 48 : *Quem* (Tithonum) *præliantem Aurora dilexit et rapuit*.

[10] Je suis d'avis qu'il faut reconnaître l'Aurore et Tithon dans les nombreuses compositions où un jeune homme muni d'une lyre est poursuivi par une femme ailée. Cf. Braun, *Bulletino dell' Inst. arch.* 1848, p. 40.

chasseur poursuivi par l'Aurore soit Tithon [1], je ne puis non plus adopter l'explication que donne M. Minervini de la présence de ce dernier à l'enlèvement de Céphale. Selon le savant antiquaire napolitain, le Tithon de cette peinture ne serait pas un compagnon de chasse du fils de Déionée, mais le fils de Laomédon aimé et enlevé comme lui par l'Aurore; l'artiste aurait réuni en un seul tableau deux événements arrivés à des époques et à des personnes différentes et nous devrions voir dans les deux jeunes gens des rivaux dont Céphale serait le préféré [2]. M. Minervini étend la même explication au vase de Cumes. Il me permettra de lui objecter que cette prétendue rivalité ne ressort nullement des compositions en question. Le chasseur qui fuit, sans être lui-même poursuivi, n'a pas l'air de ressentir de la jalousie de la préférence accordée à son compagnon et c'est la peur, ce semble, plutôt que le dépit qui arme son bras contre la déesse. Voici comment l'on pourrait, à mon avis, expliquer la peinture du vase de Capoue : la fable de Céphale appartient aux mythes attiques, celle de Tithon aux mythes troyens; il serait donc étonnant de trouver ces jeunes gens chassant en compagnie l'un de l'autre. Mais une tradition rapportée par Apollodore [3] mentionne un Tithon fils de Céphale et de l'Aurore et père de Phaéton. Or, il a fort bien pu exister de cette version une variante qui a été suivie par les céramographes et qui changeait ce fils en un frère de Céphale [4]; c'est ainsi qu'une variante de la fable troyenne faisait du Tithon troyen un frère au lieu d'un fils de Laomédon [5]. D'après cette manière de voir, on pourrait donner aussi le nom de *Tithon* au compagnon de Céphale, sur notre amphore et, eu égard à son attitude, l'épithète de καλλίμαχος lui serait également applicable.

La peinture du revers de notre amphore ne doit pas être séparée de celle du côté principal; c'est la continuation du même sujet. Deux autres compagnons de Céphale qui chassaient avec lui accourent à toutes jambes vers un vieillard pour lui annoncer l'enlèvement qui vient d'avoir lieu; l'un d'eux, tout effrayé encore, se retourne vers le théâtre de l'événement et tient son lagobole levé comme pour se défendre. Ce vieillard enveloppé dans un ample manteau et s'appuyant sur un long sceptre est, sans aucun doute, le roi Déionée, père du jeune homme enlevé, et, selon toute vraisemblance, les compagnons de Céphale sont ses trois frères. Apollodore [6] les nomme Ænetus, Actor et Phylacus, mais la légende suivie par les céramographes a pu substituer à l'un de ces noms celui de Tithon. Le revers du vase de Capoue que M. Minervini a eu tort, selon moi, de négliger, montre aussi un vieillard barbu appuyé sur un bâton entre deux jeunes filles. Celle qui est en face de lui est occupée à lui faire un récit; son geste ne saurait laisser de doute à cet égard. L'autre jeune fille retourne la tête pour voir ce qui se passe derrière elle. Suivant moi, ce personnage est également Déionée, à qui Astéropie, sa fille, vient, avec une de ses compagnes, raconter l'accident arrivé à son frère. On peut supposer qu'au moment de l'enlèvement de Céphale sur le mont Hymette, sa sœur s'y trouvait en compagnie d'autres femmes. Dans les nombreuses scènes d'enlèvement d'une jeune fille, représentées sur les monuments de céramographie, nous voyons presque toujours les sœurs ou les compagnes aller faire part de l'événement au père de la jeune fille enlevée.

---

[1] M. Minervini, *ouv. cit. Appendice*, p. IV, repousse pour d'autres motifs encore l'hypothèse de M. Brunn.

[2] *Ouv. cit.*, p. 24. M. Minervini cite à l'appui de cette rivalité des deux amans et de la préférence donnée à Céphale un passage d'Ovide, *Amor.*, I, 13, 33, sqq. Mais ce texte ne paraît pas être applicable ici, car le poète raconte que la déesse du jour délaisse, pour le jeune et beau Céphale, Tithon, son mari, devenu vieux (*longo quia frigidus œvo*).

[3] III, 14. 3.

[4] Aussi d'après Hesiod., *Theogon.*, 985, Céphale n'est pas l'aïeul, mais le père de Phaéton.

[5] Servius *ad* Virgil *Georg.*, I, 447. III, 48.

[6] I, 9. 4 : Δηϊόνων δὲ βασιλεύων τῆς Φωκίδος, Διομήδην τὴν Ξούθου γαμεῖ, καὶ αὐτῷ γίνεται θυγάτηρ μὲν Ἀστερόπεια· παῖδες δὲ Αἰνετός, Ἄκτωρ, Φύλακος, Κέφαλος.

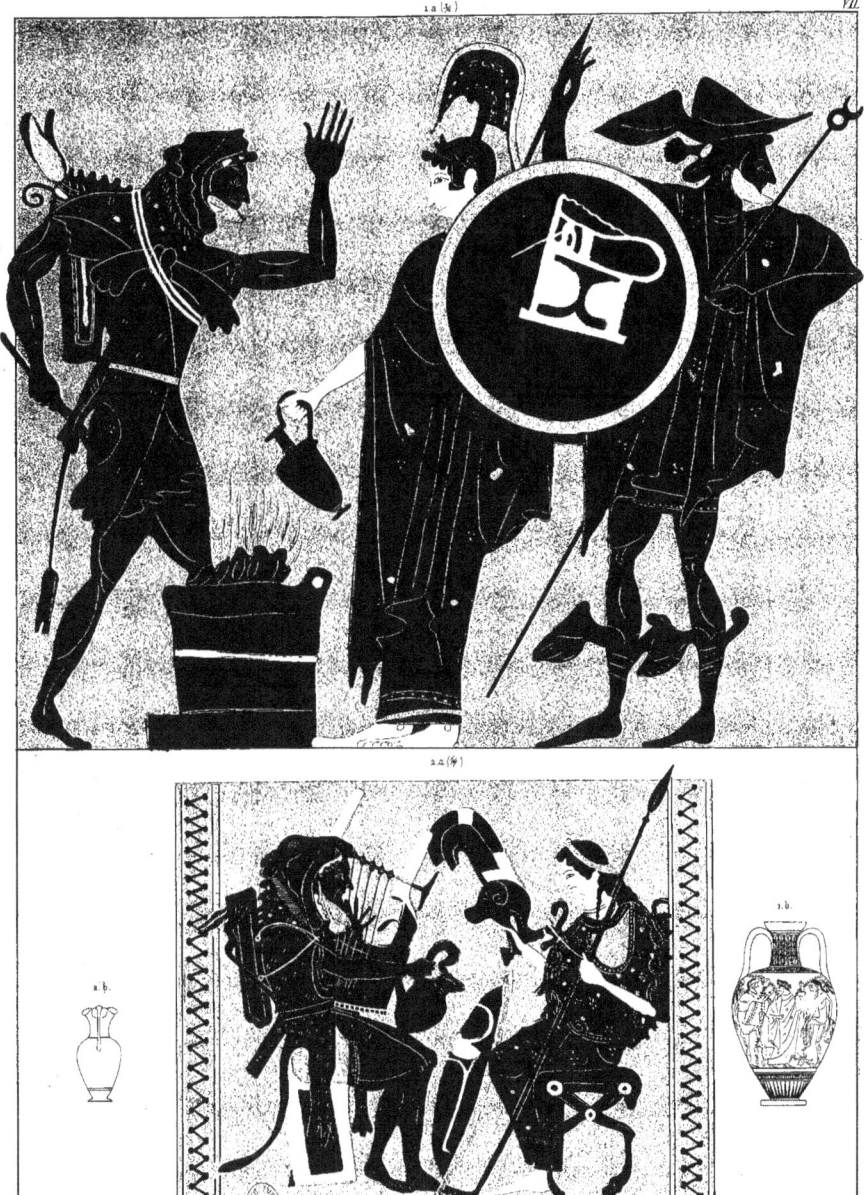

PLANCHE VII.

L'UNION MYSTÉRIEUSE DE MINERVE ET D'HERCULE.

On sait par les auteurs comme par les monuments de l'art, que Minerve, protectrice d'Hercule, accompagna le héros dans toutes ses expéditions et lors de son apothéose; mais ce sont les monuments figurés seuls qui nous font connaître l'hiérogamie de ces deux personnages divins; les textes gardent sur ce point le silence le plus complet. Ce fait qui a échappé longtemps à la sagacité des archéologues [1] est le sujet d'un grand nombre de compositions; mais elles ne le présentent pas toutes avec la même évidence ni de la même manière [2]. La planche VII de ce recueil en offre deux variantes aussi intéressantes que neuves.

L'une (Pl. VII, 1 a.) est la peinture qui décore le côté principal d'une amphore de Vulci. Nous voyons au centre Minerve, tournée à gauche, et debout devant un autel allumé. Un ample péplus recouvre sa longue tunique et enveloppe tout son corps. La déesse est armée d'une lance, d'un casque et d'un grand bouclier rond orné de la partie antérieure d'un char [3]; elle tient de la main droite une oenochoé, dont elle s'apprête à verser la liqueur sur la flamme de l'autel. Du côté opposé nous remarquons Hercule debout, regardant la déesse en face et levant la main gauche. Le fils d'Alcmène a la tête et le corps couverts de la peau du lion de Némée dont les pattes sont nouées sur sa poitrine; il est muni de sa massue et un carquois est suspendu sur son dos. Derrière Minerve se tient Mercure, qui retourne la tête et lève la main droite en signe de surprise ou de satisfaction. Le Dieu est barbu et coiffé d'un pétase ailé. Une tunique courte, une chlamyde et des bottines auxquelles sont attachées des ailes, constituent son vêtement; il porte dans la main gauche un caducée fort allongé.

---

[1] Il a été aperçu d'abord et démontré par M. Braun (*Tages und des Herakles und der Minerva heilige Hochzeit*. München, 1839), puis mis en plus grande évidence encore par M. Gerhard, *Auserl. Vasenb.*, I, p. 142, svv. II, p. 180, sv. *Trinkschalen*, p. 14, svv. Cf. Welcker, *Rhein. Mus. für Philolog.*, VI, p. 663.

[2] M. Otto Jahn a essayé de former des groupes de ces vases divers, *Archæologische Aufsaetze*, p. 83-127. Cf. Roulez, *Bulletin de l'Académ. de Brux.* T. XII, 1re part., p. 342 (*Mélanges*, etc., fasc. V).

[3] Cet emblème se rencontre quelquefois sur le bouclier de Minerve; je citerai pour exemples deux vases panathénaïques, l'un du prince de Canino, l'autre de la collection de Candelori. Voy. *Annali dell' Instituto arch.* T. II, p. 223. Cf. Gerhard, *Etrusk. und. Kampan. Vasenbild.* Taf. B. 9. 17.

Pour arriver plus sûrement à l'explication de ce tableau, il sera utile de déterminer d'abord le sens de plusieurs compositions dont l'interprétation laisse moins de doute; je veux parler de celles où Athéné et Hercule se donnent la main [1]. Personne ne songera à voir dans cet acte l'indice d'une séparation, mais comme il avait coutume d'accompagner toute promesse solennelle [2], il est permis de le regarder comme le signe de l'engagement mutuel que prennent les époux et par conséquent comme l'équivalent des fiançailles (ἐγγύησις) dans la vie réelle. Afin de donner un caractère plus solennel encore à ce contrat on célébrait un sacrifice et l'on faisait des libations sur l'autel allumé [3]. C'est précisément ce qui se passe sur notre vase et dans cette hypothèse l'on pourrait expliquer le geste d'Hercule par l'usage en vigueur chez tous les peuples de lever la main en prêtant un serment [4]. Quelque vraisemblable que paraisse cette interprétation; je ne crois cependant pas devoir répudier le sens un peu différent que j'ai donné précédemment à cette peinture, en y reconnaissant les protélies d'Hercule et d'Athéné, c'est-à-dire le sacrifice offert la veille ou le jour des noces [5].

Sur plusieurs autres peintures [6] relatives à l'hiérogamie de ces deux divinités, Mercure se tient, comme ici, derrière Minerve. On doit supposer qu'il a amené la déesse auprès d'Hercule. Le mouvement de la tête du messager des dieux semble indiquer qu'une autre divinité est censée se trouver derrière lui; ce pourrait être Bacchus qui figure en effet sur quelques vases. Il arrivait fréquemment que les peintres de vases, soit à cause du manque d'espace, soit pour un autre motif, omettaient un ou plusieurs personnages secondaires d'une composition.

Le revers de notre amphore offre le dieu du vin accompagné du bouc entre deux silènes. La même scène bachique se reproduit sur d'autres vases [7].

Une oenochoé de Vulci (Pl. VII. 2. a.) montre Minerve et Hercule assis en face l'un de l'autre, la première sur un pliant, le second sur un cube. La déesse est vêtue d'une tunique longue recouverte en partie de la terrible égide bordée de serpents. Dans la main droite elle porte son casque et dans la gauche sa lance. Un bandeau serre sa chevelure arrangée avec art. Son bouclier, qui a pour emblème un trépied [8], repose contre ses genoux. Le fils d'Alcmène se montre dans le même accoutrement que sur la peinture de l'amphore, qui a été expliquée en dernier lieu [9], mais il tient de la main droite une oenochoé et de la gauche il joue de la cithare. On connaît plusieurs vases représentant Hercule citharède en présence de Minerve; moi-même j'en ai publié un et cité quelques autres [10]; mais sur ces peintures les deux personnages principaux sont accompagnés d'Hermès, tantôt

---

[1] Voy. Baron de Stackelberg, Graeber der Hellenen, Taf. XIII, 3. Passeri, Pictur. in vasculis, III, Tab. 250-51. Museum Gregorianum, II, Tav. 54, 2 a. Braun, l. c. Taf. IV, etc. Cf. Otto Jahn, ouv. c., p. 83, svv.

[2] Sophocl. Philoctet. 813 : Ἔμβαλλε χειρὸς πίστιν. Euripid., Iphig. in Aul. 58 : δεξιάς τε συμβαλεῖν. Cf. 471.

[3] Euripid., l. c. 39, sq. καὶ δὲ ἐμπύρων σπονδὰς καθεῖναι.

[4] Ce mouvement, propre aussi aux personnes qui parlent, Hercule le fait de nouveau sur une amphore du cabinet Durand publiée par M. Gerhard, Auserl. Vas., II. Taf. CXL, 3, où l'on retrouve Hercule, Minerve et Mercure dans la même position que sur notre vase, mais où il n'y a ni autel ni libation.

[5] Les protélies de Bacchus et d'Ariane dans les Bulletins de l'Acad. de Brux. T. XIII, 1re part., p. 123 (Mélanges, fasc. V).

[6] Passeri, l. c. Gerhard, Trinckschalen, Taf. C, 9. Auserl. Vas. Taf. LXIX. CXXVII. CXLI. CXLII. Cf. Otto Jahn, l. c. p. 87.

[7] Gerhard, Auserl. Vas. Taf. LXVIII (le côté principal de l'amphore montre Minerve, Hercule citharède, Dionysus et un quatrième personnage peu caractérisé). Inghirami, Monumenti Etruschi, T. V, Tav. 68; un vase de la collection d'Hope, aujourd'hui au musée britannique (sans le bouc), Gerhard, Archaeolog. Anzeiger, p, 100. Sur un vase du Musée étrusque du Vatican Dionysus, accompagné d'un bouc, se montre entre deux crotalistes, Museum Etr. Gregor. P. II, Tav. XXXIV, 2 a.

[8] Cet emblème se rencontre assez fréquemment sur le bouclier de Minerve. Voy. Gerhard, Auserles. Vasenb. Taf. LXIII. LXIX. CXXXV. Etrusch. und Kampan. Vas. Taf. A, 18.

[9] La seule différence consiste en ce qu'ici la massue manque et que l'on voit l'arc attaché au carquois. En revanche l'objet que l'on aperçoit entre l'extrémité inférieure du carquois et la queue de la peau de lion pourrait bien être la gaîne de son épée.

[10] Bulletins de l'Acad. de Brux. T. XII, 1re part., p. 343.

seul, tantôt avec Dionysus ou Cora, ou bien de Dionysus et d'un autre dieu, peut-être Poseidon, et sur aucune, Hercule ne porte, comme ici, une oenochoé en même temps que la cithare. Notre représentation paraît donc être complexe et faire allusion à deux actes consécutifs. Premièrement le fils d'Alcmène adoucit par les accords de son instrument la sauvagerie de la jeune fille par excellence, surmonte sa résistance et parvient à la faire consentir à leur union. La signification érotique de la lyre fut admise de bonne heure dans l'art grec : nous la rencontrons déjà sur le coffre de Cypsélus, où Thésée joue de la cithare en présence d'Ariane qui porte une couronne [1]. En second lieu, Hercule et Minerve prennent l'engagement de s'unir, ou en d'autres termes, se fiancent au moyen de la libation [2], qui est indiquée par l'oenochoé dans la main du fils d'Alcmène. A ce propos je dois parler de quelques autres peintures de vases où une libation se fait aussi par les mêmes personnages, mais dans une intention moins patente. La principale est celle d'un vase du Vatican, qui a été publiée à diverses reprises, mais pour la première fois avec exactitude par Millin [3], et a été considérée comme représentant l'apothéose du héros. Hercule, la tête nue et vêtu d'une tunique très-courte, presqu'entièrement cachée par la dépouille du lion de Némée, appuie son corps sur sa massue et tient dans la main droite un canthare dans lequel Minerve, placée en face de lui, verse une liqueur. La déesse n'a ni casque ni bouclier; elle est seulement armée d'une lance. Son vêtement consiste en une tunique longue, un péplus et l'égide avec la tête de la Gorgone. La scène se continue de l'autre côté du vase : Mercure qui a amené Minerve à Hercule, se retire en faisant un mouvement vif avec le bras. Le même tableau, toutefois sans le fils de Maia, se reproduit sur une oenochoé [4] et dans l'intérieur d'une cylix [5] provenant de l'Étrurie. Cette dernière, et cette circonstance n'est pas à négliger, montre à l'extérieur l'enlèvement de Thétis par Pélée. On aurait donc quelque raison de croire que ces compositions se rapporteraient également à l'hiérogamie d'Hercule et de Minerve. Du reste, cette interprétation ne s'éloignerait pas beaucoup de celle qui vient d'être mentionnée; en effet, l'union du fils d'Alcmène avec la déesse qui l'avait protégé dans le cours de sa carrière terrestre n'est censée s'accomplir qu'après qu'il a été placé au rang des dieux; elle n'est donc en définitive qu'une forme particulière de son apothéose.

---

(1) Pausan., V, 19, 1. MM. Stephani (*Theseus und Minotaur*, p. 45, sqq.) et Otto Jahn (*Arch. Aufsaetze*, p. 11, not. 25) attribuent à cette scène un sens différent; ils y voient une allusion, l'un à l'usage des Crétois de marcher au combat aux sons de la cithare, l'autre à l'éducation musicale du héros athénien. Voyez toutefois mon explication de la pl. X de ce recueil.

(2) Voy. ci-dessus p. 5.

(3) *Peintures de Vases*, Tom. II, pl. XLI, p. 62. Cf. Böttiger, *Kleine Schriften*, II, p. 371.

(4) De Witte, *Catalogue étrusque*, n° 99.

(5) *Ibid.*, n° 134. M. Panofka (*Von der Namen der Vasenbildner*, p. 25 [98].) reconnaît sur cette peinture Hercule *Callinicus* à cause du κότινος ou olivier sauvage qui s'y voit.

PLANCHE VIII.

1. DISPUTE DU TRÉPIED. — 2. COMBAT D'HERCULE ET DU CENTAURE DEXAMÈNE.

1. Le sujet de la peinture reproduite sur notre pl. VIII, 1, est devenu commun, mais la peinture elle-même se distingue par l'élégance et la finesse du dessin, et l'oenochoé de Vulci qu'elle décore restera toujours une des belles productions de la céramographie. En la publiant j'ai moins consulté les intérêts de la science que ceux de l'art.

Les monuments figurés, relatifs à l'enlèvement du trépied de Delphes, sont parvenus jusqu'à nous en très-grand nombre. Outre huit bas-reliefs en marbre, de style hiératique, un sarcophage en grès et trois bas-reliefs en terre cuite, on ne compte pas moins de soixante-deux vases peints, y compris celui qui est publié ici [1]. Plus de deux tiers de ces vases sont à figures noires, souvent rehaussées de blanc ou de rouge; les figures des autres sont rouges ou jaunâtres. L'oenochoé du musée de Leide appartient à la dernière catégorie [2]. Au centre de la composition nous voyons Hercule emportant le trépied qu'Apollon retient à deux mains, et menaçant son adversaire de sa massue pour le lui faire lâcher. Le fils d'Alcmène est entièrement nu et couronné de myrte. Sa chevelure courte et crépue, ainsi que sa barbe courte et épaisse caractérisent convenablement sa force athlétique. Apollon a pour tout vêtement une chlamyde légère; son carquois fermé est suspendu à son dos. Sa chevelure, serrée par une couronne de laurier, flotte sur ses épaules en longues tresses ondoyantes. Minerve et Diane assistent à cette dispute : l'une se tient derrière Hercule, son protégé, l'autre derrière Apollon, son frère; elles cherchent à apaiser par leurs discours la colère des deux rivaux et à empêcher qu'ils n'en viennent à des actes de violence. La fille de Latone est vêtue d'une tunique longue, à larges manches, ornée de broderies et recouverte en partie par un péplus; un cécryphale coiffe sa tête. On voit dans sa main gauche un arc et une flèche. Minerve porte une tunique longue et plissée, sur laquelle il y en a une plus courte retenue par une ceinture. Sur la poitrine de la déesse brille la redoutable égide entourée de serpents. Un léger péplus, dont les deux bouts sont rejetés sur ses bras,

---

[1] Tous ces monuments ont été énumérés et examinés sommairement par M. Welcker dans les *Jahrbücher von Alterthumsfreunden im Rheinlande*, 1845, VII, p. 97-114. Ce savant article est reproduit avec des additions dans ses *Alte Denkmæler*, II, p. 298-301 et III, p. 268-285. Depuis, un autre vase offrant une parodie du même sujet a été publié par M. E. Curtius, sous le titre de : *Herakles der Satyr Dreifusaräuber*. Berlin, 1852.

[2] C'est donc à tort que M. Gerhard (*Auserles. Vas.* II, p. 147, not. 16) et M. Welcker, d'après lui, placent notre oenochoé dans la classe des vases à figures noires.

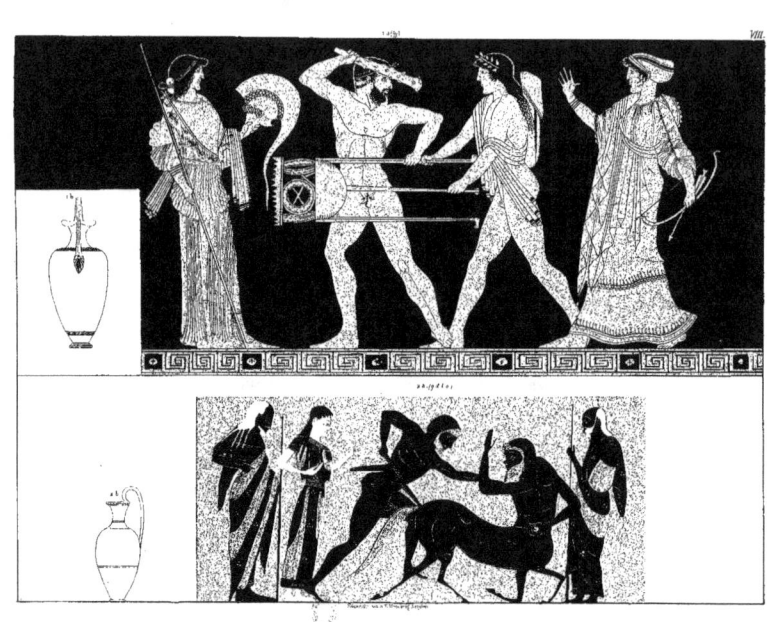

complètent son vêtement. Elle tient de la main droite sa lance posée à terre, et de la gauche son casque à haut cimier; deux circonstances qui indiquent son rôle pacificateur.

Tous les monuments ne montrent pas les quatre personnages dont les noms viennent d'être cités. Sans parler de quelques vases où l'une des déesses est remplacée par une autre personne, non seulement tous les bas-reliefs, à une exception près, parait-il, mais encore plusieurs vases n'offrent que les deux adversaires; un vase laisse voir, à côté d'eux, Athéné seule, un autre Latone également seule. Quelquefois, au contraire, la scène s'élargit par la présence d'un troisième témoin de la dispute, Mercure ou Jupiter, et même par un quatrième pris pour Iolas.

Les traditions mythologiques donnent comme le motif de l'enlèvement du trépied, le silence obstiné d'Apollon, lorsqu'Hercule vint le consulter à Delphes sur la manière d'expier le meurtre d'Iphitus [1] ou sur le massacre de ses propres enfants [2] : elles ajoutent que l'ordre ou même la foudre de Jupiter dut intervenir pour mettre fin à la dispute. Ce récit est évidemment l'expression allégorique d'une rivalité [3] entre deux cultes, accompagnés d'oracles, et dont l'un tendait à absorber l'autre [4]; soit que tous deux aient été helléniques, mais appartenant à des races différentes, soit que l'un d'eux ait été étranger à la Grèce et apporté de la Phénicie par des colons [5]. Il y eut plus tard reconciliation entre le fils d'Alcmène et le dieu de Delphes : le fait résulte de la légende locale des Gythéates, qui les regardaient comme les fondateurs de leur ville et avaient placé leurs statues à côté l'une de l'autre [6]; il est confirmé par une peinture de vase [7].

L'enlèvement du trépied delphique avait été chanté par d'anciens poètes; mais leurs noms nous sont inconnus et paraissent avoir péri aussi bien que leurs œuvres [8]. Les détails qui se trouvent dans les auteurs parvenus jusqu'à nous, sont en petit nombre, peu explicites et pour la plupart puisés à la source des traditions locales. On serait porté à croire que ce sont les œuvres artistiques surtout qui ont popularisé cette légende. Du reste, on peut deviner, en partie du moins, les causes de la répétition si fréquente de cette scène sur les monuments. Après une guerre, où, sous la conduite du devin Tellias d'Élée, ils avaient vaincu les Thessaliens au pied du mont Parnasse, les Phocéens dédièrent à Delphes une série de statues de bronze, représentant Apollon et Hercule sur le point d'en venir aux mains, tandis que d'un côté Athéné, de l'autre Artémis et Latone s'efforçaient de les calmer [9]. Cette composition exposée à la vue de toute la Grèce dans un lieu très-fréquenté, avait donc été consacrée en commémoration d'une victoire et elle était l'œuvre de Chionis, de Diyllus et d'Amyclæus, trois sculpteurs de renom. C'étaient là des motifs suffisants pour engager les artistes

---

[1] Apollodor. II, 6, 2. Pausan. X, 13, 4.

[2] Hygin., fab., 32.

[3] Si l'enlèvement du trépied faisait simplement allusion à la transplantation du culte delphique, comme l'a cru O. Müller (Dorier, I, p. 434), on ne comprendrait pas pourquoi il est présenté sous la forme d'une dispute.

[4] Voy. mes observations dans les Bulletins de l'Académie de Bruxelles, T. IX, 1re part., p. 59, sv. (Mélanges d'antiquités, etc., fasc. IV, p. 1, sv.)

[5] Voy. E. Curtius, Herakles der Satyr Dreifussräuber, p. 8-11.

[6] Pausan. III, 21, 7.

[7] Millingen, Vases de Coghill, pl. XI. Ajoutez d'autres monuments cités par moi dans les Bulletins de l'Académie de Brux.,

l. c. Cf. Gerhard, Auserl. Vasenbild. II, p. 144, not. 4, et Welcker, œuv. c. II, p. 299, not. 4.

[8] Pausan. X, 13, 4 : παραδεξάμενοι δὲ οἱ ποιηταὶ τὸν λόγον μάχην Ἡρακλέους πρὸς Ἀπόλλωνα ὑπὲρ τρίποδος ᾄδουσιν. Passow (Herakles der Dreifussræuber, etc., dans Böttiger's Archæolog. u. Kunst, I, p. 128) conclut du vague de cette phrase que le périégète grec ignorait lui-même les noms des auteurs de ces poèmes, qui devaient être antérieurs aux Héraclédes connues.

[9] Pausan. X, 13, 7. Cf. Herodot. VIII, 27. — O. Müller soupçonne que les Phocéens ont voulu, par le choix de cette offrande, se poser en défenseurs du trépied delphique, par la raison que les princes thessaliens descendaient des Héraclides. Handbuch der Archæol. § 89, 3, p. 68. éd. 3.

postérieurs à l'imiter et à adopter ce sujet comme symbole de la victoire en général et en particulier d'une victoire à la guerre [1]. D'un autre côté, Apollon et Hercule étaient les fondateurs, l'un des jeux pythiens, l'autre des jeux olympiques, et le trépied lui-même était un emblême de victoire choragique [2]. Ces raisons rendaient le tableau de la dispute du trépied fort propre à la décoration de monuments, destinés à servir de prix aux vainqueurs dans les jeux publics. Plusieurs vases nous offrent au revers ou au-dessus de la scène de la dispute d'Apollon et d'Hercule, la représentation de sujets relatifs à ces jeux [3].

Une douzaine des peintures représentant la scène de l'enlèvement du trépied montrent une biche à côté d'Apollon [4]. Sur un vase de Vulci [5], l'objet que se disputent les deux rivaux, accompagnés également de Diane et de Minerve, n'est plus le trépied mais une biche, et sur un casque de bronze, appartenant à M. le duc de Luynes [6], se voit une biche à terre, entre le héros Thébain et le fils de Latone, dont l'un décoche un trait et l'autre lève sa massue. Dans mon explication du premier de ces monuments [7], après m'être demandé si ce sujet n'est pas une simple variation de la dispute du trépied, due au caprice des artistes, j'avais émis la conjecture qu'il doit être plutôt la représentation de l'aventure qui suivit la prise de la biche cérényte par le fils d'Alcmène. Selon le récit d'Apollodore [8], Hercule, après avoir atteint et blessé cette biche aux cornes d'or, sur les bords du fleuve Ladon, la chargea sur ses épaules et traversait ainsi l'Arcadie, quand il rencontra Apollon et Diane. La déesse voulut lui arracher sa proie, mais il parvint à la calmer et porta l'animal vivant à Eurysthée. La même opinion a été soulevée par M. Gerhard [9], puis défendue par M. Keil [10]. Pour ma part je crois devoir l'abandonner aujourd'hui; car non seulement elle est en opposition avec la légende elle-même, conformément à laquelle c'est Diane et non son frère qui devrait disputer la biche, mais elle trouve sa réfutation dans la représentation d'un troisième monument provenant de Vulci comme les deux précédents. Une grande amphore de la collection de M. Samuel Rogers à Londres [11], offre le trépied au-dessus de la biche que s'arrachent Apollon et Hercule, de la même manière qu'ailleurs la biche figure sur le tableau de l'enlèvement du trépied. Ne doit-on pas conclure de là que la biche enlevée par le héros thébain était tout aussi bien que le trépied la propriété du fils de Latone et que l'une et l'autre constituaient des symboles de sa puissance divine et prophétique [12]. On demandera peut-être comment cet animal était venu en la possession d'Apollon? Je ne connais pas de renseignement bien précis à cet égard, mais Pausanias [13] mentionne l'existence à Delphes d'un morceau de sculpture, dédié par les Macédoniens qui habitaient la ville de Dion et représentant le dieu prenant la biche. C'est ce

---

[1] Sur quelques vases peints la dispute du trépied est accompagnée d'une scène de bataille ou d'un autre sujet relatif à la guerre.

[2] O. Müller, *De tripode Delphico*, p. 9.

[3] Roulez, *Bullet. de l'Acad. de Brux.*, l. c., p. 61, sv.

[4] Elles ont été notées par M. Welcker, *ouv. c.* T. III, p. 269, not. 2.

[5] J'ai publié le premier ce vase dans les *Bulletins de l'Acad. de Brux.* T. IX, 1re part., p. 160, n° de février 1842 (dans mes *Mélanges*, fasc. IV). M. Gerhard l'a publié également quelque temps après dans ses *Auserl. Vasenb.* II. Taf. 101.

[6] *Monuments inédits publiés par la section française de l'Inst. arch.*, pl. III, A. B. *Nouvelles Annales*, I, p. 51. — Une autre représentation de la dispute d'Apollon et d'Hercule pour la biche se voit sur un bronze du musée britannique. Voy. Panofka, *Archaeolog. Zeitung*. 1845, p. 220.

[7] *Bulletins*, etc., l. c., p. 159.

[8] II, 5, 3.

[9] L. c., p. 54.

[10] *Annali dell' Instituto arch.* T. XVI, p. 185. Rom. 1845.

[11] Cette peinture encore inédite est mentionnée par M. Welcker, l. c., p. 270, not.

[12] Sur le trépied comme emblème de la lumière et de la prophétie, voy. le *Bulletin de l'Acad. de Brux.* l. c., p. 137, not. 4. Cf. *Ibid.*, p. 63.

[13] X, 13, 5 : ('Ανέθεσαν) Μακεδόνες οἱ ἐν Δίῳ τὸν Ἀπόλλωνα, ὅς εἰλημμένος ἐστὶ τῆς ἐλάφου. Ce texte n'a pas encore, que je sache, fixé l'attention des archéologues.

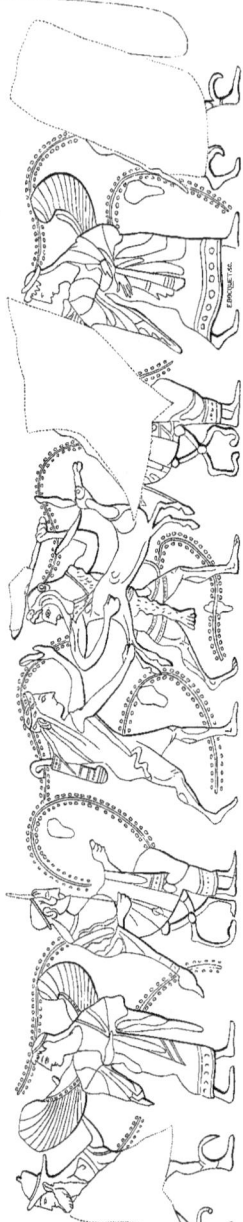

même animal probablement que nous rencontrons si souvent comme son acolythe [1] et qu'Hercule lui enlève. Maintenant la substitution de la biche au trépied est-elle l'expression d'une légende qui s'est perdue ou bien doit-elle sa naissance à la fantaisie d'un artiste? c'est une question qu'il est prudent, me paraît-il, de laisser indécise.

J'ai avancé ci-dessus que sur plusieurs vases la peinture représentant la dispute du trépied est accompagnée d'une autre peinture à sujet gymnastique. Les céramographes ne s'arrêtèrent pas à ce rapprochement : ils donnèrent à la dispute du trépied elle-même la forme d'une lutte athlétique dans les jeux publics. Une amphore panathénaïque du colonel Lamberti à Naples, montre d'un côté Hercule emportant le trépied et de l'autre Apollon qui poursuit le ravisseur; deux colonnes surmontées de coqs encadrent chacune de ces deux figures [2]. Une amphore de Bomarzo aujourd'hui au musée de Berlin [3] offre, de chaque côté des deux rivaux qui se disputent le trépied, une palme et un faon. On retrouve la même forme mieux caractérisée encore sur une peinture à figures noires rehaussées de violet, d'un dessin archaïque et bizarre, qui décore un petit cyathis à une anse du musée de Leide [4]. Ce vase aurait été reproduit immanquablement sur la même planche que l'oenochoé s'il n'avait échappé à mes recherches lors de ma visite au musée. Afin de réparer cette omission, j'ai fait graver ici un dessin de la peinture, de la grandeur de l'original.

Au centre de la composition, Apollon, vêtu d'une chlamyde courte, l'arc et le carquois au dos, poursuit Hercule qui s'enfuit emportant la biche [5] sous le bras droit. Le fils de Latone retient d'une main l'animal par les pieds de derrière et lève l'autre pour frapper son adversaire qui s'apprête à riposter avec sa massue. Le héros thébain porte une tunique courte recouverte de la peau du lion de Némée, qui lui sert à la fois de coiffure. Derrière le dieu de Delphes un personnage barbu, assis gravement sur un pliant, contemple la lutte. Son vêtement consiste en une longue tunique blanche sur laquelle est jeté un manteau; une branche de lierre ou d'olivier lui ceint la tête. En avant d'Hercule se trouve un autre personnage

---

[1] Plusieurs monuments sur lesquels Apollon est suivi de la biche sont notés dans les *Bullet. de l'Acad. de Brux.*, l. c. p. 65.
[2] Voy. PANOFKA, *Annal. dell' Instit. arch.* Tom. II, p. 206.
[3] GERHARD, *Neuerworbene Denkmæler*, 1836, n° 1587. WELCKER, l. c. p. 270, sv.
[4] Il a été décrit sommairement par M. WELCKER, l. c., not. Cf. JANSSEN, *Monument. van het Mus. te Leyden*, p. 162, n° 1669 et GERHARD, *Arch. Anzeiger*, p. 87.
[5] L'allongement démesuré de la tête de l'animal me laisse incertain si l'artiste a voulu y placer des oreilles ou des cornes ; je penche pourtant pour la dernière opinion.

vêtu de même et également assis sur un pliant (ὀκλαδίας) [1], mais dont la partie supérieure du corps est effacée. A chaque côté de ce groupe se voit une femme ailée, vêtue d'une tunique et d'un péplus. Enfin aux extrémités du tableau on remarque deux autres figures séparées l'une de l'autre par l'anse du vase : celle à gauche du spectateur, quoiqu'ayant souffert par la déterrioration de la peinture, laisse pourtant reconnaître sans peine Hermès ou Mercure, barbu, coiffé du pétase et chaussé de bottines. La figure opposée a entièrement disparu, à l'exception des pieds, dont la chaussure semble indiquer qu'elle représente un second Mercure. Il s'agit maintenant de déterminer ces diverses figures. Le personnage assis derrière Apollon remplit évidemment le rôle de juge de la lutte et le caractère divin de son entourage ne permet pas de douter que ce ne soit un dieu. Nous avons vu plus haut que, suivant une tradition, l'intervention de Jupiter mit fin à la dispute. On pourrait supposer d'après cela que c'est le maître de l'Olympe lui-même qui s'est chargé de prononcer entre ses deux fils. Cependant, si l'on tient compte de la vigne qui encadre le tableau, il faudra reconnaître dans ce juge Dionysus; les rapports bien connus de ce dieu avec les deux rivaux justifieraient suffisamment sa présence. Il n'y a pas à balancer, me paraît-il, dans la détermination de la femme ailée : ce ne saurait être que *Niké* ou la Victoire et quant à Mercure il ne figure point en sa qualité de messager des dieux, mais comme protecteur des exercices gymnastiques (Ἀγώνιος Ἑρμᾶς) [2]. Les personnages du côté opposé paraissent être la répétition de ceux qui viennent d'être nommés : la chose est certaine pour la Victoire, peu douteuse pour Mercure; d'où naît la présomption, confirmée par ce qui reste de la figure, qu'il en est de même relativement au troisième personnage. Ce doublement d'une partie des figures ne peut, ce semble, être attribué à l'intention du céramographe de mettre de la symétrie dans son tableau. Il faut chercher ailleurs la raison probable de cette singularité. Sur les vases où la dispute soit du trépied soit de la biche a lieu en présence de témoins, ces derniers sont placés derrière celui des combattants dont ils prennent le parti. La forme particulière, sous laquelle notre cyathis représente le même événement, n'admettait pas des partisans exclusifs d'Apollon ou d'Hercule. La protection d'Hermès Agonius devait s'étendre également aux deux concurrents, la Victoire être prête à couronner l'un ou l'autre sans aucune préférence et le juge apporter l'impartialité exigée par la sainteté de sa mission. C'est le désir d'exprimer cette idée sans équivoque aucune, qui aura amené l'artiste, je pense, à recourir à la répétition des mêmes personnages; il aura craint, en les plaçant tous les trois d'un seul côté, de causer une méprise au spectateur, habitué dans l'examen de ce sujet, à juger des sentiments des témoins par leur position. Les dieux rivaux étant tous deux fondateurs de jeux publics, on pourrait croire aussi que l'artiste a fait figurer d'un côté l'Hermès Agonius, la Niké et l'Agonothète des jeux pythiens, de l'autre l'Hermès Agonius, la Niké et l'Hellanodice des jeux olympiques, suivant en cela une pratique à peu près analogue à celle qui fit placer plus tard sur un médaillon de Marc-Aurèle, par exemple, deux statues de Jupiter, l'une adorée à Labranda, l'autre à Smyrne [3].

Pour avoir changé de forme, la dispute n'a pas changé de caractère : elle reste toujours la conséquence d'un enlèvement. Les personnages de notre tableau ont tous les pieds tournés dans la même direction; les uns sont à la poursuite des autres qui s'enfuient.

---

[1] Voy. sur ce siège les textes anciens cités par M. Creuzer, *Ein alt Athen. Gefäss*, p. 80, éd. 2.
[2] Pindar. *Isthm.* I, 85.

[3] *Cabinet du roi de France*, X, 1. On peut consulter du reste sur ce doublement des divinités Gerhard, *Zwei Minerven*. Berlin, 1848, p. 4, svv.

2. Une tradition très-connue [1] rapporte que la belle Déjanire, fille d'OEnée, roi d'Étolie, fut recherchée à la fois par le fleuve Achéloüs et par Hercule. Une lutte eut lieu à cette occasion entre les deux rivaux, et le fils d'Alcmène, resté vainqueur, obtint la main de la princesse. Selon une autre tradition [2], Hercule étant venu à Olène chez Dexamène, le trouva sur le point de donner par contrainte sa fille Mnésimaque au centaure Eurytion. Ce prince ayant imploré le secours du héros thébain, celui-ci tua le centaure et épousa la fille de son hôte. Une troisième légende semble s'être formée des deux récits qui précèdent au moyen d'un changement de lieu et de noms : nous n'en rencontrons aucune trace chez les auteurs anciens, mais elle découle de la peinture d'un vase du musée de Naples, où les figures sont accompagnées d'inscriptions tracées de droite à gauche. Elle a dû avoir à peu près la teneur suivante : le centaure Dexamène, probablement le même qui habitait Bura [3], tenta d'enlever Déjanire ou de lui faire violence, mais Hercule qui se trouvait en ce moment à la cour du roi d'Étolie châtia le centaure et obtint en mariage celle qu'il avait délivrée. Le vase en question [4] montre en effet le centaure Dexamène, ΔΕΞΑΜΕΝΟΣ, passant un bras autour de la ceinture de Déjanire, ΔΑΙΑΝΕΙΡΑ, qui fait des efforts pour s'échapper. Hercule saisit le centaure par les cheveux et va lui asséner un coup de massue. OEnée, ΟΙΝΕΥΣ, enveloppé dans un manteau et s'appuyant sur son sceptre est présent à ce combat.

Mais ce n'est pas l'unique occasion où le fils d'Alcmène eut à défendre Déjanire contre les insolentes tentatives d'un centaure. On sait qu'à son retour de l'Étolie, parvenu avec son épouse au bord du fleuve Évenus, il la confia à Nessus pour la transporter sur l'autre rive, mais que le centaure, ayant voulu faire violence à la princesse, il le tua à coups de flèches [5]. Cet événement a aussi été figuré sur les monuments de l'art. Une coupe du musée britannique [6] montre une femme sur le dos d'un centaure qui veut l'embrasser et à côté des figures se lisent les noms de *Déjanire* et de *Nessus*.

Il existe plusieurs autres vases peints représentant Hercule aux prises avec un centaure, sur le dos ou à côté duquel se trouve une femme et comme ils ne portent pas d'inscriptions, on reste dans l'incertitude s'il faut rapporter ces représentations à l'une plutôt qu'à l'autre des deux aventures précitées. J'ai discuté ailleurs [7] cette question et je me suis décidé à reconnaître le combat d'Hercule contre Dexamène toutes les fois qu'OEnée et d'autres personnages assistent à cette scène, par la raison qu'on ne s'expliquerait pas trop bien la présence du roi d'Étolie au bord de l'Évenus. Non seulement mon opinion a reçu l'approbation précieuse de M. Creuzer [8], mais j'ai eu la satisfaction de voir la même distinction établie peu de temps après par un des maîtres de la science [9], auquel mon travail n'était pas encore connu. Aux vases peints que j'ai indiqués alors comme ayant rapport à ce sujet, vient s'ajouter la peinture à figures noires et violettes servant de décoration à une petite olpé de Vulci, que l'on voit sur notre pl. VIII, 2 a. b. Dexamène tombé sur les genoux de devant lève la main pour

---

[1] Voy. Sophocl. *Trachin. init.* Diodor. Sic. IV, 33. Apollodor. II, 7, 5. Hygin. 31. Eudoc, p. 209. *Mythogr. Vat.* I, 58. II, 165.

[2] Bacchylides ap sch. ad Odyss. XXI, 295 (fragm., p. 67 Neue) Apollod. II, 5, 6. Diod. Sic. IV, 33. Hygin. 31. Lactant. ad Stat., Theb. V, 263, p. 226. Cruc. *Myth. Vat.* II, 62.

[3] Schol. ad Callim. *Hymn. in Del.* 102.

[4] Millingen, *Peintures ant. de vases*, pl. XXXIII. *Real Museo Borbonico*, V. Tav. 5. Panofka, *Recherches sur les noms de vases grecs*, pl. IX, 4.

[5] Archiloch. ap schol. Apollon. Rhod. I, 1213. Sophocl. Trachin. 562, sqq. Apollod. II, 7, 6. Diod. Sic. IV, 36. Hygin. 34.

[6] D'Hancarville, *Antiquités étrusq.*, etc. T. IV, pl. 31. Millin, *Galerie mythol.* CXVIII, 456. Creuzer, *Symbolik.* Bilderheft. Taf. LIV. éd. 2.

[7] *Bulletins de l'Acad. de Brux.* T. VIII, 2e part., p. 48, sv. (*Mélanges d'antiq.*, etc. IV, p. 4, svv.)

[8] *Symbolik und Mythologie*, IV, p. 200, sq. not. éd. 3. Cf. II, p. 651.

[9] Gerhard. *Auserles. Vasenbild.* Th II, p. 122.

se défendre contre Hercule, mais celui-ci l'empoigne par le bras et va le percer de son épée. Le héros thébain est entièrement nu et n'a pour toute arme que cette épée dont le fourreau est suspendu à son côté. Derrière lui se trouve une figure de femme dans laquelle il faut reconnaître Déjanire, l'objet du combat; elle est accompagnée de son père, vieillard à longs cheveux blancs, s'appuyant sur son sceptre. L'autre extrémité du tableau est occupé par un autre vieillard à cheveux blancs également muni d'un long bâton. On peut le regarder comme un des frères de ce prince [1] placé là par le céramographe pour la symétrie du tableau ou pour donner au combat l'apparence d'une lutte gymnastique. Dans la main gauche du centaure se remarque un objet rond, qui est ou une pierre destinée à sa défense, ou une pomme, symbole érotique [2] rappelant la cause du combat. Cette dernière hypothèse prouverait que j'ai eu raison [3] d'attacher la même signification à la présence du lièvre que l'on voit sur un vase de la collection Durand représentant le même sujet [4].

[1] Homer., Il. XIV, 17.
[2] Theocrit. Idyll. V, 88. Virgil. Eclog. III, 64. Catull. 65, 19. Propert. I, 3, 24. Cf. Creuzer, Zur Gallerie der alten Dramatiker, 2te Aufl., p. 176, svv.
[3] Bulletins de l'Acad. de Brux. l. c., p. 51.
[4] Publié depuis par M. Gerhard. Auserl. Vas. II, Taf. CXVII. CXVIII, 1. L'explication que le savant éditeur (p. 125) donne de la présence du lièvre me paraît bien forcée.

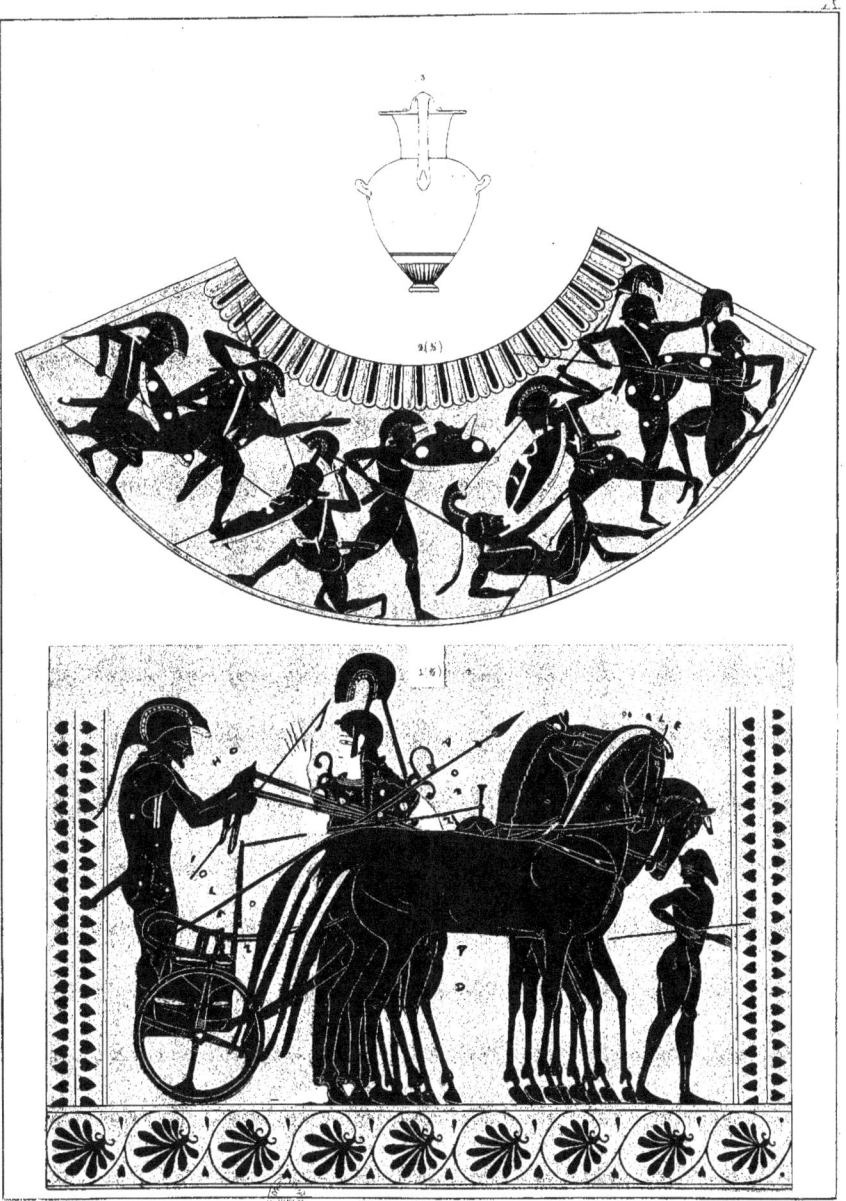

PLANCHE IX.

IOLAS AUX JEUX FUNÈBRES DONNÉS EN L'HONNEUR DE PÉLIAS.

La peinture principale de l'hydrie de Vulci reproduite sur cette planche, offre un guerrier monté sur un quadrige; une inscription nous apprend que c'est *Iolas*, ΙΟΛΕΟΣ [1]. Il tient dans les mains les rênes des chevaux et un bâton en guise de fouet. Il est armé d'un casque, d'une cuirasse et d'une épée suspendue à sa ceinture. A côté des chevaux, se voit Minerve reconnaissable à ses attributs ordinaires, mais que, malgré cela, l'artiste a pris soin de désigner par son nom ΑΘΕΝΑΑ [2]. Devant les chevaux marche un jeune éphèbe, entièrement nu et portant un bâton dans la main droite.

Iolas, le parent et l'ami d'Hercule, accompagna le héros thébain dans la plupart de ses expéditions [3] et remplit auprès de lui, tantôt l'office d'écuyer [4], tantôt celui d'aurige [5]. Les vases peints nous les montrent souvent tous deux réunis avec Minerve. Sur une de ces peintures [6], nous voyons à droite Hercule terrassant le lion de Némée, à gauche Iolas sur un char et Minerve debout à côté des chevaux. Une autre peinture [7] représentant le fils d'Alcmène qui tue l'hydre de Lerne, offre à peu près la même disposition. En comparant ces deux compositions avec celle de notre hydrie, on serait porté à croire que la dernière n'est que la moitié d'un tableau, dont l'autre moitié représentait l'un des travaux du héros thébain. M. Otto Jahn [8] ayant à expliquer le même sujet sur deux autres vases a eu recours à la supposition qu'Iolas et Minerve allaient prendre Hercule. On peut admettre sans doute que le caprice

---

(1) Ιολεος ('Ιόλεως Ecripid. *Heraclid.*, 479) est la forme attique de ce nom; elle se rencontre sur d'autres vases encore. Voy. *Nouvelles annales de l'Instit. arch.* Vol. II, p. 3, pl. XVI. Gerhard, *Ueber die Vase des Midias*. Taf. II. Lucien Bonaparte, *Musée étrusque*, pl. XXI, 1003ᵇⁱˢ. Un autre vase porte Ειολεος. Ibid. pl. XXXVI, 1635 et chez Micali, *Monum. per servire alla storia d. antichi popoli Ital.* Tav. 89. — Devant la figure d'Iolas se remarquent en outre les deux lettres HO. C'est peut-être le commencement du mot ΠΟ(ΔΙ) (pour ὀδί forme attique de ὅδε) qui se lit à la suite du nom de Μενεσθευς sur un canthare du musée de Berlin (Gerhard, *Etrusk. und Kampan. Vasenbilder.* Taf. XIII, 2.); il semble placé là pour attirer plus particulièrement l'attention du spectateur sur le personnage auquel il se rapporte.

(2) Avant l'archontat d'Euclide (ol. 94, 2), on se servait exclusivement dans les monuments publics de la forme Άθηναία (Boeckh, *Staatshaush. der Athen.* T. II, p. 200. éd. 4.) qui se lit aussi sur plusieurs vases peints. On omit par la suite l'ι et l'on écrivit Άθηνάα; d'où est provenue par contraction la forme commune Άθηνᾶ. Notre vase n'est pas le seul qui donne cette forme non contractée : on la retrouve sur une amphore de la collection Durand, appartenant aujourd'hui à M. Raoul-Rochette (Gerhard, *Auserl. Vasenbild.* T. CXCII) et sur un vase du musée de Carlsruhe publié par M. Creuzer, *Zur Gallerie der alten Dramatiker.* Taf. I, p. 104, not. 127. *Zur Archæologie*, III, p. 126.

(3) Euripid. *Heracl.* 7, sq. Paus. VIII, 14, 9. V, 17, 11.

(4) Euripid. *Heracl.* 88. 216.

(5) Schol. Pind. *Isthm.* I, 21. Ιόλαος δὲ ἦν Ἡρακλέους ἡνίοχος. Apollodor. II, 5, 2.

(6) *Mus. Gregor.* II. Tav. X, 2 a.

(7) Gerhard, *Auserl. Vas.* Taf. XCV.

(8) *Archæologische Aufsätze.* S. 102, f.

d'un céramographe ait placé sur un vase une partie même accessoire d'une composition plus étendue; mais l'on conviendra qu'un tableau tronqué de la sorte et dépourvu d'intérêt par lui-même ne se serait pas multiplié par un grand nombre de copies. L'arrivée jusqu'à nous de l'une d'elles devrait déjà être regardée comme un effet singulier du hasard. Or le sujet de l'hydrie de Leide, loin d'être unique se rencontre sur plusieurs vases. Cette circonstance prouve suffisamment, selon moi, qu'il forme un tout complet et non pas une partie détachée d'une autre composition.

Iolas avait acquis une grande célébrité par son habileté à conduire les chevaux; Pindare [1] n'hésite pas à le mettre sur le même rang que Castor. On lui rendait des honneurs héroïques à Thèbes, où un gymnase et un stade portaient son nom [2]. On cite deux victoires remportées par lui, à la course des quadriges, l'une à l'occasion de la fondation des jeux olympiques par Hercule [3], l'autre dans les jeux funèbres célébrés en l'honneur de Pélias [4]. Ce dernier triomphe faisait le sujet d'une des représentations du coffre de Cypsélus [5]; c'est une raison de croire que notre peinture retrace le même événement. Mais il n'est pas possible de savoir si l'une de ces compositions est la reproduction de l'autre. Pausanias [6] se borne à dire que le monument consacré par les Cypsélides montrait Iolas déjà vainqueur, par conséquent alors que la course était terminée. Le peintre de l'hydrie de Leide a choisi le même moment, puisque nous voyons le quadrige en repos. Mais c'est le seul point de comparaison que nous puissions établir, le périégète grec gardant le silence sur l'entourage d'Iolas.

Sur notre peinture la divinité tutélaire d'Hercule a pris également sous sa protection le compagnon fidèle du héros; elle se retourne vers lui pour le complimenter sur sa victoire. L'éphèbe placé devant le char ne saurait être ni l'aurige ni le palefrenier d'Iolas. On doit hésiter d'autant plus à le prendre pour son fils que la tradition est muette sur sa paternité. Au-dessus des chevaux se remarque une inscription; elle m'avait paru d'abord se rapporter à cet éphèbe et cacher soit le nom d'Oïclès, ΟΙΚΛΕ(Σ), autre compagnon d'Hercule [7], soit celui d'Iphicle, (Ι)ΦΙΚΛΕ(Σ) [8], qui aux mêmes jeux en l'honneur de Pélias obtint le prix de la course à pied [9]. On devrait supposer alors qu'il s'avance pour recevoir la couronne de la main d'Acaste. Je regarde comme plus probable cependant que cette inscription est tout simplement le mot ΚΑΛΕ [10] se rapportant à Minerve (Αθεναα καλε [11]) ou le nom défiguré d'un des chevaux. L'éphèbe est, je pense, un palestrite, placé là pour déterminer le lieu de la scène et le caractère du tableau.

La peinture extérieure de l'un des côtés d'une coupe conservée au musée de Berlin [12] offre des

---

(1) *Isthm.* I, 21, sqq.

(2) Pausan. IX 23, 1.

(3) Pausan. V, 8, 3.

(4) S'il faut ajouter foi au témoignage du Scholiaste de Pindare (*Isthm.* I, 50) Iolas aurait obtenu le prix de la course armée. Si cette assertion n'est pas le résultat d'une confusion, nous devons en conclure que le compagnon d'Hercule prit part à deux espèces de courses. Le costume d'oplite qu'il porte sur notre vase s'explique trop naturellement pour avoir besoin d'être justifié par ce passage.

(5) Pausan. V, 17, 11.

(6) *L. c.* : Ἰόλαος δὲ.... ἔστιν ἵππων ἅρματι ἀνηρημένος νίκην.

(7) Apollodor. I, 9, 16. II, 6, 4, avec les remarques de Heyne, p. 257.

(8) Pour Ἰφικλος; voy. relativement à la permutation des deux formes Heyne, *Not. Crit. ad Apollod.*, p. 135 et 213, sq. — La représentation d'Iphicle sous la forme d'un enfant devrait être attribuée au manque d'espace et à l'impuissance de l'artiste de surmonter cette difficulté. Cassandre se réfugiant au pied de la statue de Minerve est, par le même motif, figurée comme une enfant sur des peintures de style archaïque publiées par M. Gerhard, *Arch. Zeit.*, 1848, p. 211. Taf. XIII, 1. *Aus. Vas.* III, 28.

(9) Pausan. V, 17, 10.

(10) C'est ainsi que l'a lue déjà M. Janssen, *Mus. L. B. inscr. gr. et lat.*, p. 57. M. Leemans, *Animadvv.*, p. 25, propose de lire ΗΟ ΚΑΛΟΣ ΙΟΛΕΟΣ.

(11) On a d'autres exemples de la même épithète donnée à des divinités : Θέτις καλέ (De Witte, *Catal. étrusque*, n° 133), Ἑρμῆς καλός (*Ibid.*, n° 71), Ἡφαιστος καλος (*Élite céramogr.* I, 38), Διονυσος καλος (*Ibid.*, I, 46, A.)

(12) Chez Gerhard, *Auserl. Vas.* IV. Taf. CCLI, p. 21. Cf. *Berlins ant. Bildw.*, n° 1052, p. 330.

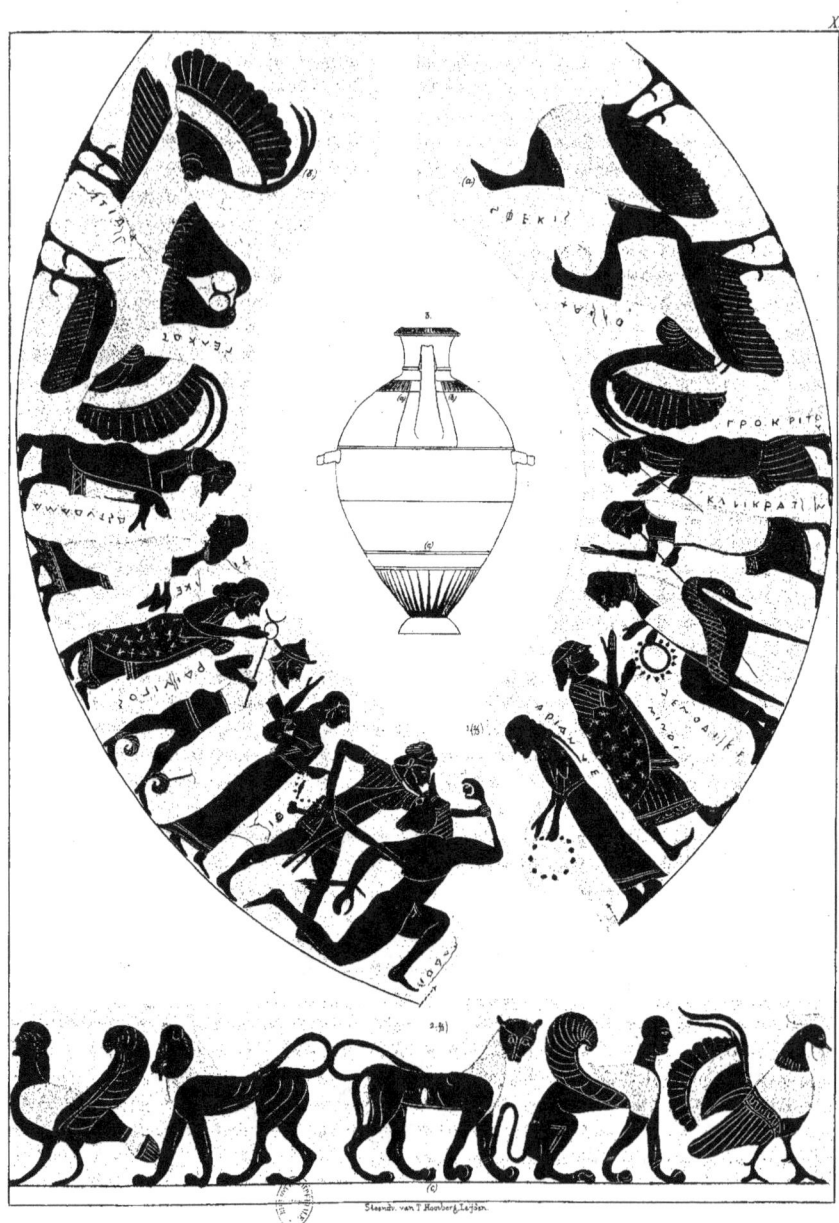

PLANCHE X.

COMBAT DE THÉSÉE ET DU MINOTAURE.

La peinture principale de l'hydrie reproduite sur cette planche, a été citée souvent par les archéologues, qui ne la connaissaient cependant que fort imparfaitement par une description de feu Lucien Bonaparte [1]. Quoiqu'inférieure pour le dessin et l'exécution à la peinture d'un des côtés de la cylix d'Archiclès et de Glaucytès, conservée au musée de Munich [2], elle est aujourd'hui avec cette dernière la représentation capitale du combat de Thésée et du Minotaure.

L'hydrie de Leide est partagée en trois rangs de peintures. Au centre de la composition du rang supérieur (pl. X, 1, a. b.), Thésée, ΘΕ(ΣΕ)ΥΣ, combat le Minotaure, (T)ΑΥΡΟΣ [3]. Le monstre, tombé sur le genou droit, a la main gauche armée d'une pierre. Le fils d'Égée, barbu, vêtu d'une tunique courte et d'une pardalide, saisit le bras gauche de son adversaire et lui enfonce sa longue épée dans le flanc. Dix personnes, placées cinq de chaque côté du groupe central, assistent au combat. Derrière Thésée se trouvent *Athéné* et *Hermès*. On n'aperçoit pas d'inscriptions près des figures; soit que les inscriptions qui y avaient été tracées aient disparu [4], soit que l'artiste ait jugé que les deux divinités fussent suffisamment reconnaissables à leurs attributs. La fille de Jupiter, vêtue d'une tunique longue et étroite, tient dans la main gauche une couronne et de la droite sa lance, dont on ne voit plus qu'une partie de la hampe. Mercure est barbu et porte une tunique courte, recouverte en partie par une espèce de juste-au-corps de couleur différente; des bottines ailées chaussent ses pieds; un pétase couvre sa tête et un caducée est dans sa main droite. Le personnage imberbe, à chevelure

---

[1] *Bullet. dell' Instit. arch.* 1829, p. 178. — Un *fac-simile* des inscriptions a été donné par M. Janssen, *Inscr. gr. et lat. mus. Lugd. Bat.* Tab. VIII, 3. Cf. le texte, p. 52, sq., avec les rectifications de Leemans, *Animadv. in Mus. ant. L. B. insc. gr. et lat.* p. 22.

[2] Un dessin en a été publié par M. Gerhard, *Auserl. Vas.* III, Taf. CCXXXV-CCXXXVI et dans les *Monum. inediti dell' Inst. arch.* vol. IV. tav. LIX.

[3] Il n'est pas nécessaire d'écrire (MINOTA)ΥΡΟΣ avec M. Janssen, *l. c.* p. 52; le monstre crétois est également appelé *Tauros* par plusieurs auteurs, notamment par Ecripid. *Herc. fur.* 1327; par Nonnus, *Dionys.* XLVII, 370, p. 503. Graefe,

et par Catulle, *Carm.* LXIV, 173. 230. La *cylix* de Munich porte *Minotauros*, qui est le nom le plus usité et dont le sens se trouve expliqué par le passage suivant de Pausanias, I, 22, 5 : ἐς τὸν Μίνω καλούμενον Ταῦρον. Cf. *Ibid.* 24, 2. III, 18, 7. 9. Voy. L. Stephani, *Der Kampf zwischen Theseus und Minotauros.* Leipz. 1842, p. 26.

[4] Des paroles suivantes du prince de Canino, *l. c.* : « en voyant toutes les inscriptions intactes, excepté le nom d'Hermès » on doit conclure que le nom d'Athéné se lisait sur le vase à l'époque de sa découverte; mais on n'aperçoit aucune trace d'inscription près de cette figure; je pense donc qu'il y a erreur dans l'assertion précitée.

longue et touffue, qui vient après le messager des dieux, est appelé *Phœnippe*, ΦΑΙΝΙΠΟΣ [1]; il a pour vêtement une tunique longue et un manteau couvert de broderies; il est suivi de *Timonicé*, ΤΙ(ΜΟΝ)ΙΚΕ [2]. La jeune fille, vêtue d'une tunique et d'un manteau de couleur rougeâtre, tourne la tête vers *Astydamas*, ΑΣΤΥΔΑΜΑ(Σ) [3], personnage barbu qui se tient derrière elle et avec lequel elle s'entretient. Le tableau se termine de ce côté par deux coqs placés en face l'un de l'autre; ils portent les noms de *Gelcus*, ΓΕΛΚΟΣ [4] et de *Chœtus*, ΧΑΙΤΟΣ [5]. De l'autre côté du groupe des combattants, on remarque en face du Minotaure *Ariadne*, ΑΡΙΑΝΝΕ, n'ayant pour vêtement, comme Minerve, qu'une tunique longue et portant aussi une couronne dans la main gauche. *Minos*, ΜΙΝΟΣ, son père, lui tourne le dos et s'entretient d'une manière animée avec *Démodicé*, ΔΕΜΟΔΙΚΕ [6]. Cette femme, munie également d'une couronne, est assise sur un siège, dont le dossier figure le cou et la tête d'un cygne. Le roi de Crète est représenté imberbe, les cheveux serrés par un étroit bandeau et portant un manteau étoilé au-dessus d'une tunique longue, rayée. Les deux personnages debout derrière Démodicé portent dans la main gauche un long bâton et lèvent la droite en signe d'étonnement. Le premier s'appelle *Callicrates*, ΚΑΛΙΚΡΑΤΕΣ [7], et le second *Procritus*, ΠΡΟΚΡΙΤΟΣ [8]. A l'extrémité de la composition se trouvent de nouveau deux coqs, tournés cette fois du même côté et désignés l'un par le nom de *Chœtos*, ΧΑΙΤΟΣ, l'autre par le nom de *Sphekis*, ΣΦΕΚΙΣ [9].

Sur la coupe du musée de Munich *Thésée*, ΘΕΣΕΥΣ (rétrograde), et le *Minotaure*, ΜΙΝΟΤΑΥΡΟΣ (rétrograde), occupent également le milieu du tableau. Derrière le fils d'Égée, on voit *Athéné*, ΑΘΕΝΑΙΑ,

---

[1] Ce nom paraît avoir été commun à Athènes; M. Pape en a rassemblé plusieurs exemples dans son *Wörterbuch der Griechischen Eigennamen*, s. v. p. 397. éd. 1.

[2] On pourrait lire aussi Τι(μοδ)ικε, mais le nom auquel je me suis arrêté et que M. Gerhard (*Archæol. Anzeiger*, 1849, p. 86) a également préféré, se rencontre au masculin (Τιμόνικος) comme nom d'homme. Voy. *Notice des manuscrits*. T. IX, p. 222. 227. Je n'oserais répondre cependant que la seconde lettre de l'inscription ne soit pas un E à demi effacé plutôt qu'un I. Dans cette hypothèse je proposerais de lire Τε(λευ)ικε (Τηλένικος, nom d'un Athénien chez Boeckh. *Corp. inscr. gr.* I, 165) ou Τε(λοδ)ικε; ce dernier nom était porté par la fille de Xuthus, mère de Niobé. Apollod. II, 4, 1. Schol. Lycophr. 477. Schol. *in Plat. Tim.* 9. 1, p. 425. Bekk. p. 168. ed. Turic.

[3] L'histoire littéraire cite deux poètes tragiques athéniens de ce nom, Suid. s. v. Cf. W. C. Kayser, *Historia crit. tragicor. græc.* p. 65, sqq. M. Gerhard, *l. c.* lit Αρχιδαμο(ς).

[4] Des médailles de Phæstos dans l'île de Crète représentant un jeune homme nu qui tient de la main droite un coq sur son genou, offrent la légende : Σελχανος (Cadalvène, *Recueil de méd. gr.* pl. III, 12. Mionnet, *Descr.* II, p. 289. 247. Eckel. N. V. Tab. X, 5). Mais le révérend père Secchi, dans une savante dissertation (*Giove* ΓΕΛΧΑΝΟΣ *e l'oracolo suo nell' antro ideo*, etc. Roma, 1840, in-4°. Cf. Cavedoni, *Bullet. dell' Instit. archæol.* 1841, p. 174, svv.) a démontré que ce mot doit se lire *Velchanos* et non pas *Selchanos*. En remplaçant le digamma par le gamma simple on arrive à *Gelchanos* qui était un surnom de Jupiter chez les Crétois (Hesychius, s. v. ΓΕΛΧΑΝΟΣ· ὁ Ζεὺς παρὰ Κρησίν). C'est donc probablement ce dieu lui-même qui figure sur le type des médailles en question. Maintenant on ne peut se refuser à reconnaître que ΓΕΛΧΑΝΟΣ est à ΓΕΛΚΟΣ de notre vase dans les mêmes rapports que les mots Ἑλκανόω,

Ἕλκανον sont à Ἕλκω, Ἕλκος. Mais je ne chercherai pas à décider si notre coq est nommé *Gelcos*, parce que cet oiseau sert d'attribut à Jupiter *Gelchanos*, ou si le dieu a reçu son surnom parce qu'il avait le coq pour attribut. Les observations qui précédent feront comprendre pourquoi je ne me suis pas rallié aux leçons : ΓΕΧΚΟΣ et ΔΕΥΚΟΣ mises en avant, l'une par M. Janssen, *l. c.* p. 55, l'autre par M. Gerhard, *l. c.*

[5] Probablement l'oiseau *à la belle queue;* de χάω, j'ouvre, j'étends.

[6] MM. Janssen et Leemans (*ll. cc.*) lisent ΔΕΝΟΔΙΚΕ; M. Gerhard (*l. c.*) adopte la même leçon que moi; mais il voit dans la femme à laquelle l'inscription se rapporte, la figure allégorique de la justice populaire offrant une couronne au roi de Crète. Selon moi, c'est plutôt la fille de Minos et de Pasiphaé qu'Apollodore (III, 1, 2) nomme *Xenodicé* (celle qui juge l'*étranger*, c'est-à-dire Thésée. Voy. sur la signification des composés de δίκη Boeckh, *Explicat. ad Pindar.* p. 273). Sa position prouve, me semble-t-il, qu'elle est établie juge de la lutte et que sa couronne est destinée au vainqueur. On ne comprend pas en effet à quel titre Minos y aurait droit.

[7] Nom propre très-commun. Voy. les exemples recueillis par Pape, *Wörterbuch*, etc., s. v. p. 189.

[8] Ce mot signifie proprement l'*élu*. On le retrouve sur le vase d'Ergotimos et de Clitias au musée de Florence, où l'on avait lu d'abord *Eroeritos*. Cf. Gerhard. *Anzeiger der arch. Z.* (1849) VII, p. 75.

[9] Σφηκίς, autre forme du mot Σφήξ. Hesychius, sub. v. nous apprend que Σφηκός était pris quelquefois dans l'acception non seulement d'*agile*, mais encore de *robuste*, ῥωμαλέος et même d'*orné de diverses couleurs*, ποικίλος. C'est probablement l'une ou l'autre de ces deux dernières idées qui est attachée à l'inscription de notre vase.

sous la forme d'une lutte agonistique. Cette forme ressort avec la plus grande évidence du premier de ces vases. En effet, le siège de Démodiké et les sceptres de Callicratès et de Procritus nous montrent dans la première un juge, et dans les deux autres des hérauts. Les coqs placés aux deux extrémités du tableau sont des symboles des jeux agonistiques [1], et la présence d'Hermès doit s'expliquer probablement par sa qualité de dieu protecteur de la palestre, ἀγώνιος [2]. N'oublions pas non plus que Minerve, la protectrice du héros athénien, est la déesse à l'école de laquelle il avait acquis sa grande habileté à la lutte [3]. Les peintures où le tableau est plus rétréci, celles mêmes où il se réduit au groupe central, n'étant évidemment que des abréviations du même sujet, nous devons les considérer comme ayant le même caractère.

Rappelons-nous maintenant la tradition dominante relative à cet événement mythique, et examinons jusqu'à quel point elle s'accorde avec les peintures de vases. Minos, dit cette tradition, irrité du meurtre commis par les Athéniens sur son fils Androgée, obligea ceux-ci à envoyer, chaque année, en Crète, sept jeunes garçons et autant de jeunes filles qu'il donnait en pâture au Minotaure, renfermé dans le labyrinthe. Thésée, ayant pris la résolution de délivrer sa patrie de ce tribut aussi avilissant qu'odieux, s'associa volontairement aux jeunes gens destinés à un de ces envois. Arrivé en Crète, il sut gagner l'affection d'Ariadne, fille de Minos, qui lui donna un peloton de fil à l'aide duquel il devait retrouver son chemin à travers les détours du labyrinthe. L'entreprise hardie du fils d'Égée fut couronnée d'un plein succès; il terrassa le monstre et parvint à s'enfuir avec la princesse crétoise et avec les Athéniens dont il avait sauvé les jours [4].

Le récit sommaire qui précède, développé par les tragiques athéniens [5] et principalement par Euripide [6], forma la version dominante; mais il se rencontre déjà en entier dans un fragment de Phérécyde, parvenu jusqu'à nous [7]. Il existait donc à l'époque où furent exécutées les sculptures du trône d'Amyclées, qui contenaient la plus ancienne représentation que nous connaissions de ce sujet [8]. Il est difficile de croire cependant que ce récit serve de fondement aux compositions des céramographes. En effet, il ne semble point comporter l'assistance d'Ariadne, beaucoup moins encore celle de Minos à la lutte des deux adversaires. La présence de la princesse exclut même le don du peloton de fil à Thésée, puisqu'elle en eût eu besoin toute la première pour sortir du labyrinthe [9]. Enfin l'on ne comprend pas comment le jeune héros athénien, qui est destiné à être dévoré par le Minotaure, se trouve armé d'un glaive [10].

Ces considérations obligent à admettre que, très-anciennement déjà, à côté de la tradition rapportée

---

[1] Cf. GERHARD. *Vasi Panatenaici* dans les *Annali dell' Instit. arch.* T. II, p. 244. ROULEZ, *Un combat de coqs*, dans les *Bullet. de l'Académ. de Brux.* T. VII, p. 446 (*Mélanges*, etc., fasc. II). Cf. ci-dessus, p. 31, not. 2.

[2] PINDAR. *Isthm.* I, 85. ID. *Pyth.* II, 18, Ἐναγώνιος. Cf. ci-dessus, p. 32.

[3] ISTER *ap* schol. PIND. *Nem.* V, 89.

[4] DIOD. SIC. IV, 60, sq. PLUT. *Thes.* 15, sqq. HYGIN. *fab.* 41, sq.

[5] PLAT. *Crit.* p. 321. A. PLUT. *Thes.* 16. Ces deux textes s'appliquent au caractère de Minos seulement. (Cf. O. JAHN, *Arch. Beitraege*, p. 253.) M. STEPHANI (*l. c.* p. 20 fig.) les a étendus sans raison à la fable du Minotaure et en a conclu que celle-ci était une invention de la tragédie attique.

[6] Dans sa tragédie intitulée ΘΗΣΕΥΣ. Voy. WELCKER, *Griech. Trag.* p. 733, ff. WAGNER, *Euripid. fragmm.* p. 496, sqq. O. JAHN, *l. c.* p. 252, ff.

[7] *Ap.* Schol. HOMER. *Odyss.* XI, 320. PHERECYD. *Fragm.* 59, p. 197. Stürz.

[8] PAUSAN. III, 18, 9.

[9] Un illustre antiquaire a cru voir sur un vase du Vatican (*Mus. Greg.* T. II. Tav. LVII) Ariadne avec un long fil qu'elle déploie des deux mains. Mais l'objet que tient la jeune fille me paraît simplement une bandelette, semblable en tous points à celle que l'on remarque aux mains de la Victoire sur le revers du même vase. (Voy. RAOUL-ROCHETTE, *Choix de peintures de Pompéi*, p. 321.)

[10] C'est le besoin de lever cette difficulté qui a donné naissance à l'assertion que Thésée aurait reçu un glaive d'Ariadne, PALEPHAT. *de Incredibil.* C. 4.

tenant une lyre dans la main droite et gesticulant de la gauche pour encourager le héros Athénien. Après la déesse viennent *Évanthé*, EVANΘE [1]; *Lucinus*, ΛVKINOΣ [2]; *Anthulla*, ANΘVΛΛ [3]; *Antias*, ANTIAΣ [4]; *Alycé*, ΛΛVKE [5]; *Simon*, ΣIMON [6]; et *Empedo*, ENΠEΔO [7]. Du côté du Minotaure se trouvent *Ariadne*, APIAΔNE (rétrograde), tenant d'une main une couronne et de l'autre un objet rond; sa *nourrice*, ΘPOΦOΣ (rétrograde); *Lycius*, ΛVKIOΣ (rétrograde) [8]; *Eunice*, EVNIKE (rétrograde) [9]; *Solon*, ΣOΛON [10]; *Timo*, TIMO [11], et un autre personnage sans nom; car je pense que les lettres qui se trouvent derrière lui et dont M. Braun [12] a voulu faire ΣIPON, ne se rapportent pas à cette figure [13].

D'autres vases en grand nombre [14], la plupart à peintures noires, offrent le même sujet. La représentation du groupe central y est partout la même que sur notre vase; les différences ne portent que sur des détails secondaires. Les deux combattants sont en face l'un de l'autre : à gauche du spectateur, Thésée armé d'un glaive, à droite le Minotaure se défendant avec une ou deux pierres. Mais on remarque une très-grande variété dans l'assistance, qui n'est nulle part aussi considérable que sur les vases de Leide et de Munich. Le nombre des témoins varie d'un à huit, et ils sont placés plus ou moins symétriquement de l'un ou de l'autre côté des combattants. Le nom d'Ariadne se lit sur deux de ces vases [15].

Il suffit de jeter les yeux sur les deux compositions les plus développées notamment sur celles des vases de Leide et de Munich, pour se convaincre que le combat de Thésée et du Minotaure se présente

---

[1] *Belle et fraiche comme une fleur de εὖ et ἄνθος*. Ce nom est donné à la mère des Grâces chez Cornutus, *de Natura deor.* cap. XV, p. 64. Osann. On le rencontre aussi comme nom propre de femme dans l'*Antholog. Palat.* VI, 165, 7.

[2] Nom propre fort commun dans la Grèce et surtout à Athènes; voy. Pape, *l. c.* p. 242. Il n'y a aucune raison plausible pour le changer en EVKINOΣ, comme le propose M. Braun, *Annali dell' Institut. arch.* vol. XX, p. 366.

[3] Une hydrophore athénienne est appelée ANΘVΛΛE sur une hydrie à inscriptions du musée britannique, *A catalogue of vases in the British mus.* T. I, p. 63, n° 475.

[4] Nom d'un athénien chez Boeckh, *Corp. insc. gr.* I. n° 94. Cf. ci-dessus, p. 18, not. 1.

[5] M. Gerhard, *Auserl. Vas.* III, p. 157 lit xΛLVKE, nom donné à diverses nymphes tant sur des vases peints que chez Nonnus, *Dionys.* XXIX, 334. Cf. Otto Jahn, *Vasenbilder*, p. 26. J'ai préféré conserver le nom tel qu'il se lit aujourd'hui sur le vase. L'histoire primitive d'Athènes nomme Ἄλυκος le fils du brigand Sciron, tué par Thésée, Plut. *Thes.* c. 52.

[6] Nom de plusieurs athéniens, Pape, *l. c.* p. 353. Les archéologues qui voudraient écrire ici Minos au lieu de Simon (*Annali dell' Instit.* XX, p. 366), ne font pas attention que la place de la figure ne saurait convenir au roi de Crète.

[7] Pausanias (VII, 16, 4) mentionne un Athénien du nom d'*Empedos*. On rencontre en outre *Empedon* comme nom propre d'homme chez Æschin., *Contr. Ctesiphont.* 94. T. III, p. 411. Bekk., et dans une inscription chez Boeckh, C. J. n° 1609.

[8] M. Gerhard, *l. c.* lit Συχιος tout en convenant que la première lettre de ce nom peut aussi bien être prise pour un Λ. Il est probable que Λυχιος n'est qu'une variété de forme de Λυχος, nom d'un héros athénien, fils de Pandion. Pausan. I, 19, 4. J'incline cependant beaucoup à lire Λυχιος, qui est le nom d'un héros crétois. Stephan. Byz. sub. v. Cf. Braun, *l. c.* p.365.

[9] Il est fait mention d'un athénien du nom d'*Eunikos* chez Demosth. *Contra Eubulid.* §§ 43, 68. T. V. p. 515. 322. Bekker.

[10] Je pense avec M. Braun qu'il n'est pas ici question du législateur athénien, mais d'un nom de l'histoire primitive d'Athènes.

[11] Τιμώ se rencontre comme nom de femme chez Herodot. VI, 134, et dans l'*Anthol. Palat.* V. 198.

[12] *L. c.* p. 365.

[13] Ces noms se suivent ainsi sur le vase : Λυχιος, Σολον, Ευνιχε, Τιμο; je les ai donnés dans l'ordre où sont placées les figures auxquelles ils se rapportent et dont la première après la nourrice, la troisième et la cinquième sont des hommes, la deuxième et la quatrième des femmes. On voit donc que l'artiste a écrit ces noms sous l'empire d'une distraction dont je crains bien que les effets ne se soient étendus plus loin. Les noms des personnages de la scène se trouvent tous tracés dans la partie inférieure du champ de la peinture; il y a une exception cependant pour celui de Évanthé; le manque d'espace l'a relégué à la partie supérieure. Mais ce qui a été fait une première fois par nécessité a pu se produire une seconde fois par l'effet d'une préoccupation. Je crois lire près de la tête du personnage qui suit la nourrice le nom de MINO(Σ). C'est en effet la place que devrait occuper le père d'Ariadne, et quand on rapproche ce tableau de celui de notre hydrie on a lieu de s'étonner de l'absence du roi de Crète. Si mon hypothèse était fondée, il résulterait que les inscriptions de ce côté désigneraient, comme du côté opposé, les figures en avant et non en arrière desquelles elles se trouvent placées.

[14] Des listes de ces vases ont été dressées par M. O. Jahn, *Arch. Beiträge*, p. 248, fg. 264, fg., et par M. Gerhard. *Auserl. Vasenb.* III, p. 37, fg.

[15] L'un a été publié par Stephani, *Der Kampf zwischen Thes. und Minot.* Taf. I, et par Gerhard, *Etr. und Kampan. Vas.* Taf. XXIII; l'autre par O. Jahn, *Vasenb.* Taf. II.

principaux seuls, n'implique pas l'absence de personnages secondaires, témoins de la lutte [1]. Ainsi quand, dans la description du coffre de Cypsélus par le même auteur [2], nous lisons que Thésée était représenté avec une lyre devant Ariadne, nous ne devons pas en conclure que la composition se bornait à ce seul groupe. Thésée y était probablement figuré à la tête d'un chœur de jeunes garçons et de jeunes filles comme nous le voyons sur le vase François [3].

Dans le tableau d'une lutte ou d'un combat, les artistes avaient l'habitude de placer du côté de chacun des adversaires les témoins qui sont favorables à sa cause. Sur l'hydrie de Leide nous remarquons d'une part des Athéniens et de l'autre des Crétois. Mais sur la coupe de Munich, les noms qui accompagnent quelques-unes des figures debout derrière le Minotaure semblent les désigner comme des Athéniens. C'est pendant le combat qu'Ariadne conçut de l'amour pour Thésée : la pomme [4] qu'elle lui présente sur la peinture d'Archiclès en est la déclaration et il faut attacher la même signification à la fleur qu'elle tient sur un autre vase [5]. L'observation que sur les vases à inscriptions Ariadne et Minos se trouvent du côté du Minotaure est importante, parce qu'elle nous avertit de ne pas chercher ces personnages du côté de Thésée sur les peintures sans inscriptions. Ce n'est pas, en conséquence, Ariadne que représente un vase [6] où une femme debout derrière Thésée assiste seule à la lutte, et l'homme muni d'un sceptre et faisant le pendant de la princesse crétoise sur un vase de M. le duc de Luynes [7] ne doit pas être pris non plus pour le père de celle-ci. La Minerve de notre hydrie n'a pas d'autre attribut que la lance : on peut donc par analogie donner le nom de cette déesse à la femme armée d'une lance, qu'offre la peinture d'une amphore tyrrhénienne de la collection Beugnot [8], et comme les vases peints nous offrent plusieurs exemples d'une Minerve, la tête nue et sans attributs [9], il est permis de reconnaître la déesse, protectrice de Thésée dans la figure de femme avec ou sans couronne, qui, sur quelques vases, se tient immédiatement derrière le héros athénien [10]. Sur d'autres vases cependant cette figure représente probablement une jeune fille athénienne. Les figures sans attributs, autres que les divinités protectrices de Thésée et le roi de Crète et ses filles, sont, selon toute vraisemblance, les compagnons du fils d'Égée délivrés par lui ; les noms que portent les vases à inscriptions rappellent, comme nous l'avons constaté, Athènes et l'Attique. Selon la tradition dont Sappho [11] et plus tard Platon [12] se firent les échos, les Athéniens livrés annuellement au roi de Crète étaient au nombre de quatorze, sept jeunes garçons et autant de jeunes filles. D'après une variante, de date postérieure, ce chiffre ne fut atteint que par l'adjonction de Thésée [13]. Une autre

---

(1) Le périégète (III, 18, 10) du reste a pris le soin, en commençant sa description, d'avertir le lecteur qu'il la donnerait très-sommaire : ὡς δὲ δηλῶσαι συλλαβόντι. M. Pyl (*Der Tron des Apollon Amyklaios* dans le *Zeitschrift für die Alterthumsw*. 1853, n° 25, p. 198) n'admet que les deux combattants sans les témoins ; je laisse à d'autres à décider si cette opinion, commandée par son système de répartition des diverses compositions, est bien conforme à la vérité.

(2) Pausan. V, 19, 1.

(3) *Monumenti ined. dell' Instit.* IV. Tav. LVI-LVII. On croirait que l'auteur de cette composition avait présents à la mémoire ces vers de l'*Iliade*, XVIII, 593, sq. :

Ἔνθα μὲν ἠΐθεοι καὶ παρθένοι ἀλφεσίβοιαι
ὠρχεῦντ', ἀλλήλων ἐπὶ καρπῷ χεῖρας ἔχοντες.

(4) M. Braun (*Annali dell' Instit.* T. XX, p. 364) prend l'objet rond qui se voit dans la main d'Ariadne pour le peloton de fil ;

M. Gerhard, *Aus. Vas.* III, p. 137 hésite entre le peloton de fil et la pomme.

(5) Chez M. Gerhard, ouv. c. Taf. 161 et dans le *Mus. Gregor.* II. Tav. 62, 2 a.

(6) Chez Winckelmann, *Mon. ined.* Tav. 100, et chez Hancarville, III, 86.

(7) Duc de Luynes, *Description de quelques vases peints*, pl. 13. Il en faut dire autant du personnage muni d'un sceptre sur une peinture arch. publiée par Stephani, Taf. VII.

(8) De Witte, *Catalogue Beugnot*, n° 42.

(9) Cf. De Witte, ouv. c. p. 42, not. 1.

(10) Stephani, ouv. c. Taf. II. III. VI.

(11) Ap. Serv. ad. Æn. VI, 21.

(12) *Phaedon.* p. 58, A.

(13) Hygin. *Astron.* II, 5. Diodor. Sic. IV, 61, 77. Cf. Stephani, ouv. c. p. 37.

ci-dessus, il en circulait une autre qui fut adoptée de préférence pour les représentations de l'art. M. O. Jahn [1] avec la sagacité qui le distingue, a bien compris que la présence du roi de Crète au combat suppose une convention préalable entre Minos et Thésée, et l'offre faite par le dernier de combattre le monstre, à condition que la libération d'Athènes du tribut annuel deviendrait pour lui le prix de la victoire. Mais le savant archéologue de Leipsic se trompe, je pense, en croyant la version qui contenait ces détails entièrement perdue. Il en reste encore dans les auteurs anciens des vestiges assez apparents. Suivant le récit de Philochore rapporté par Plutarque [2], Minos faisait célébrer chaque année des jeux gymniques, en mémoire de son fils Androgée, et donnait aux vainqueurs les jeunes gens qui lui avaient été envoyés d'Athènes. Les premières années, les prix furent remportés par un des généraux du roi, nommé Taurus; mais ses succès excitèrent l'envie et portèrent même ombrage à son maître. Aussi quand Thésée se présenta pour entrer en lice avec ce jouteur invincible, Minos s'empressa-t-il de l'acceuillir et après sa victoire mit à sa disposition les jeunes gens venus avec lui et libéra Athènes du tribut. Ariadne qui, conformément à l'usage crétois d'admettre les femmes aux spectacles, était présente à la lutte, admira la valeur du héros athénien et s'éprit d'amour pour sa bonne mine. Philochore avait receuilli cette tradition en Crête; la forme en était évidemment récente; mais on ne peut guère douter que le fond ne fût ancien. Faisons abstraction en effet de cette interprétation euhémériste qui transforme le Minotaure en un général de l'armée de Minos, et des détails qui en sont la conséquence, il nous restera précisément les traits principaux de l'ancienne tradition qui ont été reproduits par le pinceau des céramographes. Il serait téméraire de vouloir fixer l'origine de cette tradition, et d'en placer la source dans la poésie lyrique [3] plutôt qu'ailleurs [4].

Quoique la représentation du combat de Thésée et du Minotaure se soit probablement répandue d'Athènes dans les autres fabriques, où elle a été l'objet de nombreuses imitations, il n'est pas certain cependant que la composition qui a servi de type aux premiers céramographes ait existé dans cette ville. Une des métopes du temple de Thésée [5] est le plus ancien monument de l'art athénien, à notre connaissance, qui offre ce sujet; il y est traité dans l'esprit de la tradition dominante, c'est-à-dire que les deux adversaires luttent corps à corps, sans armes d'aucune espèce et sans témoins. Mais déjà longtemps auparavant Bathyclès avait représenté le même événement sur le trône d'Amyclées [6] et si l'on considère l'influence que cette œuvre artistique exerça sur la céramographie, on est en droit de demander si elle ne contenait pas la composition originale, d'où émanent les nombreuses peintures de vases que nous possédons aujourd'hui. Pausanias, il est vrai, en décrivant les sculptures du trône en question se borne à dire qu'on y voyait le combat de Thésée et du Minotaure. Mais la mention des deux personnages

---

(1) *Ouv. c.* p. 265, f.

(2) *Thes.* C. 16, § 1-2. C. 19, § 4-6. PHILOCHORI, *Fragm.* 59 et 40, p. 390, sq. ed. Car. Muller. FECLLPH. *Chron.* I, 2, 16. Cf. STEPHANI, *l. c.* p. 4.

(3) SERVIUS *ad* VIRG. *Æneid.* VI, 21. « Quidam septem pueros et septem puellas accipi volunt, quod... et Sappho (dicit) in Lyricis et Bacchylides in Dithyrambis, etc. »

(4) Cf. OTTO JAHN, *Arch. Beiträge*, p. 271, f.

(5) STUART and REVETT, VIII, 1, pl. 12, 7. MÜLLER, *Denkmœler der alten Kunst*, I, 20, n° 106.

(6) PAUSAN. III, 18, 9. Il existait, paraît-il, au temps de Bathyclès une troisième version d'après laquelle le Minotaure n'aurait pas péri immédiatement par le glaive du héros athénien, mais aurait été d'abord chargé de liens, puis emmené du lieu du combat, probablement pour être immolé à une divinité; elle fut également représentée par cet artiste sur une autre partie du trône (PAUSAN. III, 18, 11); mais cette composition n'a pas eu, comme la précédente, les honneurs de la reproduction et la tradition elle-même s'est perdue de bonne heure. Selon M. STEPHANI (*ouv. cit.*, p. 63, et dans les *Mélanges gréco-romains tirés du Bulletin de l'académie de S¹-Pétersbourg*. T. I, p. 129, svv.) Pausanias se serait trompé et aurait pris le taureau de Marathon pour le Minotaure; dans l'opinion du savant académicien la forme primitive du premier aurait consisté également en une tête et un cou de taureau placés sur un corps humain. Voy. *Mélanges*, etc., p. 147.

version, au contraire, ne comptait que douze victimes, le fils d'Égée non compris [1]. Les céramographes ont placé dans leurs tableaux plus ou moins de figures, suivant leur bon plaisir ou suivant l'espace dont ils disposaient : nulle part elles ne se trouvent au complet. Le nombre de quatorze Athéniens et Athéniennes ne se rencontre que sur une des peintures du vase François, représentant non pas le combat mais la célébration de la victoire de Thésée. Il est à peine besoin de remarquer que, si sur la plupart des peintures à figures noires, le fils d'Égée et ses compagnons sont représentés dans un âge mûr, cela tient à un des caractères du style archaïque. Quand aux noms que les vases à inscriptions leur attribuent, ils ne concordent guère plus entre eux qu'avec ceux que nous ont transmis les textes anciens [2].

Sur toutes les peintures de style ancien, sans en excepter celle de notre vase, rien ne fait connaître le lieu où la scène se passe. Cette absence d'indices doit être attribuée aux habitudes de l'art, qui, à son origine, négligeait ces détails accessoires du tableau, plutôt qu'à l'état d'incertitude où se fussent trouvés les céramographes relativement à ce point [3]. Aussi ces indices se montrent-ils sur les peintures postérieures d'un style plus perfectionné : sur l'une d'elles, deux colonnes soutenant un portique [4] ; sur d'autres [5], une seule colonne font allusion soit au labyrinthe, soit, ce qui me paraît beaucoup plus vraisemblable, au palais du roi de Crète. Le combat a lieu, dans tous les cas, sur une place publique, en face de l'un ou de l'autre de ces édifices ; la tradition suivie par les céramographes ne leur permettait aucunement de le placer dans l'intérieur même du labyrinthe. Il ne faudrait pas argumenter, pour l'opinion contraire, de certaines représentations d'une époque postérieure qui se rencontrent sur des monuments d'un autre genre, puisqu'elles n'ont plus exclusivement pour base la même tradition.

Le rang de peintures du milieu offre, à la partie postérieure de l'hydrie, deux sphinx affrontés entre deux tigres ; la partie antérieure est remplie par un ornement répété dix fois et consistant dans l'assemblage d'une palmette et d'un calice de papyrus [6].

Au centre du rang inférieur on voit deux coqs faisant face l'un à l'autre et de chaque côté de ce groupe un sphinx, un tigre, un lion et une sirène [7]. On s'est borné à reproduire sur la planche X, 2 c, la moitié de cette rangée d'animaux.

[1] Servius, l. c.

[2] Servius, l. c., donne les noms de six jeunes garçons et d'autant de jeunes filles sauvés par Thésée ; mais son texte est malheureusement corrompu. M. O. Jahn (Arch. Beitr. 433) profitant des conjectures de Stephani (p. 58, f.) et d'autres critiques a proposé de le rétablir de la manière suivante : « Quos liberavit secum » Theseus, quorum hæc nomina feruntur : Hippophorbas Aethlii, » Idas Arcadi, Antimachus (Antiochus?) Evandri, Menestheus » Suniani Dailochus Rhamnuntis, Demoleon Cydantis, puellae » hac : Peribœa Alcathoi, Medippe Bari (?), Hesione Celei, An- » dromache Eurymedusa Polyxeni, Europe Lao- » dici, Melite Thriagoni. »

[3] Cf. Stephani. ouv. c. p. 70.

[4] Gerhard, Antike Bildw. Taf. 117, 1.

[5] De la Borde, Vases de Lamberg, I, 29. Gerhard, Antike Bildw. 117, 2. 3. Catalog. Durand, 357. Catalog. Magnoncour, 35. Mus. Gregor, II, 57, 4 a (Gerhard. Aus. Vas, 160). O. Jahn, Vasenbild. Taf. II. Gerhard und Pasofka, Neapels ant. Bildw. p. 264, n° 1685.

[6] Cet ornement que le lithographe a négligé de reproduire sur la forme du vase se retrouve sur le col d'une amphore du musée de Berlin, publiée par M. Gerhard, Etrusk. und Kamp. Vasenb. Taf. X, 2. 3.

[7] Voy. relativement à cet oiseau à tête humaine, les observations de M. Gerhard, ouv. c. p. 13, et Auserl. Vas. I, p. 98, sv.

PLANCHE XI.

1. LE COMBAT DES CENTAURES ET DES LAPITHES. — 2. LA FIN DE CÉNÉE. — 3. LES DIVINITÉS DE DELPHES.

1. Cette planche offre deux peintures dont les sujets sont tirés du célèbre combat des Centaures contre les Lapithes, peuple de la Thessalie. Pirithoüs, roi de ces derniers, ayant épousé Hippodamie, invita à ses noces les principaux des Centaures, ses voisins. Au milieu du festin, les sauvages habitants du mont Pélion, échauffés par le vin, tentèrent de faire violence à la jeune princesse et aux autres femmes qui assistaient à la fête. Pirithoüs, aidé de Thésée, son ami, de Cénée et d'un grand nombre de vaillants Lapithes, expulsa par la force ces hôtes brutaux qui, après une longue et vigoureuse résistance, s'enfuirent en laissant un grand nombre de morts [1]. Ce combat, auquel Thésée prit la part la plus glorieuse, fut rangé au nombre des principaux exploits du héros Athénien et occupa une place importante dans les Atthides [2] et dans les Théséides [3]. Mais il dut sa célébrité et sa popularité plus encore aux œuvres de l'art qu'aux productions de la poésie. En effet, les artistes, qui trouvaient des ressources nombreuses dans le mélange de la plus belle nature de l'homme avec la plus belle nature du cheval, traitèrent ce sujet avec prédilection. Il fut retracé par le ciseau de Phidias sur la semelle des sandales de la statue de Minerve [4] et sur les métopes du Parthénon [5], puis par le ciseau d'Alcamène, son disciple, sur le fronton postérieur du temple de Jupiter à Olympie [6]. La frise du temple de Thésée à Athènes [7] et celle du temple de Phigalie [8] offraient la représentation du même combat; enfin Mys en avait également ciselé plusieurs scènes, d'après un dessin de Parrhasius, sur le bouclier de la seconde grande Minerve de bronze, placée dans la citadelle d'Athènes [9]. Les peintres ne demeurèrent pas en arrière des sculpteurs : un artiste contemporain de Phidias peignit la centauromachie dans le temple de Thésée [10].

J'ai cru nécessaire de rappeler ici ces productions de la grande époque de l'art grec; car, comme elles ont servi de modèles à celles des artistes postérieurs, ce qui nous reste des unes devient un

---

[1] Homer. Il. I, 263, sqq., et Ib. Schol. II, 744, sq. Odyss. XXI, 295-304. Hesiod. Scut. Herc. 178, sqq. Ovid. Metam. XII, 210, sqq. Diodor. Sic. IV, 72.

[2] Hegesinoüs est cité comme auteur d'une Atthide, Pausan. IX, 29, 1.

[3] Aristote parle d'une Théséide épique, Poetic. 8. Cf. Plut. Thes. 28. On cite encore comme auteurs de Théséides Diphile (Schol. Pind. Ol. XI, 83) et Pythostrate (Diog. Laert. II, 59). — Au témoignage d'Élien (Var. hist. XI, 2), Mélisandre de Milet (d'une époque incertaine) avait composé un poème sur le combat des Centaures et des Lapithes. On ne peut douter qu'Ovide n'ait été guidé en grande partie par des auteurs plus anciens que lui et peut-être aussi par les monuments de l'art. Cf. Millin, Monum. inédits, II, p. 280.

[4] Plin. H. N. XXXVI, 2.

[5] Stuart und Revett, Alterth. von Athen. Th. V. Taf. 49-54.

[6] Pausanias, V, 10, 2.

[7] Stuart und Revett., ouv. c. Th. VI, Taf. 8-11.

[8] Monuments d'antiquité figurée recueillis en Grèce par la Commission de Morée. Vol. II, pl. XXII.

[9] Pausan. I, 28, 2.

[10] Pausan. I, 17, 2.

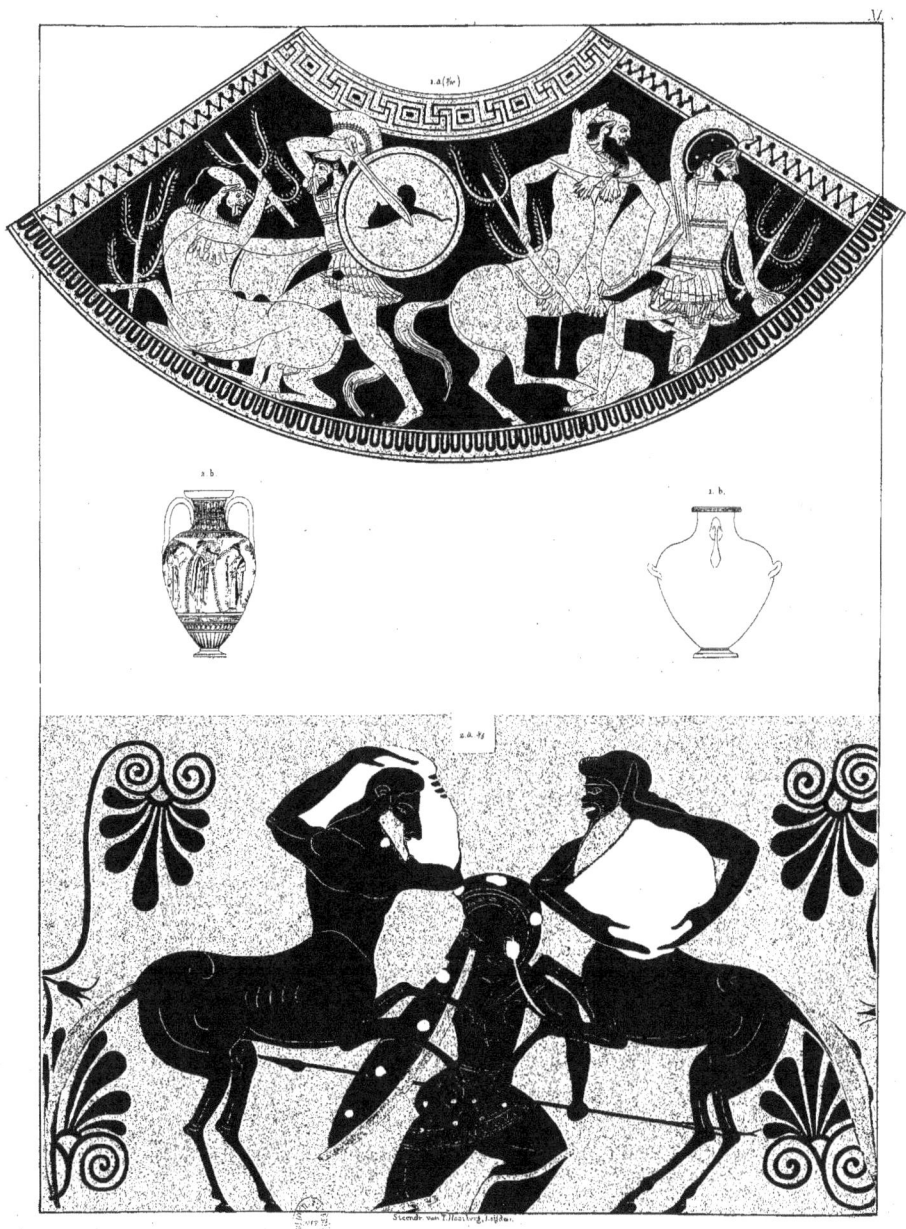

Telle est la peinture de la calpis de Vulci, reproduite sur notre pl. XI, 1. Nous y remarquons deux groupes d'un oplite combattant un Centaure. Les deux guerriers sont casqués, cuirassés et armés de glaives et de boucliers. Leurs adversaires ont pour vêtements des peaux d'animaux et pour armes des branches d'arbres. L'objet qui se trouve entre les jambes du Centaure de droite paraît être un quartier de rocher qui a servi au combat. Les arbres et les pierres sont les armes de l'homme à l'état sauvage ou de civilisation peu avancée; elles convenaient à des habitants féroces des montagnes comme les Centaures. La représentation de troncs ou de branches d'arbres, offrant des inconvénients aux sculpteurs, ils préférèrent armer les Centaures de pierres; aussi sur les métopes du Parthénon [1] et sur la frise du temple de Thésée [2] nous ne remarquons qu'un seul des adversaires des Lapithes muni d'un tronc d'arbre, et la même arme dans les mains d'un Centaure de la frise du temple de Phigalie, est une restauration moderne [3]. Mais pour les céramographes, le choix des armes n'était pas limité par les mêmes nécessités; dans leurs compositions nous voyons les Centaures employer le plus souvent contre leurs ennemis des branches d'arbres exclusivement, quelquefois des branches d'arbres et des quartiers de rocher. Un point digne de remarque c'est que les sculptures que je viens de citer nous montrent la plupart des Centaures dépourvus de toute espèce d'armes; il semble que la masse de leurs corps et leurs forces prodigieuses suffisent pour écraser leurs adversaires. Du reste, les Lapithes eux-mêmes ont peu d'armes défensives; ce n'est qu'exceptionnellement qu'ils portent le casque et la cuirasse. Le combat prend donc sur cette catégorie de monuments figurés le caractère d'une lutte athlétique, genre de représentation propre à faire briller le talent du sculpteur. L'habileté du céramographe au contraire, se produisait avec plus d'avantage dans la peinture des détails d'une armure complète.

Les Centaures de notre vase nous offrent la partie supérieure du corps humain sur le corps et le poitrail de cheval; c'est le type idéal de cet être fabuleux, tel qu'il fut perfectionné et arrêté par Phidias. On le retrouve constamment sur les peintures de vases, même sur celles de style archaïque qui représentent le combat des Centaures et des Lapithes. La raison de ce fait paraît être que toutes ces compositions sont des imitations des chefs-d'œuvre où cette forme était consacrée [4]. Loin d'avoir les cheveux hérissés avec lesquels Lucien [5] dépeint les habitants monstrueux du mont Pélion et qui se remarquent sur les monuments de sculpture, nos Centaures sont figurés avec le front et la tête chauves. Ce trait les rapproche des Satyres dont ils ont également les oreilles [6]. Ce n'est guère que sur les vases peints que nous rencontrons cette ressemblance complète entre la tête des Centaures et celle des Satyres.

L'issue de la lutte figurée sur le tableau que nous avons devant les yeux ne sera pas le même pour les deux groupes de combattants : à droite c'est le Lapithe qui succombera; à gauche le Centaure terrassé va recevoir le coup fatal. Le dauphin donné pour emblème au bouclier du guerrier vainqueur pourrait désigner Thésée, fils de Neptune.

2. Parmi les chefs des Lapithes qui se distinguèrent le plus dans ce combat, Cénée se fit remarquer

---

l. c., pl. XXXVII. — Vases inédits provenant de Ruvo : *Bulletin de l'Instit. arch.* 1836, p. 163 (9 Centaures contre autant de Lapithes); *Ibid.* 1840, p. 190 et 1842, p. 70; Vase de Tarquinies, *ibid.* 1854, p. 78; Vase de Chiusi, *ibid.* 1840, p. 1 (6 Centaures contre 6 Lapithes). Vases de Vulci au musée de Berlin : Gerhard, *Berlins antik. Bildw.* S. 314 et dans la collection Durand, *Catalogue*, n° 363 (rapporté à tort à Cénée); Vase de la collection Jatta : Minervini, *Descrizione*, etc. 1, p. 54, sgg.

(1) Stuart und Revett, *l. c.* Th. V. Taf. 49.

(2) *Ibid.* Th. VI. Taf. II.

(3) Ph. Lebas, *ouv. c.*, pl. 21, n° 14, p. 44, not. 176.

(4) Cette raison n'existait pas pour le combat d'Hercule contre les Centaures; aussi sur un vase peint de style archaïque représentant ce sujet, les Centaures sont figurés avec des jambes humaines par devant, Micali, *Storia degli ant. pop. Ital.* Tav. 95.

(5) *Zeuxis.* C. 5.

(6) Lucian, *l. c.* (ὦτα) σατυρώδη. Voy. Böttiger, *Griech. Vasengemælde*, 1, 3, p. 83.

terme de comparaison pour apprécier ce que nous avons conservé des autres. Les vases peints forment une classe nombreuse des monuments de cette catégorie.

Parmi ces vases, quelques uns sont remarquables, en ce qu'ils représentent deux épisodes distincts de la guerre des Centaures et des Lapithes : d'abord l'acte de violence, cause de la lutte, puis la lutte elle-même. Telle est la peinture d'un vase de la collection du comte de Lamberg, aujourd'hui au Musée de Vienne [1]. Le tableau est divisé en deux parties par des colonnes qui indiquent que la scène se passe dans le palais du roi des Lapithes. D'un côté nous voyons la jeune mariée poursuivie par le Centaure Eurytus, se précipiter à travers le péristyle (αὐλή) vers ses appartements (θάλαμος). L'une de ses compagnes qui se trouve déjà sur le seuil de la porte entr'ouverte, la tire par le bras pour l'arracher des mains du Centaure qui l'a atteinte. Thésée suit le ravisseur de près et se prépare à lui asséner un coup de massue. Derrière le héros athénien court un jeune Lapithe, tenant dans la main gauche un objet en forme de feuille qui paraît être un éventail. Au pied de la colonne gisent les débris d'un cratère qui a servi au combat [2]. A côté de la porte de l'appartement dans lequel les deux jeunes femmes cherchent un refuge, s'élève l'autel sur lequel a eu lieu le sacrifice offert aux divinités protectrices du mariage [3]. De l'autre côté de la colonne on voit trois groupes d'un Lapithe aux prises avec un Centaure. Une inscription apprend qu'un de ces Lapithes est Pirithoüs lui-même, ΠΙΡΙΘΟΟΣ. A en juger d'après la cylix suspendue au mur et les coussins épars sur le sol, la lutte a pour théâtre la salle même du festin [4].

Sur les métopes du Parthénon et sur la frise du temple de Phigalie, nous voyons aussi au milieu de la mêlée des combattants, des femmes entraînées par leurs féroces ravisseurs. Mais les armes dont se servent les Centaures indiquent assez que la scène se passe au-dehors du palais. Les détails d'intérieur qu'offre le vase du musée de Vienne, paraissent du domaine de la peinture plutôt que de celui de la sculpture; je ne pense pas cependant qu'il faille rapporter l'honneur de leur invention au céramographe; je crois au contraire qu'il aura copié la composition de quelqu'artiste célèbre, peut-être celle dont le pinceau de Mycon avait orné le temple de Thésée [5].

Sur tous les autres vases peints parvenus jusqu'à nous [6], nous ne rencontrons plus aucune trace de l'enlèvement; les artistes se sont bornés à reproduire des scènes du combat; ils ont placé un ou plusieurs groupes de combattants selon l'étendue du cadre qu'ils avaient à remplir.

---

[1] De la Borde, Vases de Lamberg, pl. XXV et XXVI. Nous retrouvons la répétition de la même composition avec quelques légères différences, qui proviennent en partie peut-être de l'exécution des planches, sur deux autres vases publiés, l'un par Passeri, Pictur. Etrusc. T. III. Tav. XI et XII, et l'autre dans les Antiquités d'Hamilton. Vol. III. Tav. 81.

[2] Ovid. Met. XII, 235, sqq. Forte fuit juxta signis extantibus asper Antiquus crater, quem vastumvastior ipse Sustulit Ægides, adversa que misit in ora.

[3] De même un bas-relief de la frise du temple de Phigalie, montre Hippodamie et sa compagne se réfugiant auprès de la statue de l'une de ces divinités, probablement Hera Teleia. Voy. Lebas. Monum. d'antiq. fig., etc., I, p. 54 de l'éd. in-8°. — Ovide, l. c., vss. 258, sqq., fait mention de cet autel encore allumé (altaria fumida). Chez les Grecs l'autel sur lequel on sacrifiait aux dieux domestiques était ordinairement placé à l'endroit de la maison où la peinture du vase de Lamberg nous le montre, à savoir dans l'aula. Voyez Becker, Charikles, I, page 174.

[4] C'est pour cette raison que le céramographe s'est bien gardé d'armer les centaures de pierres ou de branches d'arbres. Le peintre d'une amphore du musée de Berlin (Gerhard, Apulische Vasenbilder. Taf. VII) n'a pas cependant été retenu par le même scrupule : il a représenté deux centaures combattant leurs adversaires, l'un avec un tronc d'arbre, l'autre avec une pierre ; bien que, comme l'indiquent divers accessoires, le combat ait également lieu dans la salle du banquet.

[5] D'après un passage de Polemon, conservé par Athénée, XI, p. 474. C. Hippée ou Hippys, artiste inconnu d'ailleurs, avait peint le festin donné à l'occasion des noces de Pirithoüs. C'est sans raison suffisante, me paraît-il, que M. Preller (Polemon. Fragment. p. 105, sq.) pense que dans ce texte il est question d'une œuvre de sculpture plutôt que d'un tableau.

[6] Vase d'Ergotimus et de Clitias au musée de Florence, Mon. ined. dell' Instit. arch. Vol. IV. Tav. LVI et LVII; Passeri, Vol. III. T. 252; Dubois-Maisonneuve, Introd. à l'étude des Vases, pl. XLIII ; Millingen, Vases de Coghill, pl. XXXV ; De la Borde,

3. Le côté opposé de l'amphore (pl. XI, 2 *b*) nous montre un personnage vêtu d'une tunique talaire et d'un hémidiploïdion, jouant de la cithare, debout entre deux femmes ayant le même costume l'une que l'autre, mais sans attributs caractéristiques. La même composition se rencontre avec des modifications plus ou moins importantes sur plusieurs autres vases de style archaïque [1]. Apollon est facilement reconnaissable dans le personnage du milieu, mais il a fallu pour fixer les idées des archéologues sur les deux femmes, ses acolytes, l'apparition d'un vase à inscriptions portant à côté du nom du dieu de Delphes, ceux de sa sœur et de sa mère [2]. On pourrait écrire au bas de ces tableaux pour leur servir d'explication, ce distique de Properce [3].

.. inter matrem deus ipse interque sororem
Pythius in longa carmina veste sonat.

Nous avons donc devant les yeux la réunion des divinités delphiques protectrices des jeux Pythiens; c'est en leur honneur que se chantaient les hymnes, composés pour célébrer la gloire des vainqueurs dans ces jeux [4]. La représentation du dieu lui-même entonnant un pœan est une ingénieuse allusion à l'une de ces victoires. Nous remarquons aux divinités de notre composition des attributs propres à un autre culte : les branches de lierre qui s'élèvent de chaque côté d'Apollon et les crotales que porte Latone, la déesse de gauche [5], appartiennent essentiellement au culte dionysiaque. Quelques uns des vases précités nous montrent également des branches de lierre [6], mais c'est pour la première fois que nous rencontrons les crotales aux mains d'une des déesses [7]. Artémis tient dans la main droite une fleur [8] qu'elle présente à son frère. La fleur, donnée ailleurs à d'autres déesses et dans d'autres intentions, me paraît remplacer simplement ici la couronne [9], prix de la victoire. La présence de divers attributs bachiques sur ces tableaux, s'explique par l'association du culte d'Apollon et de celui de Dionysus sur le mont Parnasse [10]. Une représentation des divinités delphiques sur les vases peints a le plus souvent pour pendant du côté opposé un sujet bachique [11]. Cela ne doit pas étonner si l'on se rappelle que sur le fronton antérieur du temple de Delphes étaient figurés Diane, Latone, les muses et le coucher du soleil, tandis que le fronton postérieur contenait les statues de Bacchus et des Thyades [12].

premier est nommé Hylæus (Ὑλαιος, d'ὕλη, bois), ses deux compagnons Hæbolus (Ηαιβολος pour λαιβολος, de λᾶας, pierre, et βάλλω. Cf. *Annali dell' Instit.* XX, p. 337) et Agrius (Αγριος). On remarque que le troisième Centaure reçoit son nom d'une qualité morale qu'on lui suppose et non, comme les deux premiers, de la nature de ses armes; mais au-dessus de son dos se lit le nom de Pétræus (Πετραιος, de πέτρα, pierre) attribué à un autre Centaure armé d'une branche d'arbre. Quoiqu'un fond il n'y ait rien à redire à ces dénominations (le Pétræus d'Ovide [*l. c.* 327, sqq.] veut s'armer d'un chêne), je suis cependant tenté de croire que l'artiste a commis une erreur dans le placement des inscriptions et que le dernier de ces noms revient au troisième adversaire de Cénée. Un autre vase à inscriptions, faisant partie du musée de Berlin (Gerhard. *Etrusk. u. Kamp. Vas.* pl. XIII, p. 19) offre le combat d'Hercule contre les Centaures Pétræus et Hylæus; les noms des adversaires du fils d'Alcmène rappellent leurs armes respectives. Neptune à qui Pindare donne l'épithète de Πετραιος (*Pyth.* IV, 246) est représenté lançant un énorme quartier de rocher contre les géants. De Witte, *Cat. étr.*, n° 128.

[1] Le Normant et De Witte, *Élite des monuments céramographiques*. T. II, pl. XV, XXIX, XXXVI D, XXXVI C, XXXVI D. Millingen, *Vases de Coghill*, pl. 37.

[2] Amphore bachique de la collection Feoli (Απολλονο Λετο; Αρτεμιδος), publiée dans les *Monumenti ined. dell' Inst. arch.* I, pl. XXVI, 7, chez Gerhard, *Aus. Vas.* I, XXV, et dans l'*Élite céramogr.* II, pl. XXIII B.

[3] *Eleg.* II, 31, 11, sq.

[4] Voy. Dissen, *Explic. ad Pindar. Nem.* IX, p. 453, sq. Boeckhii.

[5] La grande réduction du dessin de notre planche ne permet pas d'apercevoir ces crotales qui se voient distinctement sur le monument original. Cf. Gerhard, *Archæolog. Anzeig.* p. 87.

[6] *Élite céramogr.* II, pl. XV et XXIX.

[7] Sur un vase du prince de Canino une panthère, animal bachique, accompagne Artémis. Voy. Gerhard. *Aus. Vas.* I, p. 90,(78.)

[8] Ailleurs les deux déesses portent chacune une fleur, Millingen, *Vases de Coghill*, pl. 57, *Élite céramogr.* II, pl. XXIX.

[9] C'est effectivement une couronne que Latone offre à son fils sur une amphore tyrrhénienne, publiée par Gerhard, *Aus. Vas.* I. Taf. XV et reproduite dans l'*Élite céram.* II, pl. XXXVI B.

[10] Pausan. X, 32, 5. Macrob. *Saturnal.* I, 18. Cf. Le Normant et De Witte. *Élite cér.* T. II, p. 17. 58.

[11] S. Campanari, *Vasi della coll. Feoli*, p. 45. Gerhard, *l. c.* I, p. 94.

[12] Pausanias, X, 19, 3.

par sa force et son courage [1]. Ce guerrier rendu invulnérable par une faveur de Neptune [2], terrassa impunément un grand nombre de ses ennemis. Les Centaures voyant l'inutilité de leurs attaques isolées, cherchèrent à l'accabler sous le nombre et le poids de leurs projectiles. Mais le redoublement de leurs coups n'abattit point le corps inébranlable du héros; il s'enfonça dans la terre et descendit vivant dans les enfers [3]. C'est cet épisode de la guerre des Centaures et des Lapithes qui est représenté sur l'une des faces de l'amphore a figures noires de notre pl. XI, 2a. Cénée est au milieu de deux Centaures vigoureux, se dressant contre lui. L'un d'eux précipite sur la tête du chef Lapithe une grosse pierre; l'autre s'apprête à faire le même usage de la pierre qu'il soulève à grande peine. Sans plier sous ce terrible choc, Cénée se retourne vers le premier de ses adversaires et le perce de sa lance en même temps qu'il le repousse avec son bouclier, mais la terre cède sous ses pieds et il y est déjà enfoncé jusqu'aux genoux.

La plus ancienne représentation de ce sujet que nous connaissions, est celle de la frise du temple de Thésée; les représentations postérieures de toute espèce [4] ne s'en écartent que dans des détails secondaires, à travers lesquels se laisse toujours apercevoir l'imitation [5]. Toute la différence que nous remarquons entre la composition de notre peinture et celle du bas-relief Athénien, consiste en ce que sur ce dernier les Centaures laissent tomber ensemble sur leur ennemi un même quartier de rocher de dimension énorme et que le Lapithe tient son bouclier levé au-dessus de sa tête pour se garantir du coup.

Tous les anciens poètes et mythographes parvenus jusqu'à nous qui racontent la fin de Cénée le font attaquer par ses adversaires avec des troncs d'arbres [6]. Ovide est le seul auteur, je pense, qui leur donne des pierres comme seconde arme [7]. Les Céramographes ont procédé pour cet épisode comme pour le combat des Centaures en général. Les uns se sont conformés à la version de Pindare; d'autres ont mis dans les mains des ennemis de Cénée les deux armes; d'autres enfin, comme le peintre de notre vase, les ont fait combattre avec des pierres seulement. Eu égard à l'arme dont les Centaures de notre peinture font usage, on pourrait, en s'appuyant de l'autorité du vase à inscriptions du musée de Florence, leur donner les noms de *Petrœus* et d'*Hœbolus* [8].

[1] Nestor vante ces deux qualités chez le héros, *Iliad.* I, 264.
[2] Schol. Apollonii Rh. *Argonautic.* I, 57. Ovid. *Met.* XII, 206, sq. Hygin. *Fab.* 14 et 242. Palæphat., *de Incredib.* C. XI. *Mythogr. Vatic.* III, 6, 25, p. 189. Bode. *Schv., ad Æn.* VI, 448.
[3] Pindar. *ap* Schol. Apollon. Rh. 61 et Plut., *De absurd. Stoic. op. init. Fragm.* 45, p. 657, sq. Bœckh : ὤχετ'ὑπὸ χθόνα Καινεὺς σχίσαις ὀρθῷ ποδὶ γᾶν, Apollon. Rhod. *Arg.* I, 59-64. Orphic. *Argon.* 170-175, p. 44. Hermann. Schol. *ad Il.* 1, 264. D'après cette ancienne tradition Cénée ne périt donc pas, mais descendit vivant dans le Tartare, de même qu'Amphiaraüs devant les murs de Thèbes. Ovide seul, entre tous les auteurs parvenus jusqu'à nous, connaît et développe une autre version, selon laquelle Cénée fut écrasé et étouffé sous la masse des projectiles qui lui furent lancés. Lui-même a soin cependant de constater l'existence des deux légendes (*l. c.* 521, sq. : *Exitus in dubio est : alii sub inania corpus Tartara detrusum silvarum mole ferebant*). Faute de les distinguer l'une de l'autre les archéologues s'expriment souvent inexactement en décrivant les monuments figurés, qui tous sont conformes à la tradition Pindarique.
[4] Il serait trop long d'énumérer ici tous ces monuments, à partir de la frise du temple de Phigalie (pl. XXII, n° 20); je me bornerai à indiquer les principaux vases peints, en commençant par le vase précité du musée de Florence, où cet épisode est représenté au milieu du combat des Centaures et des Lapithes (Voy. ci-dessus, p. 46, not. 6.); outre cette peinture trois autres seulement ont été publiées, l'une par Millingen, *Peintures de vases grecs*, pl. VIII, l'autre par Politi, *Cinque vasi di premio rinvenuti in un sepolcro agrigentino nell' aprile del* 1841.Tav.VI. Cf. Panofka, *Archæolog. Zeitung*, I. S. 60, sq., et la troisième dans le *Mus. Gregor.* I. Tav. XXXVIII, 2 *a*. Peut-être faut-il rapporter au même sujet un des groupes d'un combat de Centaures peint à l'extérieur d'une *cylix* de Vulci, *ibid.*, pl. LXXXV, 1 *a*. D'autres vases sont connus seulement par une description (De Witte, *Cat. Durand*, n°363 et 562, ce dernier avec l'inscription Καινευς; *Bullet. de l'Inst. arch.* 1836, p. 114) ou par une simple mention (*Bullet.* 1834, p. 178, et 1840, p. 179. *Réserv. étr.* n° 21).
[5] Je ne saurais me persuader que le combat de Cénée ait été représenté sous d'autres formes encore; aussi, tant qu'un vase à inscription n'aura pas montré que je suis dans l'erreur, je refuserai de reconnaître ce sujet sur la peinture publiée par Millin., *Mon. inéd.* T. II, pl. XXXVI, p. 272, sur celle décrite par M. De Witte, *Cat. Durand*, n°363, ou sur d'autres peintures semblables.
[6] Pindar. *l. c.* χλωραῖς ἐλάταισι τυπείς; Apoll. Rh., *l. c.* 64 : στιβαρῇσιν ἐλάτῃσιν. Orph. *Argon*, *l. c.* 175 : πεύκῃσι ταννυφλοίαις τ'ἐλάτῃσιν. Schol. *Il.* 1, 264 : δρυσί τε καὶ ἐλάταις. Servius, *l. c.* p. 382. Lion : *crebris ictibus fustium paulatim fixus in terra est.*
[7] *L. c.*, v. 506, sq. *Saxa trabes que super, totos que involvite montes, Vivacem que animam missis elidite silvis.*
[8] Sur ce vase trois Centaures attaquent Cénée, l'un avec une branche de pin, les deux autres avec des quartiers de rocher; le

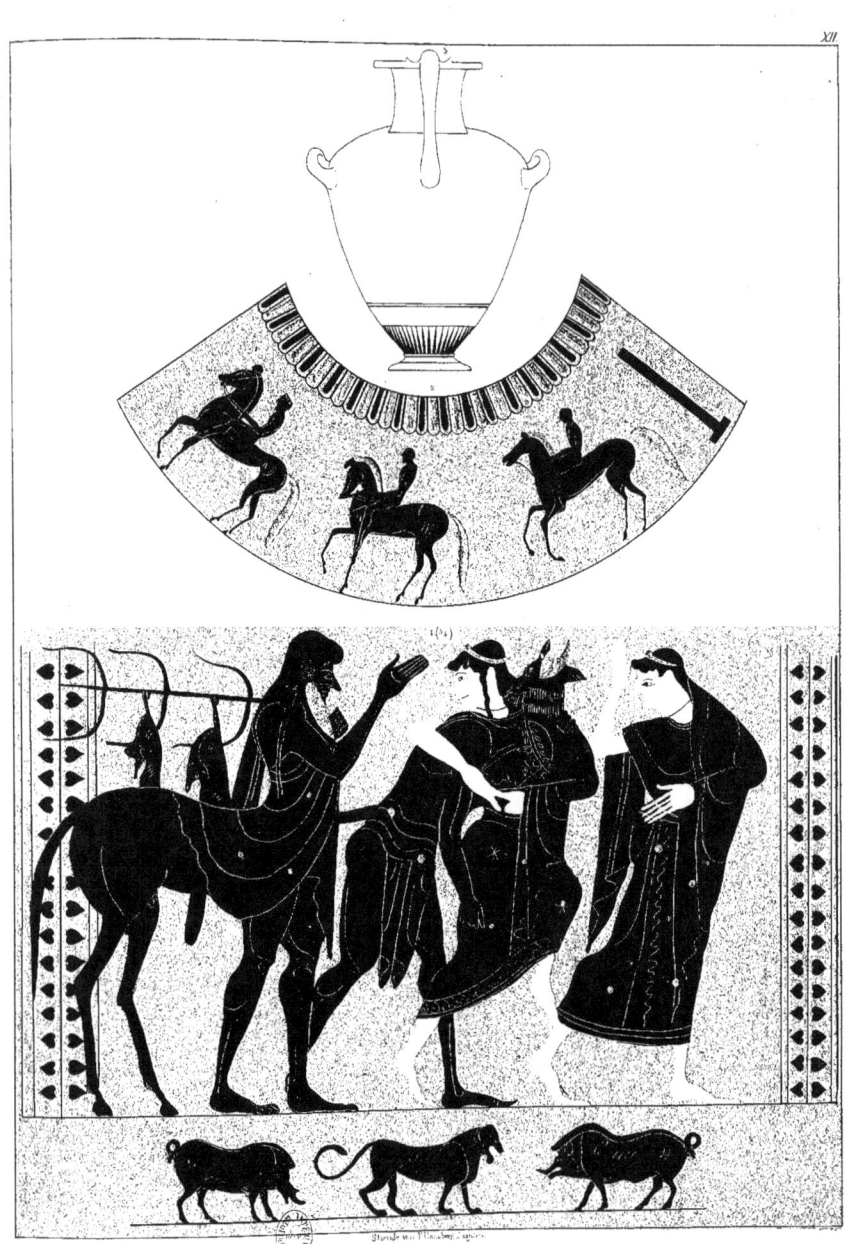

PLANCHE XII.

1. PÉLÉE ENLEVANT THÉTIS. — 2. UNE COURSE DE CHEVAUX.

1. Jupiter, Neptune et Apollon prétendaient à la main de Thétis; mais les oracles ayant prédit qu'il naîtrait de la Néréide un fils plus puissant que son père, les dieux résolurent de la donner en mariage à un simple mortel. Pélée, fils d'Æacus, désigné pour être son époux ne parvint qu'avec la plus grande peine à obtenir son consentement. Poursuivie et atteinte par ce prétendant, elle eut recours à diverses transformations pour s'échapper de ses mains; vaincue enfin par sa persistance, elle le suivit dans la grotte du Centaure Chiron. Là eurent lieu leurs noces auxquelles assistèrent tous les dieux de l'Olympe [1]. Cette union qui donna le jour au héros de l'Iliade fut célébrée par les poètes [2] et leurs chants inspirèrent les artistes. A en juger d'après les vases peints arrivés jusqu'à nous, la fable de Pélée et de Thétis exerça très-fréquemment le pinceau des céramographes ; on la rencontre sur les peintures de style perfectionné comme sur les peintures archaïques. Mais la circonstance choisie pour la représentation n'est pas constamment la même : sur quelques vases on voit la poursuite de Thétis par Pélée ; sur deux ou trois autres la célébration de leur mariage; la majeure partie représente la lutte engagée entre la déesse marine et son ravisseur [3]. Ce dernier sujet lui-même offre une grande variété : tantôt le tableau se réduit au groupe des deux personnages principaux ; tantôt il s'élargit par la présence d'un ou de plusieurs personnages secondaires, témoins de la scène. Les métamorphoses de la Néréide sont parfois figurées et parfois on n'en aperçoit aucun indice [4].

La peinture archaïque de l'hydrie de Vulci qu'offre notre planche XII, 1, rentre dans la troisième classe de ces compositions. Au centre se voit le groupe de Pélée saisissant Thétis. Le fils d'Æacus place

---

[1] Pindar, *Isthm.* VII, 28, sqq. ed. Boeckh. Apollodor. *Bibl.* III, 13, 5. Schol. Lycophr. 178.

[2] Homer. *Iliad.* XVIII, 84, sqq. 432, sqq. *alibi.* Hesiod. ap Schol. Lycophr. *Proem.* (*Fragm.* p. 514. ed. Marscheffel.) Pindar. *Pyth.* III, 92. *Nem.* III, 34, sq. 56, sq. *Isthm. l. c.* Sophocl. ap. Schol. Pind. *Nem.* III, 56. Euripid. *Androm.* 1251, sq, *Iphigen. in Aul.* 701. 1056, sqq. et d'autres poètes encore. Cf. maintenant Overbeck, *Gallerie heroischer Bildw. der alten Kunst*, p. 172, sq. Quant à la question de savoir si la fable de Pélée et de Thétis était exposée avec une certaine étendue dans les Κύπρια de Stasinus, elle est résolue affirmativement par M. Overbeck, *l. c.* p. 171, sq., et négativement par. MM. Bergk (*Zeitschr. für die Alterth. W.* 1850. S. 407) et Welcker (*Episch. Cycl.* II, p. 132). Cette dernière opinion me paraît encore la plus vraisemblable.

[3] Cette division en trois classes de compositions diffère un peu de celle de M. De Witte, qui compte également trois classes (*Annales de l'Institut archéologique*, Tom. IV, p. 103); elle vient d'être admise également par M. Overbeck, *ouv. cit.* p. 173, sv.

[4] On trouvera une courte description des principaux vases connus chez De Witte, *l. c.* p. 103-128. Gerhard. *Auserl. Vasenbild.* III, p. 68, sv., et Overbeck, *ouv. cit.* p. 174-200.

la main gauche sur l'épaule de la déesse et de la droite semble vouloir la prendre par le genou [1] pour l'enlever de terre et l'emporter de vive force. Celle-ci l'étreint fortement entre ses bras, soit qu'elle cherche un point d'appui, soit qu'elle tente de lui faire lâcher prise par la douleur de la pression. Le vêtement de Thétis consiste en une tunique longue recouverte d'un péplus; Pélée est vêtu simplement d'une chlamyde, et une couronne de myrte ceint sa tête. De l'épaule gauche de la déesse s'élève une tête d'animal, la gueule béante. On la prendrait pour une tête de chien ou de loup, quoiqu'il semble que l'artiste ait voulu par l'indication d'une crinière figurer celle d'un lion. C'est une allusion aux nombreuses métamorphoses par lesquelles l'habile magicienne chercha à se soustraire à son téméraire ravisseur [2]. Des textes anciens [3] mentionnent divers animaux dont elle emprunta la forme. Sur les vases peints, nous trouvons soit un ou deux serpents, un lion, un tigre ou une panthère seuls, soit un serpent avec l'une ou l'autre de ces bêtes féroces. Mais tandis que la plupart de ces monuments nous montrent la métamorphose accomplie et les animaux assaillant Pélée, le peintre de notre hydrie a indiqué le commencement de la transformation. On rencontre la même particularité sur un vase du musée britannique où une tête de lion sort également de l'épaule de Thétis [4]. Un autre vase [5] montre la tête d'un dragon de mer et la partie antérieure d'un chien ou d'un loup se projetant du corps de la déesse.

A gauche du spectateur on voit derrière Pélée le Centaure Chiron. On reconnaît à son geste [6] qu'il encourage par ses discours le fils d'Æacus dans son entreprise; c'est lui en effet qui a conseillé au jeune héros de s'emparer de Thétis et de ne pas la lâcher malgré ses métamorphoses [7]. La forme de Chiron offre ici l'amalgame du corps entier de l'homme avec le train de derrière du cheval; c'est sous cette forme, donnée aux Centaures avant Phidias, que nous le trouvons représenté sur toutes les peintures de style archaïque [8], et même sur quelques peintures à figures rouges [9]. Le Centaure protecteur de Pélée est barbu et vêtu d'une chlamyde; il porte sur l'épaule gauche une branche d'arbre, à laquelle sont suspendus un renard et un lièvre, produit de sa chasse. Cet attribut lui est souvent donné sur les vases peints [10]. Du reste, il n'est pas propre à Chiron seul; d'autres Centaures l'ont également [11].

A droite du groupe central se voit une autre femme vêtue comme Thétis : elle s'enfuit du même côté et se retournant vers la déesse qui lutte contre son ravisseur, elle lève la main droite en signe

---

[1] Pélée saisit évidemment la déesse par les genoux sur une œnochoé du comte Pourtalès, publiée par M. RAOUL-ROCHETTE, *Monuments inédits.* etc., pl. I, 1.

[2] C'est par erreur que M. OVERBECK (*l. c.* p. 182) range l'hydrie du musée de Leide parmi les vases où les métamorphoses ne sont pas figurées.

[3] Ces textes ont été rassemblés par M. DE WITTE, *l. c.* p. 94, sv. Aucun d'eux ne fait une mention expresse du loup; mais cet animal et peut-être d'autres encore, passés également sous silence, sont compris dans le terme générique de θηρίον dont se sert APOLLOD. III, 13, 5.

[4] BIRCH and NEWTON, *Catalogue of the Greek and Etruskan vases in the British museum.* Vol. I, p. 81, n° 309.

[5] Publié chez MILLINGEN, *Vases de Coghill,* pl. IV, 1, reproduit par OVERBECK. *l. c.* Taf. VIII, 5.

[6] Chiron fait le même geste avec la main sur un vase du Vatican publié par MILLINGEN, *Anc. unedited monum.* I, pl. X, chez OVERBECK. VII, 8.

[7] APOLLOD. *l. c.* : Χείρωνος μὲν οὖν ὑποθεμένου Πηλεῖ συλλαβεῖν καὶ κατέχειν αὐτὴν μεταμορφουμένην, ἐπιτηρήσας συναρπάζει... Cf. PIND. *Nem.* IV, 101. APOLLON. RHOD. IV, 807. Schol. LYCOPHR. 178.

[8] Voy. ROULEZ, *L'éducation d'Achille,* etc., dans les *Bulletins de l'Acad. de Brux.* T. IX, 2e part. p. 46; (*Mélanges,* etc. IV, 9.) OTTO JAHN, *Archaeolog. Aufsätze,* p. 13, not. 31.

[9] *Monumenti ined. dell' Instit. arch.* T. I. Tav. 37. *Mus. Chius.* I. Tav. 46-47. GERHARD, *Auserl. Vasenb.* III. Taf. 227. DE WITTE, *Catalogue Magnoncour,* n° 58. SCHULZ, *Die Amazonenvase von Ruvo im Mus. zu Neapel.* Taf. I.

[10] Branche d'arbre avec deux lièvres: *Monumenti inediti, l. c.* et chez GERHARD, *Aus. Vas. l. c.*; branche d'arbre avec deux lièvres et un renard : ROULEZ, *l. c.* pl. I. GERHARD, *l. c.* Taf. 185; branche avec un lièvre et un renard : ROULEZ, *l. c.* pl. II. VON STACKELBERG, *Grabdenkmæler der Hellenen.* Taf. 44; arbre avec un lièvre : DE LA BORDE, *Vases de Lamberg.* T. I, pl. XCI; arbre sans animaux : DE WITTE, *Catalogue étrusque,* n° 156. MILLINGEN, *Vases de Coghill,* pl. IV. *Anc. uned. mon.* I, pl. X. SCHULZ, *l. c.*

[11] Par exemple le Centaure Pholus chez GERHARD, *Auserlesene Vasenbild.* II. Taf. CXX, 7, où un lièvre et un renard sont pris erronément par l'éditeur (p. 129) pour deux lièvres. Le renard et le lièvre qui semblent suspendus à la lance de Minerve (*Ibid.* Taf. CIX, 5) appartiennent évidemment au Centaure.

PLANCHE XII.

de surprise ou plutôt d'épouvante. Cette femme est une des Néréides en compagnie desquelles Thétis se trouvait sur les bords de la mer lorsque Pélée vint se précipiter sur elle. Le défaut d'espace n'a permis au céramographe de figurer qu'une seule des filles de Nérée; d'autres compositions nous les montrent en plus grand nombre; et quelques unes offrent de plus le dieu marin, à qui elles courent annoncer l'enlèvement de leur sœur. Sur une peinture à inscriptions, la seule compagne de Thétis qui y est figurée s'appelle *Pontmeda* pour *Pontemedusa* [1]. Il faut se garder toutefois de s'autoriser de cet exemple pour donner le même nom à la Néréide de notre hydrie; car sur un autre vase [2] une inscription nomme *Nao* la Néréide qui occupe la même place. D'où je conclus que le nom de toute autre fille de Nérée serait aussi applicable que les deux noms précités.

Dans la bande au-dessous de cette peinture, on voit un lion entre deux sangliers; une autre hydrie [3] représentant également l'enlèvement de Thétis, offre à la même place quatre lions, groupés deux à deux en face l'un de l'autre. Je ne saurais admettre aucun rapport entre ces animaux et les transformations de la Néréide. Les représentations d'animaux à la partie inférieure des vases, sans nulle relation avec les peintures principales, se rencontrent trop fréquemment pour que j'aie besoin d'en citer ici des exemples.

2. A la partie supérieure de notre hydrie règne une frise représentant une course équestre. Trois éphèbes entièrement nus, montés sur des chevaux, s'avancent au pas dans un hippodrome caractérisé par la *Meta* qui s'élève à l'extrémité droite du tableau. Le céramographe n'a pas choisi pour sa composition le moment de la course; les trois cavaliers semblent se rendre à l'endroit d'où, au signal donné, ils lanceront leurs chevaux dans l'arène. Les courses à cheval (Ἵππῳ κέλητι) étaient en grand honneur dans la Grèce [4]. Nous trouvons ce sujet représenté assez souvent sur les peintures tant des vases panathénaïques [5] que d'autres [6]. Tous ces monuments nous montrent les cavaliers dépouillés de tout vêtement. L'usage de paraître nu dans les jeux publics s'introduisit à Olympie, vers la XVe olympiade, et se borna d'abord à la course à pied; ce n'est que beaucoup plus tard qu'il s'étendit aux autres exercices du corps. Au temps de Platon [7] et de Thucydide [8], il était admis généralement non seulement dans les jeux publics, mais encore dans les gymnases [9]. Les peintures de vases paraissent attester qu'il s'appliqua également à la course à cheval.

---

[1] Gerhard, *Auserl. Vas.* III. Taf. 227.
[2] *Mon. ined. dell' Inst.* I. Tav. 38.
[3] Millingen. *Vases grecs*, pl. IV, chez Overbeck. Taf. VIII, 5.
[4] Cf. Krause, *Die Gymnastik und Agonistik der Hellenen*, p. 382, sqq.
[5] *Monumenti ined. dell' Inst. arch.* I, pl. XXI, 9 b; XXII, 3. 6. De Witte, *Catalogue Durand*, n° 702.
[6] Tischbein, *Anc. Vas.* Vol. I, 52. 53. De la Borde, *Vases de Lamberg*, I, pl. XIX. Panofka, *Musée Blacas*, pl. XVI. *Mon. ined. dell' Instit.* Vol. II, pl. XXXII.
[7] *Polit.* V, p. 452, D. E.
[8] I, 6, 3.
[9] Cf. Boeckh, *Corp. Insc. Gr.* I, p. 555. Ott. Müller, *Handbuch der Archæol.* § 336, 2, p. 487. éd. Welcker, et mon *Mémoire pour servir à expliquer les peintures d'une coupe de Vulci, représentant des exercices gymn.* p. 11, sv. (*Acad. de Brux.* T. XVI.)

PLANCHE XIII.

LA QUERELLE DE LYCURGUE ET D'AMPHIARAÜS.

La peinture de cette planche montre deux guerriers se ruant l'un sur l'autre, l'épée à la main; tous deux ont la tête couverte d'un casque et le reste du corps nu; celui de droite est barbu; les fourreaux de leurs épées sont suspendus à leurs côtés. Un troisième guerrier, barbu, portant une chlamyde, un casque, une cuirasse et des cnémides, se précipite au milieu d'eux pour les séparer. Deux jeunes filles entièrement nues sont aussi accourues et se jetant aux pieds des adversaires, leur font une barrière de leurs corps.

Lorsque j'arrêtai la liste des vases qui devaient entrer dans le présent recueil, je n'étais nullement fixé sur le sens de cette composition. Mais, me figurant à tort que le personnage du milieu était attaqué par les deux autres et ne pouvant trouver d'autre justification de la nudité insolite des jeunes filles que la précipitation avec laquelle elles étaient accourues et le temps où l'événement avait lieu, je supposai que la peinture représentait une scène de la dernière nuit de Troie; c'est la raison pour laquelle elle se trouve placée parmi les sujets troyens. Cette première idée ne résista pas à un examen plus approfondi, et je ne tardai pas non plus à soupçonner que la présence des deux jeunes filles dans cette représentation pourrait bien être le fait d'un restaurateur. M. Leemans, ayant, à ma prière, examiné minutieusement l'original, me manda [1] qu'il y existe en effet des restaurations, mais qu'elles ne lui paraissaient être que la reproduction exacte des lignes primitives effacées, à l'exception de celle qui se trouve à la partie inférieure du ventre de la figure de jeune fille à droite. Cette dernière restauration cependant, marquée au crayon sur un exemplaire que j'ai encore en ce moment sous les yeux, ne descend pas assez bas pour qu'elle eût confirmé mes soupçons. Il fallut donc chercher une explication de cette peinture en y conservant les deux jeunes filles; je n'en rencontrai pas de plus satisfaisante que la suivante, empruntée au cycle Thébain : Tydée et Polynice, exilés l'un de Calydon, l'autre de Thèbes, se réfugièrent à la cour d'Adraste, roi d'Argos. Arrivés, à l'entrée de la nuit, devant le palais de ce prince, ils eurent une querelle sans se connaître et en vinrent aux mains. Au bruit qu'ils firent, Adraste accourut, les sépara et reconnut dans ces deux étrangers ses gendres futurs [2]. Mais

[1] Par sa lettre du 9 décembre 1845.   [2] Apollodor. III, 6, 1. Hygin. *Fab.* 69.

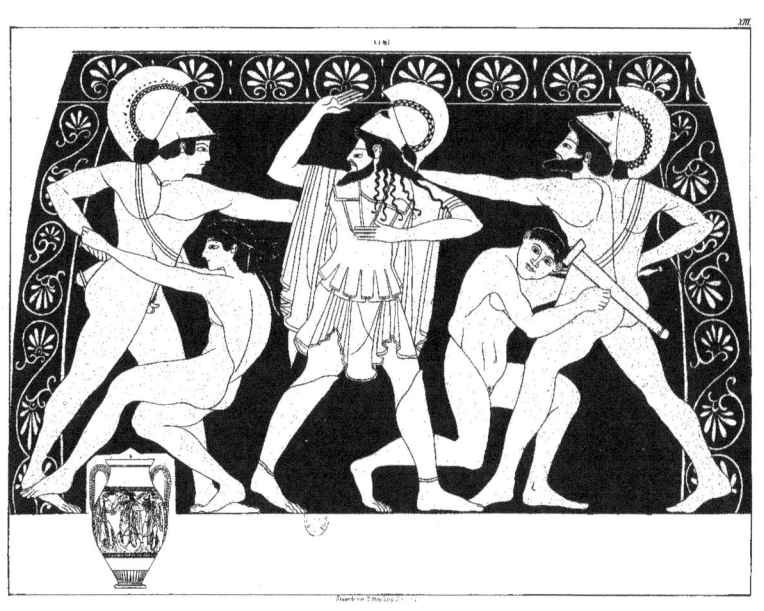

longtemps [1] avait été expliqué par Ulysse et Diomède qui s'apprêtent à percer de leurs épées Dolon, placé au milieu d'eux et étendant les bras pour implorer leur pitié. Celui qu'on regardait comme étant menacé, se jette au contraire entre les combattants pour les séparer. Les chlamydes des trois personnages sont symétriquement disposées sur leurs bras. A la partie inférieure du tableau est tracée une inscription d'où il ne paraît guère possible de tirer avec certitude un sens quelconque, quoiqu'un illustre épigraphiste [2], l'esprit prévenu par l'intréprétation donnée de la peinture, en ait fait un vers relatif à Dolon. En résumé les trois vases du musée britannique offrent cinq témoins de la querelle, cherchant à l'apaiser et à prévenir l'effusion de sang; le manque d'espace n'a pas permis au peintre de l'amphore de Leide d'en admettre plus de trois; un seul figure sur le vase publié par Tischbein. Sur l'un de ces vases, le témoin placé au centre est une femme.

Quel sens donner maintenant à toutes ces compositions? M. Birch [3] a adopté et cherché à confirmer une explication indiquée par M. Gerhard [4] à propos de l'un des vases : il y voit la représentation de la querelle d'Achille et d'Agamemnon, mentionnée au premier livre de l'Iliade [5]. Revenant ailleurs [6] sur le même sujet, l'archéologue anglais nomme Nestor le guerrier du milieu, Antiloque le jeune homme qui retient Agamemnon, Patrocle et Phénix les personnages qui arrêtent Achille. Je ne saurais me rallier à l'opinion de ces savants antiquaires; car cette manière de représenter la dispute des chefs grecs non seulement ne serait pas conforme au récit homérique, mais elle s'éloignerait encore de la représentation non équivoque du même fait sur d'autres monuments de l'art [7]. Ensuite la substitution de Chryséis ou de Briséis à Nestor que présente un des vases parait invraisemblable; la présence de cette dernière sur d'autres monuments [8], si elle était avérée [9], justifierait difficilement encore la place d'honneur qu'elle occuperait dans cette scène.

J'ai eu plus d'une fois déjà l'occasion de signaler la reproduction par les céramographes de sujets représentés sur le coffre de Cypsélus ou sur le trône d'Amyclées. Nous pourrions bien en rencontrer ici un nouvel exemple. Selon Pausanias [10], on voyait sur le dernier de ces monuments Adraste et Tydée mettant fin au combat entre Amphiaraüs et Lycurgue, fils de Pronax. Stace [11] raconte en effet qu'après la mort d'Archémore, le roi de Némée dans un accès de colère et de désespoir voulut percer de son glaive Hypsipyle, l'accusant d'être la cause de cette mort, mais que Tydée la couvrit de son bouclier. Il y a contradiction entre ces deux écrivains relativement au nom de l'adversaire de Lycurgue. On a taxé le premier d'erreur et préféré le témoignage du second [12], par la raison que le rôle de conciliateur rentre mieux dans le caractère d'Amphiaraüs. Tout en reconnaissant la justesse du motif sur lequel ce jugement se fonde, je ne puis me décider pourtant à y souscrire. Amphiaraüs n'était pas

---

(1) Tischbein, Vases, 1, 25. Millin, Galer. myth. CL, 572. Dubois-Maisonneuve, Introduction à l'étude des vases, pl. XV. Guigniaut, Relig. de l'ant. CCXXVII, 787.

(2) Boeckh, Corp. Insc. Gr. 1, 5.

(3) L. c. p. 4, sv. Cf. Ibid., p. 6.

(4) Annal. dell' Inst. arch. III. p. 154, n. 409. Cf. Welcker, Ibid. XVII, p. 142, n. 1.

(5) Vs. 121, sqq.

(6) A catalog. of vas. in the Brit. mus. p. 156.

(7) Tab. iliac. chez Guigniaut. l. c. CCXXII, 775. Cf. Les dessins du mst. d'Homère de Milan chez Inghirami, G. O. 1, 24. 25.

(8) Bas-relief d'un sarcophage du Capitole. Mus. Capitol, IV, 1.

Piranesi, Antich. Rom. II, 53. Montfaucon, Ant. expl. V. pl. 91. Un autre dans le musée du Louvre chez Winckelmann, Mon. ined. 124 et chez Clarac, Mus. de sculpt. III, 339.

(9) O. Jahn (Arch. Beitræge, p. 366, sqq.) rapporte, avec beaucoup de vraisemblance, ces bas-reliefs au sujet d'Achille chez Lycomède.

(10) III, 18, 12 : Ἄδραστος δὲ καὶ Τυδεὺς Ἀμφιάραον καὶ Λυκοῦργον τὸν Πρώνακτος μάχης καταπαύουσιν.

(11) Theb. V, 660, sqq.

(12) Welcker Schulzeit. 1832. II, p. 139. Episch. Cycl. II, p. 354. O. Jahn, Arch. Aufzaetze. S. 158. Cf. Overbeck, Her. Gall. p. 114.

pour voir la représentation de ce récit sur notre amphore, on a besoin d'admettre que l'artiste, usant d'une prolepse, a fait sortir du palais, avec le roi leur père, Déipyle et Argia qui interviennent pour réconcilier ceux qui leur sont destinés pour époux. Ensuite, le costume d'Adraste, on doit l'avouer, ne convient guère dans cette circonstance.

J'en étais là pour l'interprétation de cette composition, lorsque furent publiés trois vases peints du musée britannique [1], représentant évidemment, quoiqu'avec des variantes, le même sujet que le vase de Leide, et provenant comme lui des fouilles de l'Étrurie. En présence de ces monuments je n'ai pas conservé et ne conserve pas de doute que la restauration en question sur ce dernier vase ne soit plus étendue qu'elle le paraît, et que les deux figures de jeunes filles n'aient été primitivement des éphèbes et ne doivent être considérées comme tels. La première des peintures du musée britannique [2] fait voir deux guerriers barbus, qui veulent se jeter l'un sur l'autre. Ils tiennent leurs glaives de la main droite et le fourreau de la gauche; ils sont vêtus de manteaux, ont la tête nue et les pieds chaussés de bottines. D'un côté deux personnages barbus les retiennent fortement par le bras gauche; de l'autre deux éphèbes les ont saisis au bras droit et les repoussent aussi de toutes leurs forces. Au centre du tableau une femme accourt éplorée et étendant les deux bras dans le but d'arrêter l'impétuosité des deux adversaires. Au-dessous des anses de la coupe, on remarque d'un côté un casque et un bouclier, de l'autre une paire de cnémides. Le nombre des personnages de la seconde peinture [3] est le même que celui de la première; mais à la place de la femme se voit au milieu de la composition, comme sur notre vase, un guerrier barbu, casqué et vêtu d'une chlamyde légère. Les six autres figures sont complètement nues et quatre ont la tête ceinte d'une couronne. Les adversaires, barbus tous les deux, tiennent l'épée nue, l'un de la main gauche, l'autre de la droite, et étendent l'autre bras en avant dans l'intention d'écarter le personnage casqué qui intervient pour les réconcilier. Deux éphèbes debout derrière eux, par conséquent aux extrémités du tableau, les prennent par le poignet et s'efforcent de leur arracher leurs épées. Deux autres éphèbes placés devant eux, leur passent les bras autour des reins et les empêchent d'avancer; ces éphèbes se penchent tellement que leurs têtes sont cachées par les corps des combattants. La troisième peinture [4] se distingue des précédentes en ce qu'elle est à figures noires, tandis que les autres sont à figures rouges. Le milieu du tableau est occupé par un homme barbu portant une légère chlamyde et un pétase; il se précipite, les bras étendus, entre les deux adversaires pour les séparer. Celui à gauche du spectateur est barbu et sans aucun vêtement; d'une main il brandit son glaive au-dessus de sa tête et porte en avant l'autre main dans laquelle il tient le fourreau. Derrière lui se voient deux autres personnages : l'un entièrement nu, l'étreint dans ses bras pour l'arrêter, l'autre vêtu d'une chlamyde, empoigne le bras armé du glaive. L'adversaire de droite a également derrière lui deux personnages : l'un nu, le retient en lui passant les bras autour du corps, l'autre barbu et ayant une pièce d'étoffe nouée autour des reins, s'est saisi du bras et de la main qui tient le glaive.

M. Birch a rapproché avec raison des trois peintures qu'il a publiées, celle d'un autre vase qui n'est, selon toute vraisemblance, qu'une abréviation du même sujet. Ce vase à figures jaunes, connu depuis

---

[1] S. Birch, *Descript. of a fictile vase from Vulci*. London, 1847.
[2] Birch, *l. c.* pl. IX. Cette peinture orne l'un des côtés extérieurs d'une coupe dont il a été question ci-dessus, p. 10.
[3] *Ibid.*, pl. X. C'est également la peinture d'un des côtés extérieurs d'une coupe, dont l'autre côté montre la poursuite de Troïlus par Achille.
[4] *Ibid.*, pl. XII. Cette peinture décore une hydrie; au-dessus se voit une représentation bachique.

vraisemblance, au même sujet une autre peinture de Vulci, à figures rouges, qui décore le côté principal d'un cratère [1]. Le nombre des figures est réduit à trois, à savoir les deux ennemis tenant chacun l'épée d'une main et le fourreau de l'autre, et le personnage plus âgé qui intervient dans un but de conciliation; tous les trois sont barbus et vêtus de longs manteaux.

Sur le revers de notre amphore on voit Bacchus entre deux ménades. Le dieu barbu et couronné de lierre tient le canthare de la main droite et un cep de vigne de la gauche; il est vêtu d'une tunique et d'un péplus. L'une des ménades est munie d'un thyrse, l'autre relève un bout de son péplus au-dessus de l'épaule droite. Les rapports que l'on cherche à établir entre les diverses peintures d'un même vase sont, je le sais, souvent arbitraires. Cela ne m'empêchera pourtant pas de faire remarquer que l'hydrie du musée britannique, comme l'amphore de Leide, offre une scène bachique associée à celle du combat de Lycurgue et d'Amphiaraüs et que sur le vase d'Archémore, Dionysus figure comme divinité protectrice d'Hypsipyle et de sa famille [2].

[1] Voy. Brönsted, Description of 32 anc. gr. paint. vases, n° 25, p. 50, svv.

[2] Voy. Gerhard, Archemoros, etc. S. 261. Overbeck, Her. Gal. I. S. 118.

dans cette occurence le provocateur; après avoir excusé Hypsipyle auprès d'Eurydice [1], il a pu mettre l'épée à la main pour défendre les jours de cette malheureuse contre la fureur du roi de Némée. Le sage et prudent devin avait d'ailleurs ses moments d'emportement : le coffre de Cypsélus le représentait tirant le glaive pour en percer Ériphyle son épouse [2]. Il n'y a rien d'invraisemblable à ce que l'auteur des compositions qui ornaient le trône d'Amyclées ait suivi une version différente de celle de Stace.

Si nous appliquons cette aventure de l'expédition des sept chefs coalisés contre Thèbes à la série des peintures qui nous occupent, il faudra reconnaître Adraste dans le guerrier du milieu et deux ou quatre des autres chefs dans les personnages qui interviennent pour séparer les combattants. La femme que l'on voit sur une des coupes du musée britannique devra être prise pour Eurydice, femme de Lycurgue, ou pour Hypsipyle à l'occasion de laquelle la rixe s'est élevée. Si cette dernière hypothèse était fondée, les deux personnages plus jeunes que les autres qui se précipitent au-devant des adversaires et les étreignent dans leurs bras, pourraient être Eunée et Thoas, les fils d'Hypsipyle. Ces jeunes gens figurent, comme on sait, dans la scène représentée sur le vase d'Archémore.

Il se présente cependant, je l'avoue, des objections contre cette explication. En premier lieu Pausanias parle de deux personnes qui mettent fin au combat, tandis que, si la composition du trône d'Amyclées avait été disposée comme celles des vases, il aurait dû nommer soit trois soit cinq témoins, ou n'en citer qu'un seul, celui du milieu. A moins qu'on ne veuille supposer que sur cet ancien monument de sculpture le centre de la représentation fût occupé par Eurydice ou par Hypsipyle, dont le périégète n'aurait pas fait mention. Ensuite la pose et les mouvements des deux éphèbes accusent chez eux une vivacité de sentiments qui se comprend difficilement chez les fils d'Hypsipyle envers l'un des libérateurs de leur mère ou chez de jeunes chefs grecs envers l'un de leurs compagnons d'armes. On les croirait plutôt unis aux combattants par les liens du sang ou du moins de l'affection la plus étroite.

Après la rédaction des pages qui précèdent, j'ai reçu de M. Otto Jahn un mémoire de sa composition sur les peintures publiées par M. Birch [3]. L'auteur s'est arrêté pour leur explication au même sujet que moi, mais il le propose avec beaucoup plus d'assurance, et je me plais à reconnaître que si notre opinion commune obtient l'approbation des archéologues ce sera surtout grâce au savoir et au talent avec lesquels il l'a établie. Comme on pouvait s'y attendre [4], M. Jahn voit dans Tydée l'adversaire de Lycurgue. Il n'a pas eu connaissance du vase de Leide, mais en revanche, il publie (Taf. III) une œnochoé inédite à figures noires, du musée royal de Munich, qui m'était restée inconnue. Les personnages de cette peinture son tous nus et, à l'exception de l'un des combattants, tous imberbes. On retrouve au centre de la composition, celui qui se jette, les bras étendus, entre les adversaires pour les séparer; on retrouve également les deux éphèbes qui leur passent les bras autour du corps, mais ils sont placés derrière eux comme sur l'hydrie du même style du musée britannique. Enfin on voit derrière le combattant de droite qui brandit d'une main son glaive au-dessus de sa tête, un personnage qui saisit cette main et la retient. Le personnage qui aurait dû faire son pendant du côté opposé a été omis faute d'espace. Le savant archéologue de Leipsic rapporte encore, avec beaucoup de

---

[1] Comme on le voit sur la grande amphore de Ruvo représentant Archémore, *Nouvelles annales de l'instit. archéolog.* pl. V. Gerhard, *Archemoros u. die Hesperid.* Taf. I (*Abh. der Berl. Akad. v. Jahr.* 1836).

[2] Pausan. V, 17, 8.

[3] *Ueber einige Vasenbilder, welche sich auf die Sage vom Zug der Sieben gegen Theben beziehen.* Extrait des *Berichte der Sächs. Gesellschaft der Wissenschaften.* 26 Febr. 1855, p. 21, ff.

[4] Voy. ci-dessus, p. 55, not. 12.

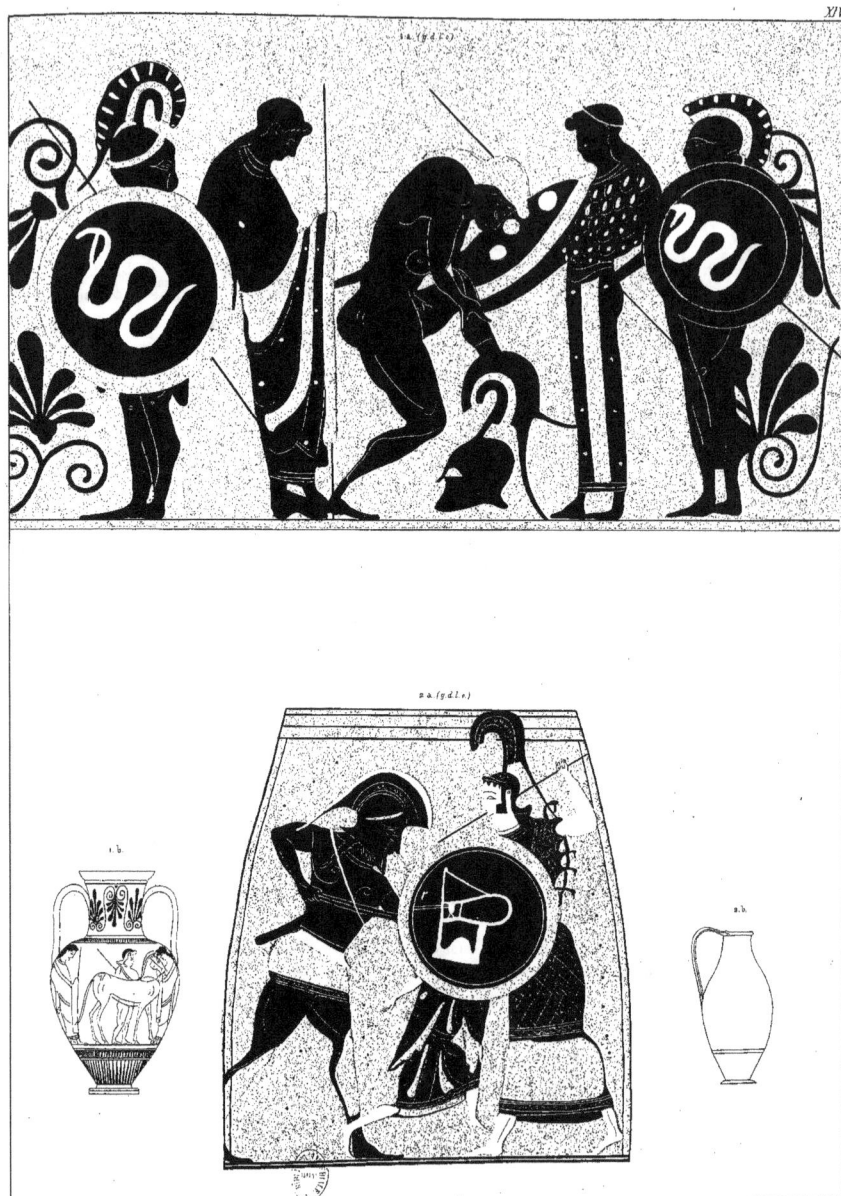

PLANCHE XIV.

1. L'ARMEMENT D'ACHILLE. — 2. CASSANDRE POURSUIVIE PAR AJAX.

1. A la nouvelle de la mort de Patrocle, Achille oubliant ses ressentiments contre les Grecs promit vengeance aux mânes de son ami [1]. Mais il se trouvait privé de ses armes; car il les avait prêtées à Patrocle et elles étaient tombées au pouvoir d'Hector [2]. Thétis, sa mère, s'empressa d'en faire fabriquer d'autres par Vulcain [3] et les apporta à son fils [4]. Le moment où le héros est occupé à s'en revêtir a été choisi par l'auteur de la composition que je publie (pl. XIV, 1) et qui orne une des faces d'une amphore de Vulci. Achille, entièrement nu et l'épée au côté, attache une cnémide à sa jambe gauche qu'il tient levée; celle de la jambe droite est déjà fixée. Un casque à haut cimier est posé à terre près de lui. Vis-à-vis du héros une femme, Thétis elle-même, porte dans la main droite une lance et de l'autre présente à son fils un bouclier sur lequel on remarque trois globules. Le vêtement de la déesse consiste en une tunique longue et étroite et en une cuirasse couverte d'écailles [5]. Une néréide de ses suivantes est debout derrière le guerrier grec et tient en main une seconde lance. Aux extrémités du tableau se voient deux oplites que les serpents figurés sur leurs boucliers pourraient faire prendre pour Ajax [6] et Ménélas [7], mais que je préfère considérer comme deux soldats de l'escorte d'Achille. Leur attitude indique que toute la troupe des Myrmidons, dont ils sont les représentants, n'attend plus que son chef pour marcher au combat.

La scène de l'armement d'Achille en présence de sa mère se rencontre assez fréquemment sur les monuments figurés. Telle est une amphore de la collection du prince de Canino [8], de style archaïque, comme celle de Leide, mais d'un dessin plus correct et d'une exécution plus soignée. Achille y est représenté barbu; à part ce détail, la figure et l'attitude du héros sont les mêmes sur les deux vases. Thétis, placée en face de son fils, tient dans la main droite deux lances et dans la gauche un bouclier

---

[1] Homer. *Il.* XVIII, 90, sqq.
[2] *Ibid.* 82, sqq. Cf. 130, sqq.
[3] *Ibid.* 369, sqq.
[4] *Iliad.* XIX, 10-18.
[5] Je ne me rappelle pas avoir vu ailleurs cette cuirasse donnée à Thétis; mais M. Schulze avance l'avoir rencontrée sur d'autres vases peints et sur des miroirs étrusques. Voy. *Bulletino dell' Instit. arch.* 1842, p. 67.

[6] Voy. *Bulletino dell' Instituto archeologico* 1842, p. 62. Sur un vase de Vulci où Ajax emporte le corps inanimé d'Achille, le bouclier du premier est orné de deux serpents et celui du fils de Thétis de trois globules, De Witte, *Catalogue Durand*, n° 405.
[7] Pausan. X, 26, 3.
[8] Publié par Micali, *Storia degli ant. popoli ital.* Tav. 88, 1. 2; chez Overbeck, *Her. Gallerie.* Taf. XVIII, 4.

ayant pour emblème un trépied; elle est vêtue d'une tunique longue et d'un léger péplus chargés de broderies. Du côté opposé on voit un oplite qui s'éloigne en se retournant vers Achille; il est armé d'une double lance et d'un grand bouclier rond, au milieu duquel est peinte la partie antérieure d'une panthère. Le tableau se borne à ces trois personnages. Sur la peinture archaïque d'une amphore de la collection Feoli [1], ne se composant également que de trois figures, une néréide remplace l'oplite. Achille est occupé à attacher ses cnémides; le casque et le bouclier sont déposés à terre devant lui; Thétis n'a plus en main que la lance. Un beau vase à figures rouges du musée de Naples [2] ne montre qu'Achille et sa mère; mais dans une région supérieure à ce groupe le peintre a placé la Victoire assise et tenant dans les mains une bandelette, pronostic des succès que les armes divines doivent procurer au guerrier. Le fils de Thétis vêtu d'une chlamyde légère que le vent agite sur ses épaules a déjà mis le casque et la cnémide de la jambe droite; il pose le pied gauche sur un cippe pour attacher l'autre cnémide sur cette jambe. La déesse a dans une main la lance, dans l'autre l'épée avec son fourreau. La table iliaque [3] et plusieurs pierres gravées montrent Achille soit en présence de sa mère [4], soit seul [5], également occupé à revêtir l'armure divine en commençant par les cnémides. Toute la série des monuments précités présente le fils de Thétis dans la même attitude : on est donc autorisé à conclure que c'était un type arrêté pour la représentation de l'armement de ce héros; car c'est exceptionnellement que nous voyons dans ses mains une autre pièce de son armure [6]. Mais ce type n'est pas resté exclusivement propre à Achille : on l'a appliqué à d'autres personnages dans des situations analogues. Ainsi nous rencontrons sur un vase peint de la collection Durand [7] le groupe d'un guerrier et d'une femme parfaitement identique avec celui de Thétis et de son fils sur l'amphore de Leide : des inscriptions leur donnent les noms de *Démodocus* et d'*Hippolyté*; et il me paraît très-douteux que l'on puisse expliquer par Achille entre sa mère et Phénix le groupe semblable sur un vase du duc de Luynes [8]. Du reste, d'autres vases encore représentent des guerriers s'armant de cnémides [9].

La peinture du revers de notre amphore (1 *b*) offre un sujet en rapport avec celui du côté principal : c'est le départ d'un guerrier. Au centre de la composition se remarque un cheval près duquel est un homme nu, armé d'une lance; le cordon que l'on aperçoit sur sa poitrine et qui passe sur l'épaule droite ainsi que sous le bras gauche sert à suspendre son épée. En face du cheval se tient debout une femme vêtue d'une tunique et d'un péplus; à l'extrémité opposée est une autre femme s'appuyant sur un long bâton. Ce sont probablement la femme et la mère de celui qui part. Je ne m'aventurerai pas à désigner nominativement ces personnages, parce que trop de noms pourraient leur être appliqués avec une égale vraisemblance et sans certitude aucune.

2. Le petit *prochus* de Vulci figuré sur la même planche (2 *a b*) nous montre à droite Athéné,

---

[1] CAMPANARI, *Vasi di Feoli*, n° 7.
[2] RAOUL-ROCHETTE, *Monuments inédits*, etc., pl. XVI, p. 85. OVERBECK, *l. c.*, n° 7.
[3] Chez MILLIN, *Galerie myth.* CL, 43.
[4] INGHIRAMI, *Galeria Omer.* II, 175. OVERBECK, *l. c.*, n° 10.
[5] INGHIRAMI. *l. c.*, n° 183 (OVERBECK, *l. c.*, n° 13) avec l'inscription Αχιλς et n° 184.
[6] Il revêt la cuirasse sur deux vases publiés, l'un par MILLIN, *Peintures de vases*, I, 59. Cf. RAOUL-ROCHETTE, *ouv. c.*, p. 82; l'autre par MICALI, *ouv. c.* Tav. 82, 1. 2. Voy. des pierres gravées chez TOELKEN, *Erkl. Verzeichniss der ant. Steine der k. Preuss. Gemmen-Samml.* p. 286.
[7] Chez GERHARD, *Aus. Vas.* III, XC.
[8] *Description de vases peints*, etc. pl. XII, p. 107. Cf. DE WITTE, *Catal. étrusque*, p. 95. La même incertitude existe par rapport au guerrier qui s'attache les cnémides en présence d'une femme sur un vase de la collection Jatta à Naples. Voy. *Bullet. dell' Instit. arch.* 1856, p. 115.
[9] GERHARD, *Auserl. Vas.* III, CCXXV; PANOFKA, *Antiques du cabinet du comte Pourtalès*, pl. VIII.

La poursuite de Cassandre par Ajax ne se rencontre pas seulement sur les peintures à figures noires; on la trouve aussi sur les vases peints à figures rouges [1]. Ces derniers nous montrent la statue de la déesse élevée sur une colonne, sur un autel ou sur une base à plusieurs gradins, conformément à la lettre de la tradition rapportée plus haut. Notre peinture au contraire et toutes celles du même style, ne laissent voir aucune trace d'autel; on dirait qu'on a devant les yeux, non pas la statue de la déesse, mais Athéné en personne, protégeant de son bouclier et de sa lance la jeune suppliante. Ces peintures archaïques sont vraisemblablement des imitations de la représentation du coffre de Cypsélus. Le vers rapporté par Pausanias et transcrit ci-dessus est favorable plutôt qu'il ne s'oppose à cette opinion. Mais il résulte de la relation du périégète [2], qu'il a pris la figure de Minerve pour la statue et non pour la personne de la déesse. Une circonstance prouve d'ailleurs que le groupe central de toutes ces compositions provient d'un type unique : par l'effet de l'incapacité [3] de l'auteur de l'original, Cassandre y est représentée si petite de taille qu'elle paraît une enfant.

La princesse troyenne porte exceptionnellement sur notre vase, une tunique longue et un péplus, tandis que sur les autres vases, son vêtement consiste en une tunique courte ou en un léger péplus.

Albergotti chez Passeri, III, 294, dans l'*Arch. Zeit.* Taf. XIV, 1 et dans l'*Heroisch Galler.* XXVII, 3; et le vase Durand chez Raoul-Rochette, *l. c.* pl. LX, dans l'*Arch. Zeit.* XIV, 2, et dans l'*Her. Gal.* XXVII, 4.

[1] Voy. Gerhard, *Aus. Vas.* III, p. 148, not. 49, et *Arch. Zeit.* 1848, n°ˢ 14 et 15. Voy. encore Overbeck, *l. c.* p. 639, ff.

[2] Πεποίηται δὲ καὶ Κασσάνδραν ἀπὸ τοῦ ἀγάλματος Αἴας τῆς Ἀθηνᾶς ἕλκων.

[3] Voy. ci-dessus, p. 36, not. 1. Je suis charmé de me rencontrer sur ce point avec M. Overbeck, *l. c.*, p. 647.

PLANCHE XIV.

le casque en tête et la poitrine couverte de l'égide bordée de serpents; elle brandit sa lance de la main droite et tient dans la gauche un grand bouclier rond, ayant pour emblème la partie antérieure d'un char. Du côté opposé un oplite menace de son épée une jeune fille, qui se trouve en partie cachée derrière le bouclier de la déesse. Les inscriptions d'une amphore de la même provenance, conservée au musée de Berlin [1], ne laissent aucun doute relativement au sens qu'il faut donner à notre composition. On voit sur cette amphore Cassandre, ΚΑΤΑΝΔρα (rétrograde), à genoux aux pieds d'Athéné, ΑΘΕΝΑΙΑ. La déesse protège la suppliante de son grand bouclier rond, au sommet duquel est perchée la chouette, ΓΛΑΥΧΣ, et semble vibrer sa lance contre Ajax, Αἴας, qui s'avance l'épée nue à la main. Un guerrier troyen nommé Scamandrophile, ΣΚΑΜΑΝΔΡΟΦΙΛΟΣ (rétrograde), et placé derrière Minerve s'éloigne du côté opposé. Derrière Ajax se trouvent un enfant et une femme; l'un est appelé Antiloque, ΑΝΤΙΛΟΧΟΣ, l'autre Polyxène, ΠΟΛΥΧΣΕΝΕ. Les deux vases représentent donc une scène du sac de Troie. Selon le récit d'Arctinus [2], suivi par d'autres poètes [3], Cassandre fuyant Ajax, le Locrien, chercha un refuge dans le temple de Minerve; le fils d'Oilée s'y précipita sur ses pas et en voulant l'arracher de ce lieu renversa la statue de la déesse qu'elle tenait embrassée [4]. Cet événement attira de bonne heure l'attention des artistes; il avait été gravé sur le coffre de Cypsélus [5] avec ce vers pour légende :

$$\text{Αἴας Κασσάνδραν ἀπ' Ἀθηναίας Λοκρὸς ἕλκει.}$$

Sept autres vases [6], de style archaïque comme les précédents, offrent le même sujet. De ce nombre un seul ne présente, comme le nôtre, que le groupe central [7]. Sur un second on voit à droite de Minerve un personnage barbu, pris pour Mercure [8] dont il a les bottines et le caducée, mais qui pourrait être simplement un héraut [9]. Je ne saurais rien dire d'un troisième qui n'a pas été décrit [10]. Les noms qui se lisent sur l'amphore de Berlin ne nous apprennent rien de positif sur les motifs de la présence ni de ceux qui les portent, ni des personnages secondaires du tableau sur les autres vases. Il semble que l'artiste en y plaçant ces personnages a eu l'intention d'indiquer les circonstances dans lesquelles la scène se passe [11]. Plusieurs d'entr'eux étaient venus probablement chercher un asile dans le temple de Minerve.

---

(1) Elle a été publiée par M. Gerhard, *Etrusk. und Kamp. Vas.* Taf. XXII.

(2) Chez Procl. *Excerpt.* Κασσάνδραν δὲ Αἴας Ὀιλέως πρὸς βίαν ἀποσπῶν συνεφέλκεται τὸ τῆς Ἀθηνᾶς ξόανον.

(3) Lesches d'après lequel Polygnote a peint ce sujet, Pausan. X, 26, 3. Cf. Welcker, *Griech. Tragoed.* I, p. 163; Stésichore, *Tab. iliac.* chez Millin, *Galerie myth.* CL, 338, n° 102, 103; probablement aussi Sophocle dans son Αἴας Λοκρός. Voy. Welcker, *l. c.*, p. 164; Ecripide, *Troad.* 69, sq.; Virgile, *Æn.* II, 403. Cf. Les observations de Heyne. *Excurs.* X, p. 429. ed. Wagner. Ils ont été suivis à leur tour par Hygin. *Fab.* 116. Philostrat. *Heroic.* VIII, 2. Dictys, IV, 12.

(4) La version relative à la violence faite à la princesse troyenne dans le sanctuaire même de la déesse est une invention des poètes postérieurs (Callimach. ap. Schol. *Il.* XIII, 64. Q. Smyrn. XIII, 422. Tryphiod. 647. Cf. Tzetzes *ad* Lycophr. 365, et 364. Müller, et Welcker, *l. c.*, p. 164, sq.); elle ne se trouve représentée que sur quelques monuments, principalement sur des pierres gravées. Voy. Montfaucon, *Ant. expliquée*, I, pl. 83, n° 4. Winckelmann, *Pierres gravées de Stosch*, p. 593, n° 337.

(5) Pausan. V, 19, 5.

(6) Voy. Gerhard, *Aus. Vas.* III, p. 147, not. 48. J'ajouterai que M. Overbeck vient de signaler, sans toutefois les décrire, trois autres vases existant chez des particuliers à Berlin. Voy. *Heroische Gallerie*, p. 658.

(7) De Witte, *Catalog. Durand*, n° 407. *Catalog of vas. in the British Mus.* I, n° 556.

(8) Gerhard, *Archæolog. Zeitung*, 1848, p. 211, où ce vase est publié. Taf. XIII.

(9) Le même qui amènera Ajax à la barre des rois grecs pour y répondre de son sacrilège, Pausan. I, 15, 3.

(10) Cylix citée par M. Gerhard, *Rapporto Volcente*, n° 414.

(11) Cette opinion semble être confirmée par quelques détails de plusieurs vases peints d'un style perfectionné, tels que le vase Vivenzio chez Millin, *Peintures de vases*, I, 25 et chez Creuzen-Guigniaut, *Relig. de l'antiq.* pl. 240, n° 820; celui du duc de Blacas, publié par Raoul-Rochette, *Monum. inéd.*, pl. LXVI, dans l'*Archæolog. Zeitung*, 1848. Taf. XV, 1, et maintenant de nouveau par Overbeck, *l. c.* Taf. XXVI, 7, où il est indiqué erronément comme faisant partie de la collection Durand; le vase

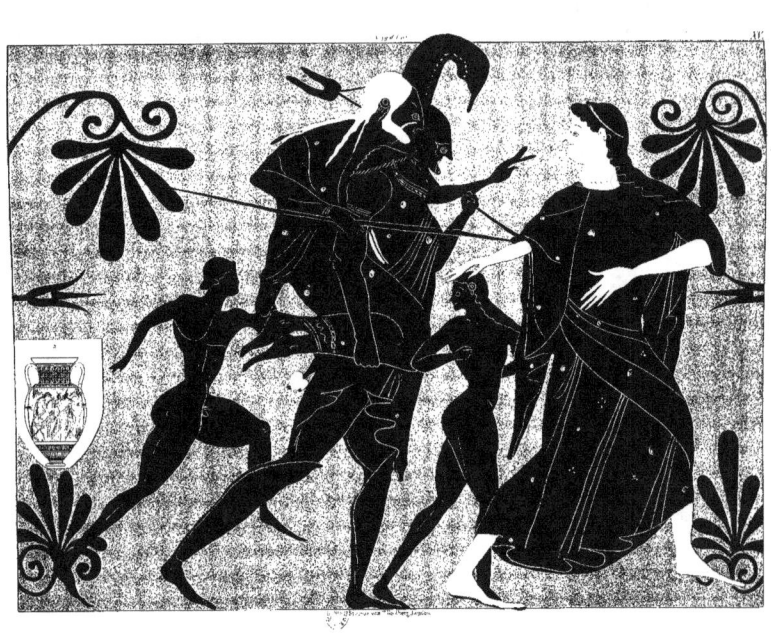

PLANCHE XV.

1. LA FUITE D'ÉNÉE — 2. LE SUPPLICE DE SISYPHE.

Suivant les données homériques, Énée ne le cède, sous le rapport de la naissance, à aucun autre héros : fils de Vénus [1], il descend par son père Anchise du maître de l'Olympe [2]. Sa piété lui a attiré la bienveillance des dieux [3] et dans plus d'un combat la protection divine sauve ses jours. Lui-même est vénéré comme un dieu par le peuple [4]. Une sourde inimitié cependant existe entre lui et le roi des Troyens [5] : c'est que la race de Priam, devenue odieuse à Jupiter, est condamnée à périr et que le sceptre doit passer au fils d'Anchise et à ses descendants [6]. Mais l'Iliade ne nous apprend pas dans quels lieux la nouvelle Troie s'élèvera. Homère avait probablement en vue le mont Ida [7], là même où, selon Arctinus, de Milet [8], Énée se retira avec les siens. Stésichore, au contraire, chantait le départ du héros à peu près comme Virgile et lui faisait conduire les Troyens en Hespérie [9]. Dans la première de ces légendes cet événement se passait avant que les Grecs ne fussent maîtres de la ville et suivait immédiatement la mort de Laocoon; la légende de Stésichore le plaçait pendant ou après la prise de Troie. La glorification d'Énée par le chantre de l'Iliade, l'importance que sa fuite a chez les poètes postérieurs et l'intérêt des villes qui faisaient remonter leur origine au prince troyen, ne pouvaient manquer d'attirer l'attention des artistes sur cet épisode de la guerre de Troie. Nous le trouvons en effet représenté sur un grand nombre de pierres gravées [10] et de médailles de lieux et de temps différents [11], ainsi que sur toute une suite de vases peints de style archaïque [12]; mais, chose remarquable, il ne s'est rencontré jusqu'ici que sur deux vases peints de style perfectionné [13].

---

[1] *Il.* V, 248. 513. XX, 105. 209.

[2] *Il.* XX, 215-240.

[3] *Ibid.* 298, sq. 347.

[4] *Il.* XI, 58.

[5] *Il.* XIII, 460, sq.

[6] *Il.* XX, 306, sqq. Cf. Klausen, *Æneas und die Penaten*, I, p. 41.

[7] Cf. Welcker, *Episch. Cycl.* II, p. 193.

[8] Ap. Procl. *Chrestom.* : Ἐπὶ δὲ τῷ τέρατι δυσφορήσαντες οἱ περὶ τὸν Αἰνείαν ὑπεξῆλθον εἰς τὴν Ἴδην. Cf. Sophocl. *Laocoon.* ap. Dionys. Hal. *Ant. Rom.* 1, 48. (Poetar. Tr. Gr. fragm. 1, p. 312, n° 352. Wagner.)

[9] D'après la *Tab. Il.* chez Guigniaut, *Relig. de l'ant.* CCXXII, 775, 148 : ΑΙΝΗΑΣ ΣΥΝ ΤΟΙΣ ΙΔΙΟΙΣ ΑΠΑΙΡΩΝ ΕΙΣ ΤΗΝ ΕΣΠΕΡΙΑΝ. Cf. Niebuhr, *Röm. Geschichte.* I, p. 191. 4° éd.

[10] Voy. Raspe, *Catal. des empreintes de Tassie*, n° 9575, svv. Toelken, *Verzeichniss*, etc., p. 300, n°' 376-378.

[11] M. Raoul-Rochette en a cité un grand nombre dans ses *Monum. inéd. d'ant. figur.*, p. 386, not. 4.

[12] On en trouve l'énumération chez Gerhard, *Aus. Vas.* III, p. 129, not. 15, et la description sommaire chez Overbeck, *Her. Galler.*, p. 637, ff.

[13] L'un est une amphore de Nola, qui de la collection Candelori a passé dans le musée de Munich; il a été publié par M. Gerhard, *Aus. Vas.* III, 217 et reproduit par Overbeck, *l. c.* Taf. XXVII : 12; l'autre est le vase Vivenzio (Millin, *Peint. de vas.* I, pl. 25).

Cette représentation n'est pas commune non plus dans les autres classes de monuments figurés; je ne puis citer, à part la Table iliaque, qu'un bas-relief de Turin [1] et une lampe de terre cuite [2].

Le musée de Leide renferme deux amphores à figures noires, provenant des fouilles de l'Étrurie et relatives à ce sujet. Au centre de l'une (Pl. XV, 1) se voit Énée qui chemine portant son père Anchise sur son dos. Le vieillard, à barbe et à cheveux blancs, vêtu d'une chlamyde et d'une tunique longue, tient dans la main droite une lance ou un sceptre et avance la main gauche en appuyant le coude sur l'épaule de son fils, qui le soutient par les jambes. Énée a pour vêtement une chlamyde et pour armure un casque, des cnémides, une épée et une double lance. En avant et en arrière de ce groupe, deux personnages nus, d'une proportion beaucoup plus petite que les autres, courent dans la même direction. Tous sont précédés par une femme vêtue d'une tunique et d'un péplus; elle se retourne vers eux et semble converser avec Anchise. Tous les autres vases à figures noires offrent le groupe central conçu à-peu-près comme nous le voyons ici; la différence dans quelques uns des détails est sans importance. On peut donc croire que c'est la reproduction d'un type fixé par un habile dessinateur. Mais cette disposition semble restée exclusivement propre aux peintures de ce style; car elle a subi une modification profonde sur le vase de Munich de style perfectionné : le vieux père d'Énée s'y voit assis sur les épaules, ou pour parler plus exactement, sur l'épaule gauche de son fils [3]. C'est du reste la pose adoptée pour les pierres gravées, pour les médailles et pour le bas-relief de Turin [4].

La conformité que je viens de signaler sur les peintures à figures noires relativement au groupe central, n'existe nullement par rapport aux personnages de la suite d'Énée. Au lieu des deux figures de petite taille, quelques vases n'en montrent qu'une seule et sur la plupart on n'en aperçoit aucune. En revanche sur plusieurs vases, au lieu d'une seule femme, on en voit deux, dont l'une précède et l'autre suit le groupe central. On remarque en outre sur trois ou quatre de ces monuments soit un vieillard en manteau, soit un oplite, soit un archer, soit un oplite et un archer réunis. Un vase n'offre que le groupe d'Énée portant Anchise. Dans les compositions où figurent deux femmes, celle qui ouvre la marche doit, selon la savante explication de M. Gerhard [5], être regardée comme Vénus; en sorte que l'évasion s'effectue non seulement sous ses auspices, mais encore sous sa conduite; sur la Table iliaque la déesse est remplacée par Mercure. La femme qui vient après le groupe central est Créuse, l'épouse d'Énée [6]; une peinture [7] la montre retournant sur ses pas, par allusion sans doute à la tradition qui la fait s'égarer et disparaître. Il ne résulte pas cependant de cette règle que dans tous les cas de la présence d'une seule femme, précédant Énée, comme sur notre vase, il faille y reconnaître Vénus; le vase de Munich à figures rouges prouve, à l'évidence, que Créuse marche parfois avant son mari [8]. On resterait même dans le vrai, je pense, en posant comme règle que sur

où le groupe d'Énée et d'Anchise figure parmi plusieurs autres groupes, représentant les principaux épisodes du sac de Troie. L'auteur de cette composition supposait donc que la fuite avait lieu après la prise de la ville.
[1] Chez M. Raoul-Rochette, l. c., pl. 76, n° 4.
[2] Chez Montfaucon, Ant. expl. T. V, pl. 198.
[3] Sophocl. l. c. : ἐπ' ὤμων πατήρ ἔχων. Virgil. Æn. II, 707 Ergo age care pater, cervici imponere nostrae; Ipse subibo humeris.
[4] Sur le vase Vivenzio Énée tient Anchise au-dessous des bras;

la Table iliaque montre le vieillard assis sur les deux épaules de son fils.
[5] Aus. Vas. III, p. 130, où, à l'appui de cette opinion, sont cités les textes suivants : Q. Smyrn. XIII, 326. Tryphiod, 651. Dion. Hal. I, 48. Virg. Æn. II, 620. 632.
[6] Virgil. Æn. II, 711. 725.
[7] L'amphore Candelori à figures noires du musée de Munich citée ci-après.
[8] En effet la femme qui, sur cette peinture, porte un sac sur la tête et tient Ascagne par la main ne peut être une déesse.

sceptre; il n'existe aucun indice de portique. La peinture d'une cinquième amphore de la même provenance que les autres, et conservée au musée britannique, paraît ressembler à la dernière [1]; Sisyphe y est coiffé d'un pétase.

Le tableau du royaume des enfers retracé sur les trois grands vases de Canose [2], de Ruvo [3] et d'Altamura dans la Lucanie [4] nous fait voir entre autres Hadès et la Junon infernale dans leur palais, et Sisyphe dans le séjour des coupables, condamnés à diverses peines par la justice des dieux. Les peintures des cinq amphores précitées peuvent être considérées comme des images abrégées du même sujet. Mais les artistes qui ont conçu les unes et les autres de ces compositions n'ont pas puisé leurs inspirations à une même source. Les peintres des vases de l'Étrurie doivent avoir eu une raison pour faire tomber leur choix sur Sisyphe plutôt que sur tout autre criminel puni dans le Tartare. Je pense qu'ils ont tiré leur sujet de la tragédie d'Eschyle, intitulée : *Sisyphe roulant son rocher*, Σίσυφος πετροκυλιστής [5]. Le titre de la pièce indique suffisamment que le supplice du fils d'Éole y était décrit. Nous apprenons d'une autre part que le poète y avait touché avec trop peu de réserve à quelques points secrets de la doctrine des mystères [6]. Il est permis de croire qu'à propos du châtiment de Sisyphe, il avait rappelé le sort bien différent qui attend, dans le royaume des morts, les initiés et ceux qui n'ont pas reçu le bienfait de l'initiation [7]. Si cette tragédie existait encore elle jeterait probablement un grand jour sur l'ensemble de chacune des peintures en question, mais les deux données qui précèdent suffisent pour nous faire comprendre qu'elle a pu suggérer aux artistes l'idée de placer dans la main de la reine des enfers des épis ou un cep de vigne, attributs qui lui appartiennent à d'autres titres : le premier en sa qualité de déesse de l'agriculture, associée à sa mère dans le culte que celle-ci recevait à Éleusis [8]; le second comme épouse du dieu des mystères, Dionysus-Bacchus ou *Liber*. Je ferai remarquer encore à l'appui de mon hypothèse sur la source de cette représentation, que les revers de deux des amphores offrent un sujet bachique.

---

[1] Voy. *Arch. Zeitung*. 1848. Beil. 7, p. 107.

[2] Millin, *Tombeaux de Canosa*, pl. III. Guigniaut, *Relig. de l'antiq.* CXLIX^bis, 555. *Arch. Zeit.* 1843. Taf. XII.

[3] *Mon. ined. dell' Instit. arch.* II. Tav. 49. *Arch. Zeit.* 1843. Taf. XI.

[4] Décrit par Minervini, *Bull. dell' Inst. arch.* 1851, p. 38, ss. Cf. *Arch. Anzeiger.* 1851, p. 89, f.

[5] Hesych. V. Θώψεις. Schol. Aristoph. *Pac.* 75. Voy. Welcker, *Trilog.* p. 550, f. Wagner, *Poet. Trag. Gr. fr.* Vol. I, p. 107, sq.

[6] Eustratius ad Aristot. *Ethic. Nic.* III, 2, p. 40 A. Δοκεῖ γὰρ Αἰσχύλος λέγειν μυστικά τινα... ἐν Σισύφῳ πετροκυλιστῇ.... ἐν γὰρ τούτοις πᾶσι περὶ Δημήτρας λέγων τῶν μυστικωτέρων περιεργότερον ἅπτεσθαι ἔοικε.

[7] *Hym. in Cerer.* 480, sq. Plat. *Phæd.*, p. 69 C. Sophocl. ap. Plut. *De aud. poet.* 4. Aristoph. *Ran.* 454, sqq. Aristid. *Eleusin.*, p. 421. Dind. Cf. Preller, *Demeter u. Persephone*, p. 234, ff. K. F. Hermann, *Gottesdienstl. Alterth.* § 52, 10. — Chez Aristoph. *Ran.* 146, sqq, les initiés sont opposés aux criminels.

[8] Voy. Preller, *ouv. c.*, p. 193, f.

toutes les peintures avec une seule femme, qu'elle précède ou qu'elle suive Énée, elle doit être prise pour l'épouse de celui-ci. Dans les compositions où il n'y a qu'une seule figure d'enfant, elle représente Ascagne : cela résulte, d'une manière non équivoque, de textes anciens [1], de l'inscription ΑΣΚΑΝΙΟΣ sur la Table iliaque, de la circonstance que le même monument, les médailles et les pierres gravées nous le font voir à la main de son père et le vase de Munich à figures rouges à la main de sa mère. L'une des deux figures d'enfant sur notre vase est conséquemment Ascagne et l'autre probablement un second fils d'Énée. Il existait en effet une tradition qui faisait sortir le prince troyen de la ville avec deux fils en bas-âge [2]. La même explication doit être étendue aux deux autres vases connus, sur lesquels figurent aussi deux figures de plus petite dimension que les autres, à savoir à l'amphore Candelori, à figures noires, du musée de Munich [3] et à l'amphore Borgia du musée de Naples [4]. Quoique les figures de cette dernière peinture soient barbues, je pense avec MM. Panofka et Gerhard [5] qu'elles ne représentent pas moins des enfants. M. Raoul-Rochette [6], à la savante et ingénieuse idée duquel je me plais à rendre hommage, tout en ne pouvant l'adopter, les prend pour deux personnages d'un ordre moins élevé, représentant la foule des Troyens qui accompagne la fuite d'Énée. J'ajouterai qu'on s'accorde à reconnaître le fidèle Achate seul, ou avec lui un autre compagnon d'Énée, dans les figures qui se remarquent extraordinairement sur quelques vases.

2. Le revers de notre amphore (pl. XV, 2) montre à droite du spectateur un homme barbu et légèrement vêtu ; se raidissant sur l'extrémité du pied droit et avançant le pied gauche, il soutient de toutes ses forces avec les deux mains un roc énorme, placé sur la pente d'une éminence : c'est Sisyphe, le plus rusé des hommes [7], qui, pour avoir révélé les secrets des dieux, était condamné dans les enfers à rouler au haut d'une montagne un rocher qui en retombait sans cesse [8]. L'artiste s'est conformé à la description d'Homère, d'après laquelle le fils d'Éole pousse cette masse en travaillant des pieds et des mains [9]. A gauche, Proserpine assise sous le portique du palais de Pluton contemple le spectacle des peines inutiles que se donne ce malheureux [10] ; elle a pour vêtement une tunique et un péplus étoilés et tient dans la main gauche un cep de vigne. Deux autres amphores de Vulci, inédites [11], offrent la répétition du même tableau, avec la seule différence qu'au lieu de branches de vigne la déesse infernale porte, sur l'une, un sceptre, sur l'autre, cinq épis avec leurs tiges, et que sur cette dernière une couronne de pampre lui ceint la tête. Une quatrième amphore [12] représentant le même sujet, se distingue des précédentes par la présence de Pluton : Sisyphe occupe le centre, à gauche est assise Proserpine avec des épis, à droite, derrière le rocher, le souverain des morts, tenant en main son

---

[1] Virg. *l. c.* 710. 723, sq. : *Dextrae se parvus Iulus Inplicuit*, etc.

[2] Incerti Auct. *Origo gent. Rom.* Cap. IX, 3, p. 61, sq. Schœter : « Nihil illum (Æneam) præter Deos Penates et patrem « duos que parvulos filios, ut quidam tradunt, ut vero alii, unum, « cui Iulo cognomen, post etiam Ascanio fuerit, secum extulisse. » Personne, que je sache, n'avait avant moi fait usage de ce texte.

[3] Chez Micali, *Monum. ined.* Tav. 88, 5. 6, et chez Gerhard. *Aus. Vas.* III, 216.

[4] Panofka, *Vasi di premio.* Tav. III. IV.

[5] Le premier, *l. l.*, p. 8 ; le second, *l. c.*, p. 129, not. 45.

[6] *Ouv. c.*, p. 386. Cette opinion est adoptée par M. Overbeck, *ouv. c.*, p. 656 et 658.

[7] Ὁ κέρδιστος ἀνδρῶν, Hom. *Il.* VI, 153.

[8] Hom. *Odyss.* XI, 593-600. Schol. *Il.* I, 180 et VI, 153. Apollod. I, 9, 3. Pausan. X, 31, 10. Lucret. III, 1,000, sqq. Lachm. Cic. *Tusc.* I, 5. Horat. *Epod.* XVII, 68, sq.

[9] *Od.*, *l. c.* 593 : Ἤτοι ὁ μὲν σκηριπτόμενος χερσίν τε ποσίν τε λᾶαν ἄνω ὤθεσκε ποτὶ λόφον. — Sur la peinture de l'intérieur d'une coupe (Gerhard, *Aus. Vas.* II. Taf. 86) Sisyphe pousse le rocher de l'épaule gauche et de la tête ; ce qui se rapproche de la description d'Apollodore, *l. c.* : πέτρον ταῖς χερσὶ καὶ τῇ κεφαλῇ κυλίων.

[10] Selon Pindare, *Thren.* IV. Fragm. 98. Boeckh, c'est Proserpine qui punit les coupables dans les enfers.

[11] La première est décrite par M. Gerhard, *Berl. ant. Bildw.* I, p. 222, n° 684 ; la seconde par M. O. Jahn. *Bull. dell' Inst. arch.* 1839, p. 22, et *Vasenb.*, p. 39.

[12] Chez Gerhard, *Aus. Vas.* II. Taf. 87.

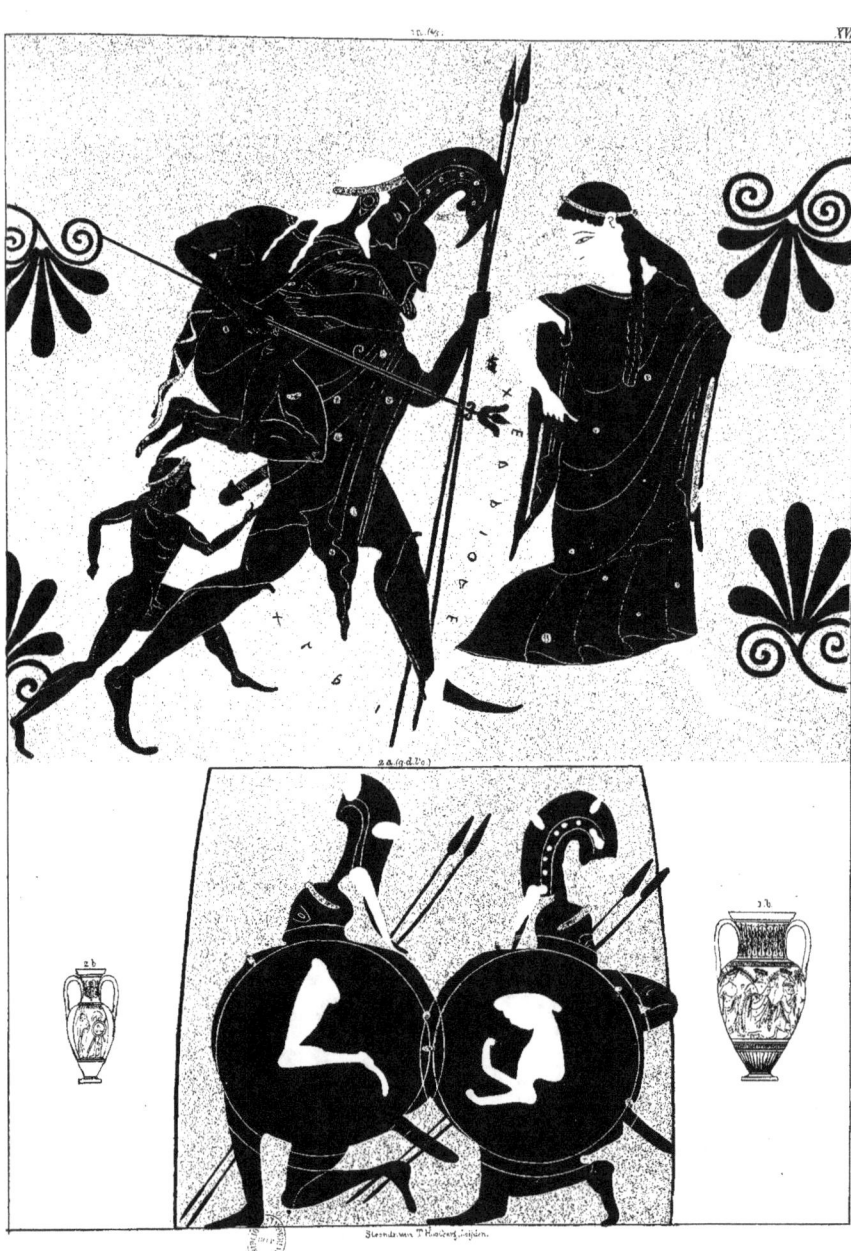

PLANCHE XVI.

1. LA FUITE D'ÉNÉE. — 2. DIOMÈDE ET ULYSSE EN EMBUSCADE.

1. La peinture que reproduit cette planche (1 *a*) est une variante du sujet que l'on voit à la planche précédente. Énée prend la fuite, emportant Anchise sur son dos. Celui-ci, reconnaissable à ses longs cheveux blancs, a pour vêtement une chlamyde; il passe le bras gauche autour du cou de son fils et tient de la main droite un sceptre, insigne de la puissance royale attachée à sa personne [1]. Énée est armé de cnémides et d'un casque dont les couvre-joues (γενειαστῆρες) sont baissées; son épée est suspendue à son côté. Il porte deux javelots dans la main gauche et de la droite il soutient son père par les jambes. Créuse, vêtue d'une tunique et d'un péplus, le précède et se retourne vers lui. Le jeune Ascagne, entièrement nu, fait tous ses efforts pour suivre ses parents. Dans le champ de la peinture est tracée une inscription illisible [2].

La peinture du revers (1 *b*) représente Dionysus entre deux bacchantes. Le dieu barbu et vêtu d'une tunique talaire, porte dans la main gauche le canthare et dans la droite des branches de lierre ou de vigne; la bacchante qui le suit est munie de crotales [3].

2. Une autre amphore de Vulci, à figures noires, dont la même planche offre un dessin, montre du côté principal (2 *a*) deux oplites armés de toutes pièces et un genou à terre dans la même direction. Sur le bouclier de l'un est peinte une jambe d'homme et sur celui de l'autre un objet indécis que j'incline à prendre pour la partie antérieure d'un animal. M. Gerhard [4] soupçonne que ces guerriers font partie de l'armée qui assiège Thèbes. Je ne devine pas bien sur quel motif se fonde cette conjecture; l'illustre archéologue de Berlin ne peut y avoir été amené par l'idée qu'ils se trouveraient sous les murs de la ville; car la manière dont ils portent leurs boucliers et leurs javelots ne convient aucunement à des assiégeants. Pour se convaincre de cette vérité il suffit de comparer notre peinture avec les bas-reliefs de quelques urnes étrusques, représentant des scènes du siège de Thèbes [5]. La pose de ces guerriers est au contraire identique avec celle dans laquelle plusieurs

---

[1] Voy. Klausen, *Æeneas u. die Penat.* I, p. 48, f.
[2] Cette amphore est décrite dans le *Musée étrusque* de Lucien Bonaparte, p. 173, n° 1890.
[3] L'objet que porte la bacchante est pris pour une coupe par M. Janssen, *Monumenten van het museum te Leijden*, p. 159, n° 1648.
[4] *Archæol. Anzeiger*, 1849, p. 87.
[5] Inghirami, *Mon. Etruschi*, I, 2. Tav. 87-89.

peintures de vases [1] nous font voir Achille en embuscade derrière la fontaine où Polyxène vient chercher de l'eau. Le sujet de notre vase est tiré, je pense, de l'épisode du dixième livre de l'Iliade, relatif à la mort de Dolon et de Rhésus, (Δολώνεια); événement que traita également la tragédie. Diomède et Ulysse, envoyés comme espions dans le camp des Troyens, rencontrent en chemin Dolon, qui va accomplir une semblable mission dans le camp des Grecs. D'après l'avis du roi d'Ithaque, ils décident de le laisser passer avant de l'attaquer, afin qu'il ne puisse pas retourner sur ses pas et se réfugier dans la ville. Pour ne pas être aperçus de lui, ils s'écartent un peu de la voie et se couchent dans un champ jonché de cadavres [2]. C'est le moment choisi par l'auteur de notre composition; mais au lieu de montrer les deux chefs grecs étendus par terre, il s'est contenté de les représenter agenouillés et se cachant derrière leurs vastes boucliers. L'un d'eux, probablement Ulysse, se retourne dans le but de voir quand le Troyen sera parvenu à une distance convenable pour se mettre à sa poursuite [3]. Le fils de Laërte, à la vérité, est ordinairement caractérisé sur les monuments figurés par le *pileus* ou bonnet des nautonniers; mais les céramographes ne se conformèrent pas toujours à cette règle : plusieurs vases [4] nous le montrent dans le costume habituel des oplites. On objectera sans doute que pour représenter la rencontre de Dolon et des deux héros grecs, il manque à ce tableau un personnage essentiel, Dolon lui-même. L'objection est très-fondée et mérite une réponse. Il y a lieu de croire que l'espion troyen figurait en effet, dans la composition originale, à droite de Diomède et Ulysse; mais l'amphore de Leide étant de petite dimension, le céramographe qui y a transporté cette composition n'a pas eu l'espace nécessaire pour la placer tout entière, et en a omis une partie, comme cela se pratiquait quelquefois en pareil cas. Du reste, le recours à l'hypothèse d'un tableau incomplet me paraît inévitable, si l'on ne veut pas laisser sans détermination cette embuscade de deux guerriers. Le moment de la rencontre de Dolon avec Diomède et Ulysse fait le sujet de deux autres peintures du même style. L'une [5] montre, au centre de la composition, l'espion troyen reconnaissable à son costume phrygien et à la peau de loup dont il s'est affublé pour se déguiser, mais dont on ne distingue que la queue; il est armé d'un bouclier et d'une lance, et se dirige à droite en regardant derrière lui. D'un côté se voit Diomède et de l'autre Ulysse, tous les deux complètement armés et marchant dans la même direction. Sur la seconde peinture [6] Dolon en costume phrygien, muni d'une lance et d'un carquois, se trouve pareillement entre Diomède et Ulysse, armés de toutes pièces. Le bouclier de l'un de ces derniers a, comme sur notre vase, une jambe pour emblème. Ces deux vases donnent aussi le casque au roi d'Ithaque.

Le revers de la même amphore de Leide (2 b) offre un guerrier armé d'un casque, d'un bouclier rond et de cnémides, en présence d'une femme vêtue d'une tunique et d'un péplus. On pourrait expliquer cette composition par une scène de départ et, si l'on voulait sortir des généralités, y voir Hector et Hécube. On remarquera cependant que le guerrier retourne la tête et a l'air aussi préoccupé

---

[1] Chez Gerhard, *Etr. u. Kamp. Vas.* Taf. XI et E, 9. 11. 12. 14. 16. *Aus. Vas.* II. Taf. 92. *Annal. dell' Inst. arch.* Tom. XXII. Tav. d'A 99. E, 1.
[2] *Il.* X, 344-350.
[3] *Ibid.* 331, sq.
[4] Voy. une amphore du prince de Canino avec l'inscription Ολυτευ chez Gerhard, *Aus. Vas.* III, 199; une coupe du duc de Luynes avec l'inscription Ολυτευς, publiée dans les *Mon. ined.*

dell' Inst. arch. II. Tav. X. A; une autre coupe du musée de Munich publiée par Gerhard, *Trinkschalen u. Gefässen*, I Taf. C. Il est à remarquer que ces deux derniers monuments représentent précisément la mort de Dolon.
[5] Chez Inghirami, *Galeria Omer.* I, 105.
[6] Chez De la Borde, *Vases du comte de Lamberg*, I, 88. Voy. Welcker dans la *Hallische allgem. Literatur-Zeitung*, 1836, I. S. 599. Cf. Overbeck, *Her. Galler.* S. 444, f.

de ce qui se passe autour de lui que de la personne avec laquelle il s'entretient. La considération de ce détail, jointe à celle du sujet représenté sur la face principale de l'amphore, me porte à croire que ce tableau reproduit une scène du Rhésus d'Euripide. Dans cette tragédie, Ulysse et Diomède, après avoir tué Dolon, mais après avoir échoué dans la tentative de trancher la tête à Hector, se disposent à regagner leur camp, quand Minerve survient et leur donne le conseil d'égorger Rhésus, arrivé la veille au secours de Troie, et d'emmener ses superbes coursiers. L'approche subite de Pâris allait compromettre cette entreprise; mais la déesse s'avance vers le guerrier troyen, sous les traits de Vénus, sa protectrice, et l'abuse par des paroles trompeuses, pendant que les chefs grecs se rendent dans la tente du roi des Thraces [1]. C'est donc Minerve et Pâris qu'il faut voir, me semble-t-il, dans les deux figures qui nous occupent. La représentation du prince troyen avec l'armure d'oplite, au lieu de son costume ordinaire d'archer phrygien, n'est pas sans exemple sur les vases peints [2]. En résumé, les deux peintures de notre amphore se rapportent à un même épisode de la guerre de Troie et font suite l'une à l'autre.

---

[1] EURIPID. *Rhes.* 594-664.
[2] Je citerai une amphore à inscriptions du musée de Munich, où l'on voit Pâris, ΠΑΡΙΣ, avec le casque, la lance, le bouclier, l'épée et les cnémides, GERHARD, *Aus. Vas.* III. Taf. 227.

PLANCHE XVII.

1. LES ÉRASTES RIVAUX. — 2. UNE COURSE DE CHARS.

1. Une passion honteuse et contre nature, l'amour des hommes pour les jeunes garçons (παιδεραστία), formait un trait caractéristique des mœurs grecques [1]. Ce vice ne prit pas naissance au sein de la corruption, il est presque aussi ancien que la civilisation hellénique [2]; il n'infecta pas une classe particulière de citoyens, il envahit la société entière, et les philosophes les plus rigides, les hommes d'État les plus illustres [3], comme les citoyens les plus obscurs, lui payèrent leur tribut. Le sentiment du beau, si vif chez cette nation, et les exercices gymnastiques contribuèrent puissamment aux développements de la pédérastie [4]; quelques législateurs d'ailleurs [5] la favorisèrent et Solon l'érigea en privilége de l'homme libre [6]. Le sentiment de l'honnêteté publique fut tellement faussé à l'égard de ces relations, qu'elles s'avouaient généralement sans aucun scrupule, et que devant les tribunaux l'on parlait d'intrigues avec des jeunes gens aussi franchement qu'on eût parlé d'intrigues avec des courtisanes [7]. Sans doute il y eut, à toutes les époques et dans tous les rangs de la société, des cœurs honnêtes pour qui cet attachement n'était qu'une amitié pure et irréprochable, un amour de l'âme (ψυχῆς ἐρᾶν) et non du corps (σώματος ἐρᾶν). Mais il y avait toujours de la sensualité au fond de cet amour platonique; car en définitive, il n'était excité que par la jeunesse et par la beauté des formes corporelles [8]. Si les auteurs anciens sont pleins d'allusions à ce vice infâme, commun du reste à plusieurs autres peuples de l'antiquité, les monuments figurés parvenus jusqu'à nous en fournissent des preuves moins équivoques encore; mais il faut les chercher au fond des musées, car des motifs de décence en interdisent la publication.

Un jeune homme était souvent recherché par plusieurs érastes ou amants; c'était même un honneur

---

[1] Les principaux écrivains qui ont traité de la pédérastie chez les Grecs sont : F. Jacobs, *Vermischte Schriften*, Th. III, p. 212-254. Van Limburg-Brouwer, *Histoire de la civilisation morale et relig. des Grecs*. T. IV. P. II, p. 224-275. A. Becker, *Charikles*, I, p. 346-377. Le premier de ces savants, par une prévention qui l'honore, s'est fait complétement illusion sur l'innocence et la pureté de cet amour; il a pris pour la règle générale ce qui semble n'avoir été malheureusement que l'exception.

[2] Voy. Welcker, *Sappho von einem hersch. Vorurtheil befreyt*, dans ses *Kleine Schriften*, II. S. 88, ff. Becker, o. c. S. 350, f.

Preller, *Die Mythologie der Knabenliebe*, dans le *Rhein. Mus. für Philol.* N. F. IV, p. 400, f.

[3] Voy. les exemples cités par Limburg-Brouwer, p. 254, svv.

[4] Cic. *Tuscul*. IV, 33. Becker. S. 354, f. Cf. O. Jahn, *Explic. inscr. vascul.*; *Zeitschr. für die Alterthumsw.*, p. 753. 1841.

[5] Voy. K. F. Hermann, *Gr. Privatalterthümer*, § 29, 19.

[6] δοῦλον μὴ παιδεραστεῖν, Plut. *Solon*. c. 1. *Erot*. c. 4.

[7] Lysias, *Adv. Sim. def.* 5, p. 191, sq. Bekker, Æschin. *Contra Timarch*. 41, sq, p. 265. 136, p. 294.

[8] Voy. Limburg-Brouwer, p. 262, svv. Becker, S. 375.

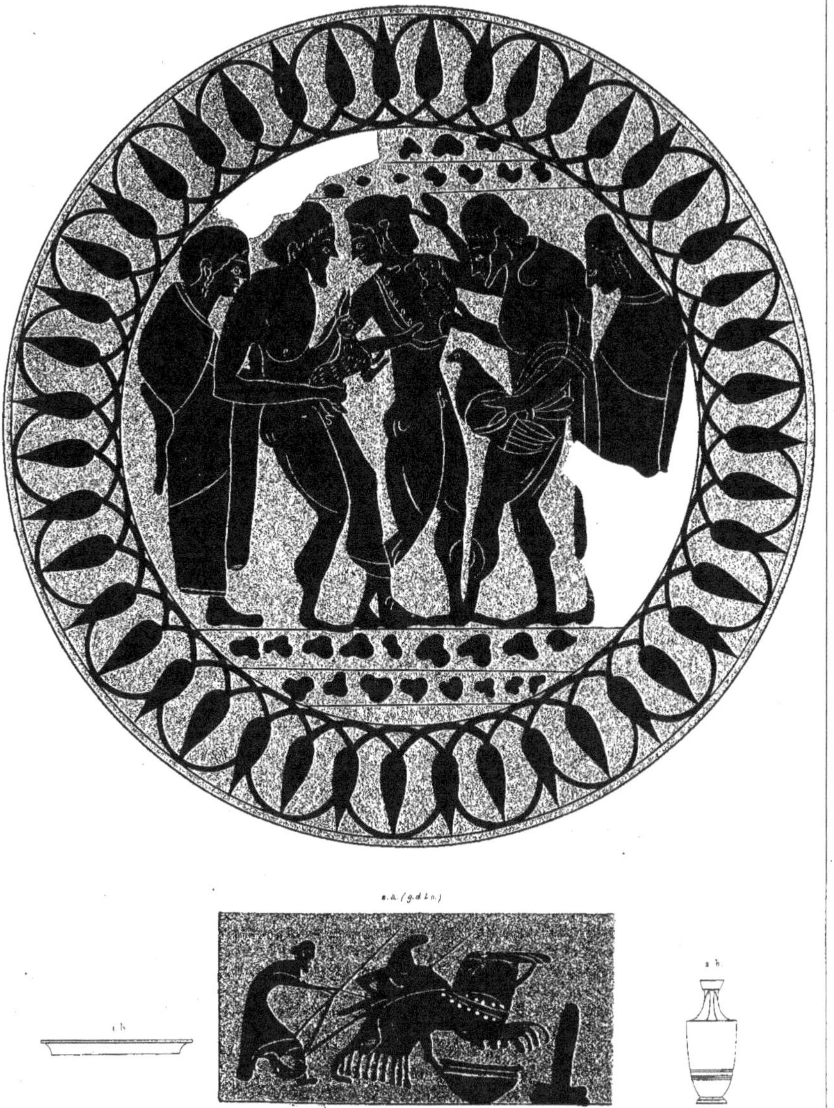

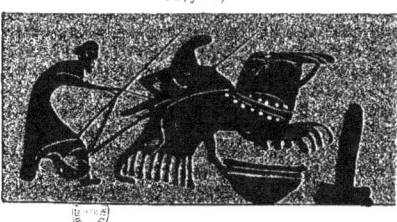
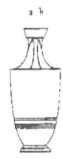

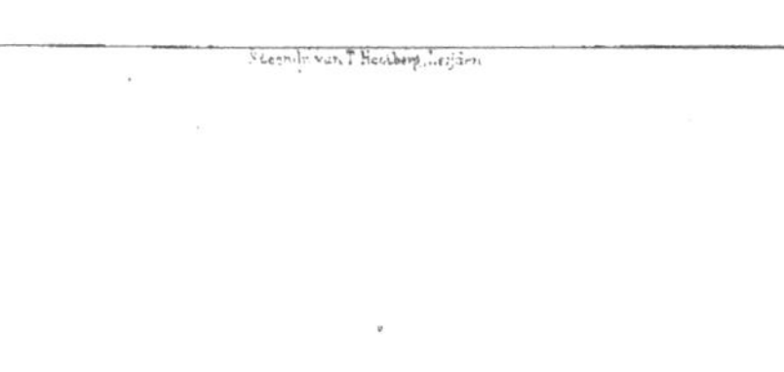

de ces peintures, je commencerai par celle de style archaïque, qui est reproduite sur notre planche XVII, 1 *a*; elle orne l'intérieur d'un petit plat (1 *b*) venu de Grèce [1]. Nous remarquons au centre de la composition un éphèbe nu, se dirigeant à droite; il se retourne et prête l'oreille aux discours d'un homme barbu et nu, placé derrière lui; celui-ci lui montre un lièvre qu'il tient par les oreilles et par les pattes. Il accompagne sans doute le don de cet animal de promesses magnifiques, car le jeune homme lève la main gauche en signe d'admiration. Mais tandis que l'éphèbe est entièrement préoccupé de cet homme, un autre personnage, également nu et barbu, debout devant lui, le pousse de la main droite afin d'attirer son attention sur le coq qu'il tient de la main gauche, et qui, d'après son dire, est un présent bien plus précieux que celui du lièvre. Nous avons donc sous les yeux le tableau de la rivalité de deux érastes qui se disputent les faveurs d'un éromène. Deux personnages, drapés dans des manteaux, assistent à cette scène. Une péliké inédite de la collection Panckoucke [2] montre des éphèbes recevant des lièvres que leur offrent des hommes barbus. Le revers d'un vase de Triptolème, au musée de Berlin [3], fait voir un homme barbu enveloppé dans un manteau sous lequel est cachée sa main droite; il appuie le bras gauche sur un bâton et tient dans la main un lièvre par les oreilles; l'éphèbe placé en face de lui et qu'il cherche à séduire par ses paroles et par l'offre de l'animal, est également enveloppé dans un manteau. Sur un tesson de vase publié par Micali [4], un éromène tient des deux mains un lièvre par les pattes; il le montre à un homme debout devant lui, mais dont on ne voit plus que le bras et la main droite, appuyée sur un bâton noueux. Sur la peinture de l'intérieur d'une coupe de Vulci, représentant un éraste et son éromène en face l'un de l'autre, celui-ci mène un lièvre en laisse [5]. Dans une composition analogue, décorant un des côtés extérieurs d'une autre coupe de Vulci [6], nous voyons aux mains de l'éromène un lièvre et un cerceau. Ce dernier objet est vraisemblablement aussi un cadeau; le jeu du cerceau (τροχὸς) était un des exercices favoris des adolescents [7]. L'éphèbe que la peinture intérieure d'une troisième coupe de la même provenance [8] nous montre drapé dans un manteau, tenant un lièvre par les oreilles et ayant un lévrier près de lui, me paraît être un éromène plutôt qu'un chasseur. Mais, parmi les monuments qui se rapportent à notre sujet, le plus curieux et le plus significatif à la fois est une amphore à peintures noires, qui a fait successivement partie des collections Durand et Magnoncour [9]. Le côté principal présente, outre un homme vêtu d'une chlamyde et dansant, trois hommes barbus et trois éphèbes, tous complètement nus. Dans le premier groupe, l'éraste tient un collier et porte la main gauche au menton de son éromène, entre les bras duquel se voit un cerf [10], sans doute le prix de sa complaisance. Dans le second groupe l'éraste porte une couronne

---

(1) Voy. JANSSEN, *Monumenten*, etc., p. 154, n° 1619.

(2) Le vase est mentionné dans l'*Élite de Mon. céramogr.* T. I, p. 314, not. 2.

(3) PANOFKA, *Museo Bartoldiano*, p. 132.

(4) *Mon. ined. a illust. della stor.*, etc. Tav. XLVI. 6.

(5) GERHARD, *Vas. und Trinksch. d. Mus. zu Berlin*. Taf. XI-XII, PANOFKA, *Die gr. Eigennamen mit* ΚΑΛΟΣ. Taf. III, 10, p. 24, où les deux figures sont expliquées par Achille et Lycomède.

(6) *Musée étrusque de* Luc. BONAPARTE, p. 99, n° 1043.

(7) ACRON ad HORAT. *Od.* III, 24, 57 : « Circulus aheneus, rotae » similis quem pueri ludentes virga ferrea circumagebant. » Cf. KRAUSE, *Gymnastik u. Agon.*, p. 318. R. ROCHETTE, *Mon. inédits*,

p. 235. CAVEDONI, *Bulletino dell' Instituto archeol.* 1842, p. 158. HERMANN, *Privatalterth.* § 23, 20. La signification érotique du trochus est indiquée par la présence de cet objet dans les mains d'Éros, soit seul (LENORMANT et DE WITTE, *Élite cér.* 1, pl. XXV.) soit avec la colombe (RAOUL-ROCHETTE, *Mon. inéd.*, pl. XLIV, 1.), avec le coq (Vase de la collection Panckoucke cité dans le *Catal. Durand*, p. 20.) ou avec le dauphin (GERHARD, *Aus. Vas.* I, 63.).

(8) *Mus. étr.* de L. BONAPARTE, p. 125, n° 1425.

(9) DE WITTE, *Cat. Durand*, n° 665. *Cat. Magn.*, n° 32, où sont indiqués d'autres détails que j'ai jugé convenable de passer sous silence.

(10) OPPIAN. *de Venatione*, II, 187, sq. Τρηχὺς δ'εἰν ἐλάφοισιν ἔρως, πολλή τ' Ἀφροδίτη, Καὶ θυμὸς ποτὶ λέκτρον ἀνοιτόμενος

d'en avoir un grand nombre [1]. De là naissaient entre ces derniers des rivalités, des inimitiés, qui aboutissaient à des rixes et dont l'influence s'étendait quelquefois aux affaires publiques. Les exemples abondent : on cite [2] la rivalité d'Aristogiton et d'Hipparque, fils de Pisistrate, qui tous deux adressaient leurs hommages à Harmodius. Ariston [3] prétend que l'inimitié de Thémistocle et d'Aristide avait sa source dans la jalousie, résultant de l'amour qu'ils portaient à un jeune homme, de l'île de Téos, nommé Stésilée. L'orateur Lysias et Simon recherchèrent concurremment les faveurs du jeune Platéen Théodote [4]. Eschine en se portant accusateur de l'immoralité de Timarque, avoue s'être lui-même battu plusieurs fois avec ses rivaux pour la possession de quelque jeune citoyen [5]. Un soldat ayant accusé Xénophon de l'avoir frappé, celui-ci lui demande si ce fut à l'occasion d'une querelle au sujet d'un jeune garçon [6].

L'opinion publique si indulgente envers les jeunes citoyens qui répondaient par sentiment à l'amour qu'on leur témoignait (οἱ ἐρώμενοι), flétrissait avec une juste sévérité ceux qui se vendaient à prix d'argent (οἱ ἡταιρηκότες, οἱ πόρνοι) [7]. Mais elle ne semble pas avoir enveloppé dans une même réprobation avec les prostitués, les jeunes garçons honnêtes (οἱ χρηστοί), comme les appelle ironiquement Aristophane [8], qui se bornaient à accepter des cadeaux. Les présents à l'aide desquels les érastes cherchaient à séduire leurs éromènes consistaient, d'après les goûts de ceux-ci, en animaux divers. A celui qui aimait les oiseaux, on offrait un paon, une oie, un porphyrion [9], une couple de colombes [10], ou un rossignol [11]. Aux amateurs des combats de cailles et de coqs, on donnait un ou plusieurs de ces oiseaux [12]. Les chasseurs recevaient des chiens de chasse [13]. On faisait présent de chevaux de prix à ceux qui les aimaient ou dont on voulait payer plus cher les faveurs [14].

L'usage de ces cadeaux, attesté par le témoignage des auteurs anciens, est confirmé, pour quelques uns, par les peintures de vases. Celles-ci nous font en outre connaître d'autres animaux ainsi que d'autres objets qui servaient habituellement de moyens de séduction. Dans la revue de quelques unes

---

(1) Corn. Nepos, Praef. § 4. « Laudi in Græcia ducitur adolescentibus quam plurimos habere amatores. » Cic. ap Serv. ad Æn. X, 325 : « Opprobrio fuisse adolescentibus, si amatores non haberent. »

(2) Thucydid. VI, 54. Aristot. Polit. V, 10, 8. Ælian. Var. Hist. VIII, 2.

(3) Ap. Plut. Themist. 3 et Aristid. 2.

(4) Lysias, Adv. Simon def. 5, p. 194.

(5) Contr. Timarch. 136, p. 294.

(6) Anabas. V, 8, 4.

(7) Æschin. Cont. Tim. 137, p. 294. Une loi athénienne privait de plusieurs droits politiques celui qui s'était prostitué, Arg. Demosth. F. leg, p. 338. Æschin., l. c. 21, p. 256. Cf. Lelyveld, de infamia jure attico, p. 25. Hermann, ouv. c. § 29, 22.

(8) Plut. 153-159.

(9) Aristophan., Avib. 705, sqq. Πολλοὺς δὲ καλοὺς ἀπομωκότας παῖδας πρὸς τέρμασιν ὥρας διὰ τὴν ἰσχὺν τὴν ἡμετέραν διεμήρισαν ἄνδρες ἐρασταί, Ὁ μὲν ὄρτυγα δοὺς, ὁ δὲ πορφυρίων', ὁ δὲ χῆν', ὁ δὲ Περσικὸν ὄρνιν. Sur un bas-relief de la collection Townlei (Millin, Gal. Myth. XLV, 199) on remarque près d'un Amour une oie, près d'un autre Amour un paon. Le premier de ces oiseaux était consacré à Vénus. Joh. Lyd. De mensib. IV, 44. p. 79. Bekker.

(10) Petron. Satyr. c. 85. « Si ego hunc puerum basiavero, ita « ut ille non sentiat eras illi par columbarum donabo. » Ovid. Metam. XIII, 883. Cf. Engel, Cypros, II, p. 184, ff.

(11) Voy. Dion Chrysostôme à l'endroit cité ci-après.

(12) Petron. Satyr. g. 86. « Si hunc, inquam, tractavero improba » manu, et ille non senserit, gallos gallinaceos pugnacissimos » duos donabo patienti. » Aristoph. Avib., l. c. Dion Chrysost. Orat. LXVI, 11, p. 702. Emper. ὥστε τοὺς γε φιλόπαιδας καὶ σφόδρα οἶμαι μακαρίζειν αὐτοὺς τοῖς φιλοδόξοις παραβάλλοντας, ὅταν αὐτοὶ μὲν ὄρτυγας ξυντιῶσιν ἢ ἀλεκτρυόνα ἢ ᾀηδόνιον κ. τ. λ.

(13) Aristoph. Plut. 157. Ὁ μὲν ἵππον ἀγαθὸν, ὁ δὲ κύνας θηρευτικάς. Je suis disposé à croire que le lévrier qui accompagne une figure à manteau sur la peinture d'une cylix (chez Panofka, Die Eigennamen mit ΚΑΛΟΣ. Taf I, p. 7) est destiné à un éromène. Il est probable qu'on donnait aussi aux jeunes garçons de ces petits chiens qui faisaient les délices des Athéniens; les deux épagneuls que font combattre un éraste et un éromène sur une peinture de vase, me paraissent être un cadeau du premier au second; j'ai publié cette peinture dans les Bulletins de l'Académie de Bruxelles. T. XII, 1re partie, p. 181 (Mélanges, etc. Fasc. V).

(14) Aristoph., l. c. Plutarch. Sympos. I, 3, 9, p. 622, f. καὶ γὰρ ἂν ἵππον καὶ ἀλεκτρυόνα, κἂν ἄλλο τι τοῖς ἐρωμένοις διδῶσι, καλὸν εἶναι καὶ κεκοσμένον εὐπρεπῶς βούλονται καὶ περιττῶς τὸ δῶρον. Achilles Tat. I, 7, p. 11. Jacobs. Οὕτω δὲ εἶχε φιλοτιμίας πρὸς αὐτὸ, ὥστε καὶ ἵππον πριάμενος, ἐπεὶ θεασάμενος τὸ μειράκιον ἐπίνησεν, εὐθὺς ἐχαρίσατο φέρων αὐτῷ τὸν ἵππον. Petron. Sat. 86 : « Si ego huic dormienti..., pro hac felicitate eras puero » asturconem Macedonicum optimum donabo. »

et l'éromène un collier. Près d'eux est suspendu un lièvre. L'éraste du troisième groupe ne s'est pas encore dessaisi de son cadeau : un coq se voit sur son bras gauche; une couronne est dans la main de l'éromène. Derrière ce groupe est suspendu un renard. Le revers offre à peu près la répétition du même sujet : dans deux des trois groupes l'éromène porte un coq. Les peintures d'une coupe du musée Thorvaldsen [1], représentant diverses scènes qui se passent dans un lieu d'exercices et de bains, montrent entr'autres personnages un éraste appuyé sur son bâton; son éromène, avec lequel il converse, est assis sur une chaise, couverte d'un coussin. Entre eux est suspendu un lièvre. Sur un des côtés d'une amphore de la collection Panckoucke [2], on remarque un personnage imberbe, appuyé sur un bâton et conduisant une jeune panthère en laisse; il présente un coq à un autre personnage imberbe, placé devant lui et qui, quoique du même âge, est probablement cependant son éromène. Celui-ci fait moins attention à l'oiseau qu'à la panthère qui saute vers lui. C'est probablement un amateur de chiens, car près de lui est assis un lévrier. Il faut attacher également un sens érotique, je pense, aux représentations de deux vases [3] montrant, l'une un homme barbu qui offre un fruit à un éphèbe, l'autre des hommes barbus qui présentent des bandelettes à des éphèbes [4]. Ces tableaux de la vie réelle ont aussi été transportés dans le domaine de la mythologie : sur un vase conservé aujourd'hui au Vatican et publié plusieurs fois [5], on voit le jeune Ganymède tenant d'une main un cerceau et la baguette pour le mettre en mouvement, et de l'autre un coq. Ce sont des gages de l'amour du souverain des dieux, qui vient derrière lui et vers lequel il se retourne. Un vase du musée de Naples représente les deux mêmes personnages; Jupiter montre du doigt à Ganymède un coq qui vole devant eux [6]. Sur le célèbre vase de Pélops et OEnomaüs du même musée [7], Ganymède, placé en face du maître de l'Olympe, porte le *trochus* seul. Sur une autre peinture [8], un satyre cherche à séduire un jeune éphèbe, probablement un bacchant, par l'appât d'un lièvre. Un vase inédit du musée de Leide [9], montre d'un côté un satyre lyricine et au revers un éphèbe drapé, s'appuyant sur un bâton et tenant un lièvre contre sa poitrine. Ces deux personnages doivent être mis en rapport l'un avec l'autre.

La fécondité et la vertu prolifique du lièvre en avaient fait un animal favori de Vénus [10]; aussi

πρόπαν ἦμαρ. Une peinture de vase représente l'Amour montant un cerf. STACKELBERG, *Graeber der Hellenen*, Taf. XXVIII. Sur la signification de νεβρός dans le langage érotique, voy. WELCKER, *Rheinisch. Museum*, VI. S. 625 et dans ses *Alte Denkmæler*, III. S. 326.

[1] L. MÜLLER, *Description des antiquités du mus. Thorv.* I, p. 82. Copenhague, 1847.

[2] J. J. DUBOIS, *Cat. des vas. de M. Panckoucke*, p. 14, n° 134, pl. n° 43. — Je ne déciderai pas s'il faut regarder comme un présent d'éraste le grand coq que monte et caresse un éphèbe sur un petit plat du peintre Épictète (DE WITTE, *Catalogue étr.*, n° 177). Cette représentation explique comment les grammairiens suivis par HESYCHIUS (Tom. II, p. 61.) et par PHOTIUS (p. 109, 21.) ont pu interpréter le mot Ἱππαλεκτρυών par μέγας ἀλεκτρυών, c'est-à-dire un coq de taille à servir de monture, par analogie des mots ἱππόγυποι, ἱππομύρμηκες, ἱππογέρανος chez LUCIEN, *Ver. H.* I, 11, sqq. Cela n'empêche pas qu'ARISTOPHANE (*Ran.* 932) n'ait voulu désigner par le même mot un animal fantastique moitié cheval, moitié coq, tel que nous le trouvons figuré sur une peinture du musée de Berlin publiée par M. GERHARD, *Gr. und Etrusk. Trinksch.* Taf. I, 5, p. 3. Il faut conclure de là qu'ἱππαλεκτρυών avait une double signification.

[3] DE WITTE, *Catal. Durand*, n°s 722. 732.

[4] Sur un des côtés d'une amphore de Nola, l'Amour tient des deux mains une bandelette; le sens de cette représentation est déterminé par la peinture du côté opposé, où la même figure poursuit un lièvre. RAOUL-ROCHETTE, *Monuments inédits*, pl. XLIV, 2. GERHARD, *Antike Bildw.* Taf. LV, 3 et LVI, 1. DE WITTE, *Catalogue Durand*, n° 46. Cf. *Monumenti inediti dell' Instit. arch.* I, 8, où la bandelette se trouve dans les mains d'Ἵμερος.

[5] PASSERI, *Picturæ in Vasculis* Tab. CLVI. LE NORMANT et DE WITTE, *Élite de Monuments céramograph.* I, pl. XVIII. PANOFKA, *Bilder ant. Leb.* Taf. X, 8. *Mus. Etrusc. Gregor.* Tav. XIV, 2.

[6] *Élite de Mon. céram.* T. I. Additions, p. 316.

[7] DUBOIS-MAISONNEUVE, *Introduction à l'étude de Vases.* pl. XXX.

[8] MINERVINI, *Bulletino Napolit.* XIII, p. 104.

[9] JANSSEN, *Monumenten van het Museum te Leyden*, p. 177, n° 1824.

[10] PHILOSTR. *Imag.* I, 6, 5 : ἱερεῖον τῇ Ἀφροδίτῃ ἥδιστον.

le voyons-nous figurer sur plusieurs monuments [1] comme attribut de cette déesse. Il était aussi consacré à l'Amour [2]. Des monuments nous montrent le dieu portant [3] ou chassant le lièvre [4]. Sur une pierre gravée [5], il conduit un char tiré par deux de ces animaux. Les auteurs ne mentionnent pas le lièvre parmi les animaux donnés en cadeau par les érastes à leurs éromènes, et cependant c'est celui que nous voyons le plus fréquemment sur les représentations figurées. La raison en est, semble-t-il, que l'art a besoin du langage symbolique, et qu'au lièvre s'attachait une signification érotique claire et évidente pour tout le monde. En outre un préjugé vulgaire attribuait à cet animal un pouvoir magique, en vertu duquel l'amant se conciliait l'affection de l'objet aimé [6]. Après le lièvre, c'est le coq que les peintures de vases nous ont offert le plus souvent. Cet oiseau est aussi un symbole des désirs sensuels [7]. Nous le trouvons dans les mains de l'Amour sur un vase de Nola de la collection Panckoucke [8], et des pierres gravées nous montrent ce dieu, tantôt à cheval sur un coq [9], tantôt montant un char attelé de deux de ces oiseaux [10].

2. Je publie sur la même planche (2, *a. b.*) un lécythus provenant également de la Grèce et probablement d'Athènes [11]. La peinture archaïque qui le décore est d'une exécution très-négligée et d'un dessin presque barbare. On y voit un aurige, vêtu d'une longue tunique, guidant un quadrige lancé dans l'arène; il tient de la main droite un long bâton en guise de fouet et de la gauche les rênes des chevaux, dont il semble s'efforcer de modérer l'ardeur. Un guerrier armé d'un casque, d'un bouclier et d'une lance court à côté du char. A l'extrémité droite s'élève la borne ou *méta* et près de là est déposé un grand vase de forme hémisphérique et sans base [12]. Cette composition nous offre une course de chars d'une espèce particulière [13]. Pour cette course chaque char était monté par un aurige (ἡνίοχος) et par une seconde personne, qui, au dernier tour et tandis que les chevaux étaient toujours au galop, s'élançait du char, l'accompagnait à pied pendant un certain temps, puis y remontait, aidée, parait-il, dans ce dernier saut par l'aurige [14]. D'après l'une ou l'autre de ces trois actions successives, cette personne fut appelée ἀποβάτης [15], παραβάτης [16] ou ἀναβάτης [17]; mais c'est la première de ces

---

[1] Cavedoni, *Spicileg. numism.*, p. 209. Panofka, *Terracotten des Berl. Mus.* Taf. XXIX. *Mon. ined. dell'Inst. arch.* IV. Tav. 18.

[2] Eustath. *ad Iliad.* I, 206, p. 87, l. 58, ed. Rom. λαγωὸς ἐρώτων ἀνάθημα.

[3] *Mon. dell'Inst. arch.* I, 8 et 57 B. 5, *Bronzi di Ercolan.*, II, 57. Toelken, *Verz. der Gemmensamml. zu Berlin* p. 131, n° 584.

[4] *Mus. Borbon.* VIII. Tav. 20. Panofka, *Bild. ant. Leb.* V, 5. Cf. Minervini, *Bull. Napolit.* N. S. I, p. 74. Millin, *Gal. myth.* XXVI, 116. Caylus, *Rec. d'ant.* I, 34, 1. Cf. ci-dessus, p. 72, not. 6 et Philostr., *l. c.*

[5] Tölken, *l. c.*, n° 586.

[6] Philost. *Imag.* I, 6, 6 : Οἱ δ' ἄτοποι τῶν ἐραστῶν καὶ πειθώ τιν' ἐρωτικὴν ἐν αὐτῷ κατέγνωσαν βιαίῳ τέχνῃ τὰ παιδικὰ θηρώμενοι. Ce n'étaient pas seulement les érastes qui offraient en cadeau le lièvre à leurs éromènes; sur une peinture de vase il est présenté à une femme par un jeune homme, *Annal. dell' Instit. arch.* XV. Tav. d'Agg. A.

[7] Cf. Panofka, *Terracotten*, etc., p. 99, f.

[8] Voy. De Witte, *Catalog. Durand*, n° 47, not. 1.

[9] Toelken, *ouv. cit.*, n° 482. 483.

[10] *Ibid.*, n°s 484-486.

[11] Voy. Janssen, *Monumenten*, etc., p. 165, n° 1688.

[12] C'est le vase que MM. Panofka (*Recherches sur les noms des vases grecs*, p. 10) et Ussing (*De nomin. vas. gr.*, p. 82, sq.) appellent Δῖνον et MM. Letronne (*Observat. sur les noms des vas. gr.*, p. 43) et Gerhard (*Rapp. volc.*, n° 29. *Ultime ric.*, n° 26) Σκάφην. Le vase dans lequel Hercule est représenté passant le détroit des colonnes (Gerhard, *Auserl. Vas.* II. Taf. 109, p. 85) a la même forme et il est nommé tantôt Λέβης (Eustath. *ad* Dionys. 558) eu égard à sa grandeur et à sa forme, tantôt Δέπας (Athen. XI, p. 370 C.), en considération de sa forme hémisphérique seulement; le δέπας est en effet comparé au ciel par Euripide, *Sisyph. fr.* I, 53.

[13] Voy. l'inscription Peyssonel et les textes de grammairiens cités et corrigés par M. Boeckh. *Annal. dell'Instit. arch.* I, p. 169, svv. Cf. O. Müller, *Die Alterthüm. von Ath. beschrieb. von* Stuart. u. Revett. II. Beilag., p. 686, ff. et Krause, *Gymn. u. Agon.*, p. 570, ff.

[14] Cela semble résulter de l'expression ἡνίοχος ἐγβιβάζων, qui se lit dans l'inscription Peyssonel précitée et dans une autre inscription grecque, publiée également par M. Boeckh dans Gerhard's *Arch. Intelligenzblatt. zu all. Lit. Zeit.* Halle, 1835, n° 4, p. 27.

[15] Voy., outre les inscr. précitées, Harpocr. et Suid. Sub. v. Dionys. Hal. *Antiq. Rom.* VII, p. 479. Pseudo-Eratosth. à l'endroit cité ci-dessous.

[16] Dionys. Hal., *l. c.* Ps. Eratosth., *l. c.*

[17] Pausan. V, 9, 2. ἐς ἐμὲ ἔτι οἱ ἀναβάται καλούμενοι.

dénominations qui était reçue chez les Athéniens [1]. Les chars avaient des roues particulières (ἀποβατικοὶ τροχοί [2]), probablement plus petites que d'ordinaire, afin que l'apobate ne s'y heurtât pas. Suivant le témoignage de Théophraste [3], la course de chars avec des apobates n'était en usage qu'en Béotie et à Athènes. Dans cette ville elle avait lieu aux Panathénées [4]. Une ancienne tradition rapportait à Érichthonius l'institution de la fête et de l'exercice. L'écrivain [5] qui nous l'a conservée ajoute que le parabate, appelé plus tard apobate, était armé d'un petit bouclier et d'un casque à trois aigrettes. Ce détail, passé sous silence par les autres auteurs, mais confirmé par les bas-reliefs de la frise du Parthénon [6], est attesté de nouveau par notre peinture ; elle nous apprend en outre, d'accord sur ce point également avec les mêmes bas-reliefs [7], que, pour cette course, on n'employait pas seulement des biges [8] mais aussi des quadriges. Les vainqueurs dans les Panathénées recevaient un vase de terre rempli d'huile sacrée [9] ; ce vase figure sur notre peinture. La forme n'en a pas été choisie au hasard par le céramographe ; car nous la retrouvons, sur une autre peinture athénienne [10], à un vase que la Victoire NIKE remet à un athlète qui avait remporté le prix dans les mêmes fêtes. Ces deux exemples semblent prouver que l'huile sacrée n'a pas toujours été contenue, au moins exclusivement, dans des *amphores panathénaïques*, portant l'inscription τῶν Ἀθήνηθεν ἄθλων, telles que celles que renferment aujourd'hui plusieurs musées et cabinets.

Ainsi, la spécialité de la course, la nature du prix destiné au vainqueur, la provenance du vase, tout atteste que notre peinture représente une scène des jeux panathénaïques. Si donc le lécythus de Leide est sans valeur sous le rapport de l'art, il a une haute importance pour la connaissance des mœurs athéniennes. Il existe à la vérité quelques autres vases peints offrant le même sujet, mais sur aucun le tableau n'est aussi complet et aussi bien caractérisé. Un lécythus de la Grande-Grèce [11] montre un quadrige lancé au galop et dirigé par un aurige vêtu d'une tunique blanche. A côté court l'apobate, armé de toutes pièces. Sur la peinture à figures rouges d'un des côtés extérieurs d'une coupe de Vulci, on voit un quadrige monté par un jeune écuyer, vêtu d'une simple chlamyde ; le guerrier apobate court à côté. La composition est idéalisée par la présence de Mercure *Agonius* en avant du char. Le dieu, reconnaissable à ses attributs ordinaires, porte l'épée suspendue au côté [12]. La frise du Parthénon fait voir les chars avec les apobates, non pas dans l'arène, mais à la grande procession des Panathénées, qui précédait les courses ; l'office d'aurige y est rempli par de jeunes filles qui sont probablement des Victoires sans ailes. Otf. Müller s'est autorisé avec raison de cet exemple pour reconnaître une allusion au même genre de course dans des peintures représentant un char guidé par une Victoire ailée et monté par un guerrier [13].

---

[1] Dionys. H., *l. c.* οὕς οἱ ποιηταὶ μὲν παραβάτας (ajoutez avec M. Boeckh καλοῦσιν) Ἀθηναῖοι δὲ ἀποβάτας.

[2] Zonaras. sub. v. Harpocr. et Suid. v. ἀποβάτης.

[3] *Ap.* Harpocrat., *l. c.*

[4] Plut. *Phocion.* c. 20. Cf. *Lex Seguer.*, p. 426.

[5] Pseudo-Eratosthen. *Catuster.*, p. 248, Westermann : ἤγαγε (Ἐριχθόνιος) δὲ ἐπιμελῶς τὰ Παναθήναια, καὶ ἅμα (lisez ἅρμα) ἡνίοχον (lisez avec M. Boeckh, *l. c.* ἡνιόχει) ἔχων παραβάτην ἀσπίδιον ἔχοντα καὶ τριλοφίαν ἐπὶ τῆς κεφαλῆς. ἀπ' ἐκείνου δὲ κατὰ μίμησιν ὁ καλούμενος ἀποβάτης.

[6] Stuart. II, 1, pl. 18 et 20. O. Müller, *Denkmæl.* II. Taf. XXIV, 117.

[7] Les dessins ne montrent que trois chevaux, mais il est probable que les marbres laissent voir quelques indices du quatrième.

[8] Inscr. publiée par Franz dans l'*Arch. Intelligenzblatt.* 1835, n° 5, p. 19, l. 51 : ζεύγει ἐβιβάζων. M. Krause, *ouv. c.*, p. 571, not. 11, se trompe en admettant l'usage exclusif des biges.

[9] Pindar. *Nem.* X, 35, sq. γαῖα δὲ καυθεῖσα πυρὶ καρπὸς ἐλαίας Ἔμολεν Ἥρας τὸν εὐάνορα λαὸν ἐν ἀγγέων ἔρκεσιν παμποικίλοις. (Cf. Dissen *ad h. l.*, p. 468, ed Boeckh.) Schol. Aristoph. *Nub.* 1005 : ἐξ ὧν τὸ ἔλαιον τῶν Παναθηναίων κέραμον γὰρ ἐλαίου ἔλαβον οἱ νικῶντες. Lucian. *Anachars.*, c. 9.

[10] Baron de Stackelberg, *Graeber der Hellen.* T. XXV. Deux vases semblables se trouvent mêlés à des trépieds sur une peinture de vases publiée par M. Gerhard, *Auserl. Vas.* Taf. 257.

[11] De Witte, *Catalog. Durand*, n° 684. Cf. 685.

[12] *Ibid.*, n° 61.

[13] Millin, *Peint. de vas.* I, 24. Millingen, *Vases de Coghill*, pl. 9. De la Borde, *Vas. de Lamberg*, I, 85.

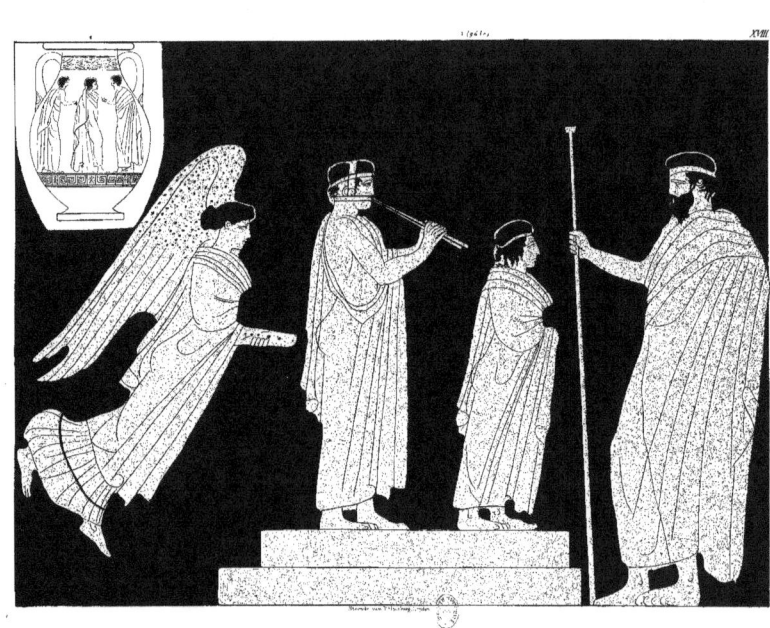

PLANCHE XVIII.

CONCOURS MUSICAL.

Les fêtes religieuses des Grecs étaient accompagnées de réjouissances et de jeux publics, parmi lesquels se trouvaient des concours musicaux (ἀγῶνες μουσικοί ou μουσικῆς). Ces concours furent établis en premier lieu, aux jeux pythiens, à Delphes, où ils prirent une très-grande extension [1]. Ils s'introduisirent ensuite non seulement dans deux des trois autres grandes fêtes nationales, à Némée et dans l'isthme de Corinthe [2] mais encore dans les fêtes moins importantes de beaucoup d'autres localités [3]. Aux Panathénées d'Athènes, il n'y eut dans ce genre d'abord, et cela seulement depuis Pisistrate, que des récitations des poèmes homériques [4]. Périclès y institua les concours musicaux proprement dits et c'est pour leur donner un théâtre convenable qu'il fit construire l'Odéon [5]. Le concours musical de Delphes consista dans le principe en chants accompagnés de la cithare (κιθαρῳδία), mais lorsque les Amphictyons se furent chargés de l'organisation et de la direction des jeux, ils ajoutèrent le chant avec accompagnement de la flûte (αὐλῳδίαν), le jeu de la flûte et celui de la cithare, sans accompagnement de la voix [6]. Les concours musicaux des autres grandes fêtes nationales présentèrent vraisemblablement la même variété; nous ne possédons toutefois à cet égard que des renseignements très-incomplets [7]. Nous pouvons faire cette supposition avec beaucoup plus de fondement par rapport au concours musical des Panathénées; car Plutarque [8] nous apprend qu'on y entendait séparément des joueurs de flûte, des chanteurs et des citharistes; dans d'autres textes

---

[1] Pausan. X, 7, 2. Cf. K. F. Hermann, *Gottesdienstlich. Alterthuem. der Gr.* § 50, 10, ff. Krause, *Pythien, Nem. und Isthm.* S. 17, ff.

[2] Krause, *ouv. c.* 133, ff. 188, ff. A Olympie les concours musicaux n'eurent qu'une existence tardive et passagère, Krause, *Olymp.* S. 77.

[3] Voy. Bode, *Geschichte der hellenischen Dichtkunst.* I. S. 217, ff.

[4] Lycurg. *Adv. Leocrat,* p. 161. Cf. H. A. Müller, *Panathen.*, p. 95, sq. M. Krause, *Real Encycl.* B^d. V, p. 1107, fait remonter cette institution jusqu'à Solon.

[5] Plut. *Pericl.* c. XIII, 9.

[6] Strab. IX, 3, 10, p. 421. ed. Cas. : ἀγὼν δὲ ὁ μὲν ἀρχαῖος ἐν Δελφοῖς κιθαρῳδῶν ἐγενήθη, παιᾶνα ᾀδόντων εἰς τὸν θεόν· ἔθηκαν δὲ Δελφοί· (La comparaison de ce passage avec Pausan. X, 7, 2, sq., prouve qu'il faut placer le demi-point ici et non pas après πόλεμον.) μετὰ δὲ τὸν Κρισαῖον πόλεμον οἱ Ἀμφικτύονες... προσέθεσαν (δὲ) τοῖς κιθαρῳδοῖς αὐλητάς τε καὶ κιθαριστὰς χωρὶς ᾠδῆς, ἀποδώσοντάς τι μέλος, ὃ καλεῖται νόμος Πυθικός. Paus., l. c. 4 : οἱ Ἀμφικτύονες κιθαρῳδίας μὲν κατὰ καὶ ἐξ ἀρχῆς, προσέθεσαν δὲ καὶ αὐλῳδίας ἀγώνισμα καὶ αὐλῶν.

[7] Cf. Krause, *Pyth.*, etc. *ll. cc.*

[8] *L. c.* διέταξεν.... καθότι χρὴ τοὺς ἀγωνιζομένους αὐλεῖν ἢ ᾄδειν ἢ κιθαρίζειν.

PLANCHE XVIII.

il est question de *citharœdie* [1]; enfin Pollux [2] parle de symphonies exécutées par deux joueurs de flûte.

C'est un de ces concours de musique que représente la peinture à figures jaunes de notre planche XVIII, 1 [3]; le dessin laisse beaucoup à désirer sous le rapport de la pureté et de la correction et l'exécution n'en est pas soignée. La péliké, dont elle décore une des faces, provient de la Grèce et probablement d'Athènes. Nous voyons debout sur une estrade à deux gradins, deux personnages imberbes, de taille inégale et tournés à droite. L'un d'eux couvert d'un manteau, qui laisse à nu l'épaule et le bras droits, joue de la double flûte. L'autre, placé en avant, est enveloppé dans un manteau qui cache aussi ses mains. On doit supposer qu'il chante aux sons de l'instrument dont son compagnon joue; ils exécutent donc une *aulœdie*. Les flûtes ne sont pas de longueur égale, mais je n'oserais affirmer que le céramographe ait produit à dessein cette inégalité [4], quoiqu'elle se remarque sur des peintures d'une exécution plus soignée [5]. La bouche du joueur de cet instrument est bridée par un appareil, consistant en une plaque de métal tenue avec des courroies; il se nommait φορβειά, περιστόμιον et, en comprimant les joues, servait à ménager le souffle [6]. Au pied de l'estrade, en face des exécutants, se tient debout un personnage barbu, portant le même vêtement qu'eux. Sa taille plus élevée et le sceptre sur lequel il s'appuie annoncent en lui l'athlothète ou juge de la lutte. A l'extrémité opposée du tableau plane Nicé, munie de grandes ailes et vêtue d'une tunique talaire et d'un péplus; elle tient dans une main la phiale, l'un de ses attributs ordinaires, faisant allusion à la libation qui suit la victoire. La provenance du vase permet de croire que ce combat musical a lieu dans les Panathénées. Le fait n'est pas douteux relativement à une composition à peu près semblable, qui se trouve au revers d'une petite amphore panathénaïque [7], représentant Minerve brandissant sa lance. Au centre de la peinture un homme jouant de la double flûte accompagne le chant d'un autre homme placé en face de lui et enveloppé dans un manteau; ils occupent une estrade qui figure la scène de l'Odéon d'Athènes [8]. On voit à droite de cette estrade l'athlothète assis sur un siège carré et tenant un bâton; et à gauche un jeune homme, muni aussi d'un bâton, qu'il faut prendre soit pour un second athlothète [9], soit pour un commissaire des jeux d'un rang

---

(1) Schol. Aristoph. *Nub.* 971. Suid., v. Φρῦνις.

(2) IV, 10, 83 : 'Ἀθήνῃσι δὲ καὶ συναυλία τις ἐκαλεῖτο· συμφωνία τις αὕτη τῶν ἐν Παναθηναίοις συναυλούντων· οἱ δὲ τὴν συναυλίαν εἶδος προσαυλήσεως οἴονται, ὡς τὴν αὐλῳδίαν. Ce dernier mot n'étant qu'une explication purement hypothétique de συναυλία. M. H. A. Müller, o. c., p. 94, n'était pas fondé à admettre, sur cette seule autorité, l'*aulœdie* dans les Panathénées. Schol., *ad* Greg. Naz. *Stel.* 2, p. 106. Συναυλία ἐστίν, ἡνίκα δύο ἢ καὶ πλείους αὐληταὶ συναυλοῦσιν ἅμα.

(3) Des exemplaires de cette planche tirés à part ont été publiés avec un texte par mon savant ami M. C. Lehmans, *Het muzykexamen*; *eene gr. beschild. vaas*. Utrecht, 1847 (overgedrukt uit de *Caecilia*, mus. tydschrift). Le titre de l'opuscule indique assez que l'auteur ne s'est pas formé la même idée que moi de l'ensemble de la composition.

(4) Il est incontestable que l'une flûte était quelquefois plus longue que l'autre (Pollux, IV, 10, 85). M. Fortlage (Pauly's *Real Encyclopædie*. T. VI, p. 608, f.) regarde la différence dans la longueur comme un caractère des *tibiæ phrygiae*; M. Schriffele (*Ibid.*, p. 1946) y cherche la raison de l'expression *inæquales tibiæ*, mais le passage capital de Servius, *ad* Æn. IX, 648 ne me paraît favorable à aucune de ces opinions.

(5) Voy. par exemple *Mon. ined. dell' Inst. arch.* Vol. V, 10.

(6) Schol. Aristoph. *Vesp.* 580. Plut. *De cohib. ira*, 6, p. 456. C. Suid., v. Φόρβιον. Voy. Welcker, *Zeitschrift für die alte Kunst*. S. 266, not. 24; principalement Böttiger, *Kleine Schrift.*, I, S. 54, ff., et L. Schmidt, *Annal. dell' Instit. arch.* Vol XXI, p. 130. sqq. Cet appareil des tibicines se rencontre assez fréquemment sur les monuments. Voy. Gerhard, *Auserl. Vas.* T. 155. *Antike Bildw.* T. 865. *Élite céram.* II, pl. 67. *Antiquités d'Hamilt.* par Hancarv. I, pl. 124. Panofka, *Bild. ant. Leb.* XIII, 5. *Monum. ined. dell' Instit.* V. Tav. 40. Micali, *Storia*, etc. Tav. XXXVII, 12. *Peintures d'Hercul.* T. III. Tav. 50. T. IV. Tav. 42.

(7) Elle appartient à M. E. Braun et se trouve décrite sommairement dans le *Bullet. dell' Inst. arch.* 1845, p. 54, s. Cf. *Arch. Zeitung*. 1845, n° 33, p. 143.

(8) Cf. Gerhard, *Etrusk. u. Kamp. Vas.*, p. 3, et relativement à la construction de l'Odéon, Hirt, *Gesch. der Bauk.* III, S. 112.

(9) On sait qu'ils étaient au nombre de dix, désignés par le sort, un dans chaque phylé, Pollux. VIII, 95. Schubert, *De Roman. ædilib.*, p. 52, sqq.

inférieur, tel qu'un ἐπιμελητής. Les monuments établissent donc, à défaut de textes formels d'auteurs, que l'*aulœdie* avait sa place dans le concours musical des Panathénées. Nous trouvons encore un concours entre des *aulœdes* sur une troisième peinture de vase connue depuis longtemps [1]. Le joueur de flûte et le chanteur, vêtus de manteaux longs, sont également debout sur une estrade à deux gradins. Derrière chacun d'eux vole une Victoire; celle de gauche, qui les a couronnés, a les mains vides, celle de droite tient une bandelette. J'ai avancé plus haut que dans les Panathénées, les vainqueurs recevaient des amphores remplies d'huile sacrée; s'il faut en croire Suidas [2], on y joignait des couronnes d'olivier. Le prix de la victoire dans les jeux des quatre grandes fêtes nationales de la Grèce consistait en une simple couronne de feuilles, qui différait pour chacune de ces fêtes [3]. La couronne des jeux pythiens était faite de laurier; c'est précisément celle que nous remarquons aux musiciens de cette dernière peinture et l'on pourrait en conclure que le combat musical se passe à Delphes, si l'expérience n'apprenait que la distinction entre ces couronnes n'a pas été toujours scrupuleusement observée par les céramographes. Quant à la *tænia* ou bandelette, elle n'est particulière à aucune fête; comme la palme [4], elle est commune à toutes. La *tænia* ne constitue pas par elle-même le prix de la victoire; elle n'en est qu'un des accessoires [5]. Dans certaines occasions la remise de ces objets au vainqueur ne se fait ni en même temps, ni au même lieu [6].

Parmi les diverses parties du concours musical des Panathénées, j'ai cité le jeu de la flûte seule. Nous en rencontrons une représentation sur un petit vase panathénaïque [7]. On y voit du côté principal deux colonnes surmontées d'une chouette et au revers un jeune homme, jouant de la flûte, sur une base à trois gradins. De chaque côté un athlothète assis sur un ocladias. Une magnifique amphore de Vulci, aujourd'hui au musée britannique [8] montre, d'un côté, un joueur de flûte, élevé sur une estrade, vêtu d'une riche *stola* et muni de la φορβειά. Il faut réunir cette peinture à celle du côté opposé où se voit un personnage barbu, s'appuyant sur un bâton noueux en forme de béquille. Je le regarde, avec M. L. Schmidt [9] comme l'agonothète, quoique par une bizarrerie du peintre, il se trouve lui-même sur l'estrade. Deux autres peintures [10] que je connais seulement par une description succincte montrent sur l'estrade deux joueurs de flûte au lieu d'un seul. Si, comme je le suppose, ils jouent tous les deux en même temps, nous devrions reconnaître dans ces compositions l'exécution d'une *synaulie*. Les duos de flûte étaient admis probablement dans d'autres concours musicaux que celui des Panathénées.

L'*aulœdie* exigeant nécessairement le concours de deux personnes, dont l'une joue de la flûte et l'autre chante, on distingue facilement sur les monuments figurés un *aulœde* d'un *aulète*. Mais comme il était généralement d'usage qu'une même personne chantât et s'accompagnât de la cithare, nous n'avons pas de moyen de reconnaître si une personne qui joue de la cithare est un *cithariste* ou un *citharœde*. Ainsi je ne saurais déterminer avec précision quelle est la nature du concours musical

---

(1) Passeri, *Pict. Etrusc. in vasc.* I, 7. Hancarville, *Ant. d'Hamilton*. II, pl. 37. Panofka, *Bild. ant. Leb.* T. IV, 2.

(2) Voc. Παναθήναια.

(3) Voy. C. F. Hermann, *Gr. Gottesdienstl. Alterth.* § 50, not. 24, ff.

(4) Plut. *Quæst. Symp.* VIII, 4, p. 723. A. : διὰ τί τῶν ἱερῶν ἀγώνων ἄλλος ἄλλον ἔχει στέφανον, τὸν δὲ φοίνικα πάντες.

(5) C'est par cette raison que les deux récompenses sont souvent nommées ensemble, et la couronne avant la bandelette. Pindar.

Isthm. IV, 69. Boeckh. Λάμβανέ οἱ στέφανον, φέρε δ'εὔμαλλον μίτραν. Thucyd. IV, 121, 1. Xenoph. *Hellen.* V, 1, 3.

(6) Voy. C. Böttischer, dans l'*Arch. Zeit.*, 1853, n° 50. S. 9, ff.

(7) *Archæolog. Zeitung*, 1846, n° 43, S. 340.

(8) *Mon. ined. dell' Inst. arch.* Vol. V. Tav. X.

(9) *Annali dell' Inst. arch.* 1849. Vol. XXI, p. 134.

(10) Diota de la collection Santangelo, *Arch. Zeit. N. F.* 1848, n° 14, p. 224; petite amphore du cabinet de M. Hope, *Arch. Anzeig.* 1849, n° 10, p. 100.

représenté sur les vases peints dont je vais donner une description sommaire. Le premier est une amphore du musée de Berlin [1]. L'une des faces montre deux athlothètes debout près de l'estrade, où est monté le musicien qui joue de la cithare. La composition de l'autre face indique que le concours a lieu aux Panathénées : Minerve, brandissant sa lance, se voit entre deux colonnes surmontées de vases contenant l'huile sacrée. Sur l'un des côtés d'une péliké [2] un personnage, vêtu d'une tunique talaire recouverte d'un péplus, joue de la cithare du haut d'une estrade, près de laquelle se trouvent deux juges assis sur des pliants et s'appuyant sur des sceptres. Un stamnus du musée du Vatican [3] offre un jeune homme qui tient le plectrum de la main droite et de la gauche fait vibrer les cordes de sa cithare ; en face de lui un juge, muni d'un long sceptre, est assis sur un siège à dossier, placé au pied de l'estrade ; l'un et l'autre ont le front ceint de l'une de ces couronnes qui se mettaient aux jours de fêtes et qui sont un indice de la solennité. A droite de ce groupe central vole Nicé tenant dans les mains la couronne destinée au vainqueur ; à gauche est debout une femme, peut-être la personnification de la localité, portant une bandelette, autre récompense qui attend également le vainqueur. Sur une coupe qui a appartenu au prince de Canino [4], les deux juges du concours, placés aux deux côtés de l'estrade qu'occupe le joueur de cithare, portent chacun une fleur de grenadier, qui sera jointe sans doute aux prix ordinaires de la victoire [5]. Un vase de la collection d'Hamilton [6] offre, au centre de la composition, un personnage barbu vêtu d'une tunique longue, recouverte d'une chlamyde ; il a posé le pied gauche sur le premier gradin de l'estrade, touche les cordes de la cithare d'une main et de l'autre tient le plectrum. Une Victoire debout en face de lui, le pied posé également sur le gradin inférieur de l'estrade, vient d'attacher une *tænia* à son instrument ; derrière lui vole une autre Victoire tenant une patère. A l'extrémité droite du tableau, le juge du combat est assis sur un siège à dossier ; il s'est couronné la tête, de même que le concurrent, en signe de fête. A l'extrémité gauche est assise sur une éminence une jeune femme vêtue d'une tunique longue et coiffée du cécryphale. On la prendrait pour la nymphe de la localité, si la lance dont elle est munie, ne semblait indiquer en elle Minerve. C'est donc de nouveau un concours musical dans les Panathénées.

La série de peintures que nous venons de parcourir, à partir de la péliké de Leide, offrent toutes une estrade sur laquelle les musiciens concurrents sont placés. Cette estrade est, à mon avis, le signe caractéristique des concours musicaux, qui avaient lieu dans les grandes fêtes publiques. Les vases peints où on n'en aperçoit aucune trace, représentent, je pense, des combats musicaux soit privés soit publics, mais dans des occasions moins solennelles [7].

Le revers de notre péliké offre un éphèbe au milieu de deux hommes plus âgés, qui sont occupés à l'instruire ; tous les trois sont drapés dans le tribon [8].

---

[1] Gerhard, *Etrusk. u. Kamp. Vas.* Taf. I, 1. 2.
[2] Gerhard, *Auserl. Vas.* II. Taf. CXLI, 2.
[3] *Mus. etr. Greg.* LX, 3 a. *Arch. Zeitung*, 1853. Taf. LII, 1.
[4] *Catalog. di scelte antich.*, p. 113, n° 1381. Panofka, *Von d. Namen d. Vasenbildn.*, p. 29, n° 153.
[5] C'est ainsi que dans les jeux pythiens et olympiques, des pommes étaient quelquefois ajoutées aux autres objets donnés en prix. Voy. les textes cités par Krause, *Pythien*, etc., p. 49, f. *Olympien*, p. 167, f.

[6] D'Hancarville. T. III, pl. 31.
[7] Voy. Panofka, *Bild. ant. Leb.* IV, 6. Stackelberg, *Græb. d. Hellen.* T. XX. *Élite céram.* II, pl. 16. Millingen, *Anc. uned. mon.* I, pl. 33. De Witte, *Catalog. étrusque*, n° 181, p. 108. *Catalogue Magnoncour*, p. 61, n° 84 avec les obss. d'O. Müller, *Kl. deutsche Schriften*, II. S. 522, f.
[8] On rencontre la même composition au revers du stamnus du Vatican, représentant un concours musical. Voy. ci-dessus, note 3.

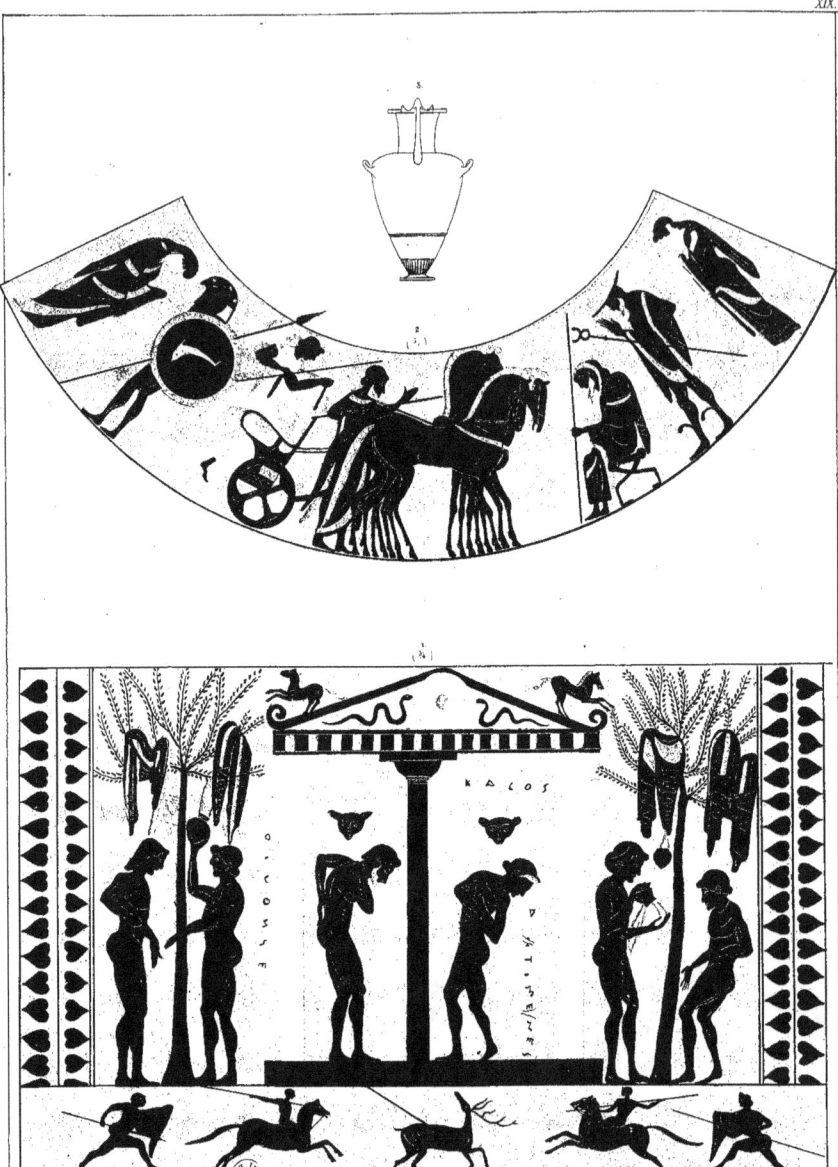

PLANCHE XIX.

1. BAINS. — 2. CHASSE AU CERF. — 3. ADIEUX D'HECTOR.

1. La peinture principale de l'hydrie provenant de Vulci que cette planche reproduit (voy. n° 1) représente des bains. Une source jaillissant de deux mufles de panthère est placée sous un portique supporté par trois colonnes doriques et surmonté d'un fronton, au-dessous duquel règne une frise. Les extrémités du fronton, d'où s'élancent deux chevaux, se terminent par un enroulement figurant la moitié d'une volute ionique renversée; le tympan est orné de deux serpents, séparés l'un de l'autre par un grand disque peint en blanc avec un point rouge au milieu. Un homme barbu et un éphèbe nus, debout sous le portique, reçoivent sur le dos et sur la tête les jets de la fontaine. Deux couples d'éphèbes, qui ont accompli la même opération, s'apprêtent à se frotter le corps d'huile; ils se sont réfugiés sous deux arbres aux branches desquels leurs chlamydes sont suspendues. Un des éphèbes de gauche détache un vase de l'arbre; un des éphèbes de droite est occupé à verser de l'huile dans sa main, après quoi il en versera également dans celle de son compagnon, qui fait déjà un mouvement pour la lui tendre. Un troisième vase, destiné probablement au couple qui est encore au bain, pend de l'arbre du même côté. Les cordons qui servent à porter et à suspendre ces vases sont coloriés de rouge.

La coutume de se baigner après le voyage ou après des exercices qui avaient couvert le corps de sueur et de poussière, était ancienne dans la Grèce [1]. Elle nous apparaît déjà aux temps homériques [2] et ne fit que s'étendre dans les siècles suivants; l'on en vint à prendre un bain journellement avant le repas [3]. Les Spartiates ne faisaient usage que de bains froids [4] et il en fut de même des Athéniens à l'époque des guerres persiques. Mais quand des idées nouvelles eurent envahi la société et opéré une révolution complète dans l'éducation (καινὴ παίδευσις) [5], on délaissa en grande partie les bains froids pour les bains chauds, où l'on courut en foule [6]. Les partisans de l'ancien régime [7] cependant

---

[1] Artemidor. Oneirocrit. 1, 64 (πάλαι οἱ ἄνθρωποι) ἢ πόλεμον καταστρεψάμενοι ἢ μεγάλου παυσάμενοι πόνου ἐλούοντο.
[2] Il. X, 577. Odyss. III, 466. IV, 48. VI, 96. VIII, 450. X, 360, sqq., XVII, 87.
[3] Artemidor, l. c. ἔστι νῦν τὸ βαλανεῖον οὐδὲν ἢ ὁδὸς ἐπὶ τροφήν. Plat. Sympos., p 174 A. Xenoph. Sympos. I, § 7. Lucian. Lexiphan. §§ 2. 5. 6. Cf. Hermann ad Lucian. De conscrib. hist., p. 148. Krause, Gymnastik und Agonistik der Hellenen. 1, p. 626.
[4] Plut. Instit. Lacon. c. 2. Vit. Lycurg. c. 10. De adulat. et amic. c. 7.
[5] Aristophan. Nub. 937.
[6] Ibid. 1054.
[7] Ibid. vs. 961. ἀρχαία παιδεία.

protestèrent contre une innovation dans laquelle ils ne voyaient qu'un raffinement de mollesse [1]. Aussi les hommes, qui menaient une vie simple, s'abstenaient-ils de se rendre dans les établissements publics de bains chauds, que d'abord on ne toléra pas même dans la ville [2]; Socrate ne s'y montra que très-rarement [3] et Phocion n'y parut jamais [4].

Les éphèbes de notre peinture s'en tiennent encore au bain froid ; mais la manière dont ils le prennent mérite de fixer l'attention. On peut se convaincre à la vue de ce tableau, que, si l'emploi des douches, comme remède à certains maux, est une invention moderne, la chose elle-même remonte à une haute antiquité. On devine facilement, du reste, comment les Anciens auront été mis sur la voie de cette pratique : il était d'habitude que les gens de service de l'établissement des bains (παραχύται) jetassent de l'eau, avec un vase nommé ἀρύταινα, sur la tête et les épaules des baigneurs [5]. Or, se placer sous le jet d'une fontaine c'était se soumettre à la même opération sans l'aide de personne. On ne connaît jusqu'ici, outre l'hydrie de Leide, que deux vases offrant des bains de ce genre. L'un fait partie du musée de Berlin et a été publié par M. Gerhard [6]. On y voit quatre femmes nues, placées dans des poses diverses, sous les jets d'eau lancés par quatre têtes d'animaux, dont deux de sanglier, une de lion et une de panthère. La fontaine est sous un portique que supportent trois colonnes doriques, reliées par une poutre, à laquelle sont suspendus les vêtements des baigneuses. L'autre vase a appartenu au prince de Canino [7]; il montre aussi trois baigneuses, nues, recevant sur leurs corps l'eau qui jaillit avec abondance de deux têtes de lion et d'une tête de panthère. A l'architrave sont suspendus deux lécythus d'où s'échappe un nuage [8]. Dans ces deux dernières compositions les baigneuses sont dans l'eau jusqu'à mi-jambes ; ce qui doit faire supposer qu'elles se tiennent debout dans un bassin peu profond. On remarque aussi parfaitement l'eau qui ruisselle ou tombe, fine comme de la poussière, sur leurs corps, tandis que ce détail manque au vase de Leide, non pas, je pense, par suite de détérioration, mais par la négligence du peintre. Une autre différence entre notre peinture et celles que j'ai citées comme termes de comparaison, c'est que sur la première le portique est extérieur, et que sur les deux autres il doit se trouver à l'intérieur d'un édifice ; condition que les mœurs grecques réclamaient pour des bains déstinés aux femmes.

Toutes les autres peintures représentant des bains offrent simplement un grand vase rond ou oval [9], élevé sur un seul pied et autour duquel des hommes ou des femmes entièrement nus sont occupés à se laver [10]; aucune n'a encore montré une baignoire dans laquelle les baigneurs pussent entrer (ἀσάμινθοι, πύελοι), bien que l'usage de bassins de cette espèce soit attesté par des textes

---

[1] *Ibid.* vs. 1046. Platon n'admet l'usage des bains chauds que pour les vieillards. *Legg.* VI, p. 761.
[2] Athenæus. I, p. 18 B.
[3] Plut. *Sympos.*, p. 174 A. Cf. Aristoph. *Nub.* 837.
[4] Plut. *Phoc.* c. 4.
[5] Homer. *Odyss.* X, 362. θυμῆρες κεράσασα κατὰ κρατός τε καὶ ὤμων. Plut. *De primo frigid.* 10. *De invid.* 6. *Apophth. Lacon.* 49. Cf. Plat. *De Rep.* I, p. 344. Lucian. *Demosth. enc.* 16. Voy. Becker, *Charikles*, II, p. 143, sq. et un vase du musée britannique chez Tischb., I, 57, et Panofka, *Bild. a. Leb.* XVIII, 10.
[6] *Etrusk. und Kampan. Vasenb.* Taf. XXX; reproduit par M. Panofka, *Bild. ant. Leb.* XVIII, 9 et dans l'*Élite des mon. céram.* T. IV, pl. XVIII.
[7] *Élite des mon. céram.* T. IV, pl. XVII.

[8] Je ne puis m'expliquer cette particularité. Quand même les baigneuses se trouveraient dans une étuve, ce qui ne me paraît pas vraisemblable, la température ne saurait être assez élevée pour produire l'évaporation de l'essence huileuse contenue dans les vases ; on doit nécessairement y avoir versé un liquide bouillant avant de les suspendre là.
[9] Λουτήριον, Pollux, VII, 167. X. 46. Cf. Becker, *Charikles*, II, p. 158. Ussing, *De nominib. Vasor.*, p. 114, sq.
[10] Tischbein, *Anc. vases*, I. pl. 58, 59. Millin, *Peintures de Vas.* II, 9. Stackelberg, *Græber der Hellen.* Taf XXXVI, 4. *Élite des monum. céramogr.* T. IV, pl. XIX. XX. XXI. etc. Sur quelques miroirs étrusques le vase (Λουτήριον) reçoit l'eau qui tombe du mufle d'un animal, Gerhard, *Etrusk. Spiegel*, I. Taf. CVIII et CIX, 1. 2.

anciens [1] et existe déjà chez les héros d'Homère [2]. Je suis disposé à croire que la plupart de ces représentations doivent être regardées comme des scènes de toilette plutôt que comme des bains proprement dits.

La coutume de se frotter d'huile après le bain est aussi ancienne dans la Grèce que l'usage des bains mêmes ; chez Homère l'une de ces opérations accompagne toujours l'autre [3]. Dans les établissements publics, les baigneurs pouvaient se procurer à prix d'argent l'huile et les autres ingrédients employés pour le bain [4] ; la plupart cependant y faisaient apporter par l'un de leurs esclaves (Ληκυθοφόρος) ou y apportaient eux-mêmes (αὐτολήκυθοι) tout ce dont ils avaient besoin. C'est ainsi qu'en ont agi les éphèbes de notre peinture ; il n'y avait en effet dans la localité ni *Apodyterion*, ni *Alepterion*, puisqu'ils ont suspendu leurs vêtements aux arbres et qu'ils se frottent d'huile en plein air. Les vases qui contenaient de l'huile ou des essences liquides à l'usage des baigneurs, s'appelaient *lecythes*, λήκυθοι [5] ; il faut, je pense, appliquer ce nom à ceux que nous voyons figurés ici, de préférence au nom d'*Aryballes*, Ἀρύβαλλοι, que quelques archéologues voudront peut-être leur donner, à cause de leur forme.

J'ai fait remarquer plus haut la présence de deux serpents sur le tympan du fronton représenté sur l'hydrie de Leide [6] ; elle s'explique par plus d'un motif. Outre que ces reptiles font allusion à l'élément humide [7] et sont souvent les gardiens de fontaines [8], ils peuvent être considérés comme la représentation du génie de la localité [9] et comme l'emblème de la santé [10], au maintien de laquelle les bains contribuent si puissamment. Les chevaux qui surmontent les extrémités du fronton sont également en rapport avec la destination de l'édifice. C'est le cheval Pégase qui d'un coup de pied fit jaillir la fontaine Hippocrène au pied du mont Hélicon [11] et une autre du même nom à Trézène [12] ; c'est au bord d'une fontaine que naquit le célèbre cheval Arion [13]. Neptune, le dieu de la mer, présidait également aux fontaines ; il les produisait [14] et les tarissait [15] à son gré, et on lui donnait pour cette raison les surnoms de νυμφαγέτης, de κρηνοῦχος et d'ἠπειρότης [16]. Or le même dieu passait pour le créateur du premier cheval [17] et s'était une fois transformé lui-même en cet

---

(1) Pollux, VII, 166 et 168. Schol. Aristoph. *Equit.* 1060. Hesych. voc. πύαλος. Artemidor., *l. c.* Bekkeri, *Anecdot. gr.*, p. 60. Cf. Becker, *Charikles*, p. 139. Ussing, *De nom. vas.*, p. 115. K. F. Hermann, *Privatalterthuem.*, p. 92. § 20, 27.

(2) *Iliad.* X, 576. *Odyss.* III, 468. IV, 48. VIII, 450. 457. X, 361. XVII, 87.

(3) *Iliad.* X, 577. *Odyss.* III, 466. IV, 46. VI, 96. VIII, 454. X, 364. XVII, 88.

(4) Schol. Aristoph. *Ran.* 710. ταῦτα τοιαῦτα καθάρματά ἐστιν, οἷς οἱ λουόμενοι χρῶνται τῶν βαλανέων πωλούντων.

(5) Hom. *Odyss.* VI, 79. *Ib.* Eustath. p. 1552. ed. Rom. Aristoph. *Av.* 1588. *Plut.* 810. Pollux, VI, 103. Hesych., s. v. Cf. Letronne, *Observations sur les noms des vases grecs*, p. 49. Ussing, *l. c.*, p. 64, sqq. C. F. Hermann, *l. c.*, not. 20. — Athénée fait mention du cordon qui servait à suspendre ces vases, quand ils n'avaient pas d'anse, X, 74, p. 451 D : τὸν γὰρ λευκὸν ἱμάντα βουληθεὶς εἰπεῖν ἐξ οὗ ἡ ἀργυρᾶ λήκυθος ἐξήρτητο.

(6) On voit également deux serpents, en face l'un de l'autre, sur le fronton d'une fontaine qui décore un vase peint de la collection Durand (*Catalogue*, n° 645), aujourd'hui au musée britannique. *Catalog. of vases in the B. Mus.*, I, p. 64, n° 476.

(7) Voy. Roulez, *Annal. dell' Inst. arch.* T. XVII, p. 124, not. 6.

(8) Il suffit de citer le serpent qui gardait la fontaine consacrée à Mars et qui fut tué par Cadmus, Apollodor, III, 4, 1. Hygin. *Fab.* 178, p. 296. Staver. Schol. Euripid. *Phœniss.* 5. Eustath. ad Hom. *Il.* IV, 407, p. 490. Voy. Unger, *Thebana Paradoxa*, p. 103, sq et 583.

(9) C'est l'explication qu'adopte M. Gerhard, *Archæol. Anzeig.*, p. 86. — Voy. sur le serpent figurant le *genius loci*, Ott. Jahn, *Arch. Beiträge*, p. 225.

(10) Aussi sert-il d'attribut aux divinités qui président à la santé.

(11) Pausan. IX, 51, 3. Antonin. Liber. *Metam.* IX. Stat. *Theb.* IV, 60.

(12) Pausan. II, 52, 9.

(13) Schol. ad *Iliad.* XXIII, 346.

(14) Plat. *Crit.*, p. 113 E. Apollod. II, 1, 4. Hygin. *Fab.* 169.

(15) Herodot. VIII, 55. Apollod., *l. c.*, et II, 14, 1.

(16) Pausan. II, 2, 7. Cornutus, 22. Philostrat. *Imag.* II, 14.

(17) Dans l'Attique lors de sa contestation avec Minerve, Serv. ad Virg. *Georg.* I, 12, p. 173. Lion. Schol. Stat. *Theb.* VII, 184 ; ou bien en Thessalie, Schol. Pind. *Pyth.* IV, 246. Virgil. *Georg.* I, 12, ibiq. Serv. Schol. Apollon., III, 1244. On lui attribuait également la création d'Arion (Pausan. VIII, 25, 7) et

animal [1]. Le culte de Posidon ἵππιος était répandu dans toute la Grèce [2]. Les peintures des vases de Vulci reproduisant principalement des usages attiques [3], il n'est pas invraisemblable que l'auteur de la composition qui décore notre hydrie ait voulu placer la scène de son tableau dans un des anciens gymnases d'Athènes [4]. Les deux arbres qu'il y a figurés font probablement allusion aux promenades plantées d'arbres qui embellissaient ces lieux de réunion et surtout l'Académie [5]. Si mon hypothèse est fondée, les serpents et les chevaux du fronton acquièrent une signification de plus; car ils offrent les attributs d'Athéné hygia [6] et de Posidon hippius, les deux principales divinités d'Athènes.

Toute une série de vases peints [7] représentent des jeunes filles venant chercher de l'eau à une fontaine, qui se trouve également sous un portique ; l'inscription ΚΑΛΙΡΕ ΚΡΕΝΕ, qui se lit sur l'un de ces vases [8], nous apprend que la fontaine figurée dans ces scènes d'hydrophorie n'est autre que la célèbre fontaine athénienne Callirhoé ou Ἐννεάκρουνος [9]. Or, selon les témoignages des auteurs [10], les Pisistratides l'avaient ornée par des constructions architectoniques ; c'est probablement l'image plus ou moins fidèle de ces constructions qu'offrent les peintures de vases. Ce genre d'édifice remplissait parfaitement le but pour lequel on l'avait choisi : il conservait la fraicheur de l'eau et protégeait contre les ardeurs du soleil ceux qui venaient s'y désaltérer. Cette considération autoriserait la supposition que les eaux de la fontaine précitée n'étaient pas les seules qui à Athènes [11] coulassent à l'ombre d'un portique ; notre peinture semble lever tout doute à cet égard.

Le mufle de lion était généralement employé comme ornement architectonique des fontaines [12], et c'est par allusion à cet usage qu'on donnait à cet animal l'épithète de κρηνοφύλαξ [13]. Les peintures de vases nous fournissent la preuve que les mufles d'autres animaux étaient parfois substitués à celui de lion : nous voyons figurer sur notre hydrie deux têtes de panthère [14]; ailleurs on trouve des têtes de sanglier [15].

Dans le champ de la peinture se remarquent deux inscriptions [16] : l'une est illisible; l'autre porte les mots : ΚΑΛΟΣ ΑΝΤΙΜΕΝΕΣ, Antimène est beau. Cette formule de compliment ne parait pas

---

de Pégase (Hesiod. Theog. 280 sq. Ovid. Met. VI, 149. Hygin. Fab. 151).

(1) Pausan. VIII, 25, 5. 42, 1.

(2) Voy. Pausan. I, 30, 4. V, 15, 5. VII, 21, 8. VIII, 25, 7. Alibi passim.

(3) Cf. G. Kramer, Ueber den Styl und die Herkunft. der bem. Gr. Thongef., p. 189.

(4) Une loi de Solon mentionne déjà trois gymnases : le Lycée, l'Académie et le Cynosarge. Demosth. Contra Timocr., p. 736 R.

(5) Cimon y avait amené de l'eau et fait des plantations d'arbres, Plut. Cim. c. 13. Sylla. c. 12 : τὴν Ἀκαδημίαν ἔκειρε δενδροφορωτάτην προαστείων οὖσαν. Diogen. Laert. III, 7 : γυμνάσιον προάστειον ἀλσῶδες. Schol. Sophocl. OEdip. Colon. 701 : τῆς ἐν Ἀκαδημίᾳ ἐλαίας, ἥν ἀπό τῆς ἐν Ἀκροπόλει φυτευθῆναί φασιν.

(6) Pausan. I, 23, 5. Cf. Panofka, Die Heilgötter d. Griechen, p. 3, f. O. Jahn, Arch. Beitraege, p. 222.

(7) Catalogue of vases in the British Museum. Vol. I, nos 475. 476 (Cf. Catal. Durand, 648). 477. 478. 479. 480. 481. 482. De Witte, Catal. Durand, n° 644. Mus. etrusc. Gregor. II. Tav. IX, 2. X, 26.

(8) Bröndsted, A brief descr. of thirty two anc. gr. vases, n° 27.

(9) Otf. Müller, Handbuch der Arch. § 429, 1, p. 75. éd. 3.

(10) Thucydid. II, 15, 5 : καὶ τῇ κρήνῃ τῇ νῦν μὲν τῶν τυράννων οὕτω σκευασάντων Ἐννεακρούνῳ καλουμένῃ, τὸ δὲ πάλαι φανερῶν τῶν πηγῶν οὐσῶν Καλλιρρόη ὠνομασμένη. Pausanias, I, 14, 1. πλησίον δὲ ἐστι κρήνη, καλοῦσι δὲ αὐτὴν Ἐννεάκρουνον, οὕτω κοσμηθεῖσαν ὑπό Πεισιστράτου. Il résulte de ces deux passages que la fontaine jetait son eau par neuf mufles d'animaux et non par deux ou trois comme l'indiquent les peintures précitées.

(11) Je n'entends pas parler de l'enceinte seule de la ville qui, au dire de Pausanias (l. c. Cf. Hermann, Privatalterth. § 18, 21, p. 82), ne possédait qu'une seule fontaine. L'eau qui servait aux bains-douches était fournie évidemment par d'autres fontaines naturelles ou artificielles.

(12) Voy. les peintures de vases citées ci-dessus, not. 7, Mon. ined. dell' Instit. arch. III, 49. IV, 14. 18. De Witte et Le Normant, Elite céramogr. III, pl. 29. Gerhard, Auserl. Vasenb. XCII, CXXXIV. Etrusk. und. Kamp. Vas. Taf. E, 9. 16. O. Jahn. Teleph. und Troil. Taf. IV. Mus. etrusc. Greg. II. Tav. XI, 2 a, etc. Cf. Roulez, Amphion et Zéthus, p. 10, not. 5. O. Jahn, Die Ficoronische Cista, p. 24.

(13) Pollux, VIII, 9. Cf. Creuzer, Zur Archæologie, III, p. 205.

(14) Voy. en outre, Monumenti dell' Instituto archæolog. T. IV. Tav. 54. Gerhard, Etrusk. u. Kamp. Vas. Taf. XXX, 1. 2. Catal. of vas. in the Br. Mus. I, n° 476.

(15) Gerhard, l. c. Taf. XXX, 2.

(16) On trouve le fac-simile de ces inscriptions chez Janssen, Insc. gr. et latin. Musæi Lugduno-batavi. Tab. VIII, 9.

CHASSE AU CERF.

avoir trait à la figure auprès de laquelle elle est placée [1]. Elle contient plutôt le nom du possesseur, non pas de notre hydrie, qui n'est qu'une copie, mais du vase original fabriqué probablement à Athènes [2]. Ou bien Antimène est l'un de ces jeunes Athéniens, renommés par leur beauté physique, par la distinction de leur esprit ou par leur habileté dans les exercices gymnastiques, dont les céramographes aimaient à inscrire les noms sur leurs produits, destinés à être mis en vente [3]. Ces noms propres qui étaient à eux seuls un éloge, s'appliquaient aux personnes qui recevaient ces vases en présent. Leur signification est donc à peu près aussi vague et indéterminée que celle du mot παῖς, qui se rencontre plus fréquemment encore dans la même formule.

2. Dans la bande au-dessous de la peinture principale est représentée une chasse au cerf. Ce sujet cadre bien avec la scène de bains; car celle-ci ayant lieu dans un gymnase a été précédée par divers exercices du corps, et la chasse était aussi regardée chez les Grecs comme un des exercices les plus propres à conserver la santé, à fortifier le corps et à préparer au rude métier des armes [4]. Xénophon [5] nous apprend que l'on chassait le cerf de deux manières. D'abord à l'aide de lacs (ποδοστράβαι); le morceau de bois qu'il emportait avec lui ralentissait sa course et permettait aux chasseurs de suivre ses traces et de l'atteindre plus facilement. En second lieu, sans l'emploi d'aucun piège, en se bornant à le poursuivre vivement; l'animal fatigué s'arrêtait et se laissait percer de traits ou bien tombait épuisé [6]. C'est cette dernière manière que nous voyons figurée sur notre hydrie. Au centre du tableau, un cerf, vaincu par la fatigue et par la blessure qu'il a reçue, s'abat et retourne la tête vers le javelot qui est resté enfoncé dans son flanc gauche. De chaque côté deux chasseurs, l'un à cheval et l'autre à pied, sont à sa poursuite. Les chasseurs à pied portent la chlamyde déployée sur le bras en guise de bouclier [7], afin de se préserver des coups de l'animal, qui, lorsqu'on l'approche, se défend avec les pieds et les cornes [8]. La frise d'une hydrie publiée par M. Gerhard [9] offre la même composition, avec la légère différence que deux javelots ont déjà été lancés contre l'animal. Une autre répétition se voit au-dessous de la peinture principale d'une hydrie mise au jour par Micali [10]; mais le céramographe a négligé d'y tracer les armes des chasseurs. Sur trois autres peintures du même sujet [11] l'animal est poursuivi par quatre cavaliers. Il est à remarquer que Xénophon ne fait pas mention de l'emploi du cheval pour la chasse du cerf [12]. Cet emploi résulte toutefois d'un passage de Platon [13] et du témoignage formel d'un écrivain d'une époque

---

(1) M. Panofka, qui dans un savant et ingénieux écrit (*Die Griech. Eigennam. mit* Καλός, etc. Berlin, 1849) a cherché à mettre tous les noms propres accompagnés de Καλός en rapport avec les sujets des peintures, n'adopterait pas lui-même, je pense, l'explication de Αντιμενες καλος par : le jeune homme qui reçoit (ἀντιμένω) bravement l'eau qui tombe sur ses épaules.

(2) Cf. Gerhard, *Berlins antike Bildwerke*, 1836. S. 165.

(3) Cf. O. Müller, *Götting. gelehrte Anzeigen*. August. 1834, p. 1332, f.

(4) Le législateur Lycurgue (Xenoph. *Lacædem Respubl.* IV, 7), le philosophe Platon (*De Legg.* VII, p. 823 B, 824 A), et le médecin Galien (περὶ τοῦ διὰ μικρᾶς σφαίρ. γυμν. c. 1) ont apprécié à leur juste valeur les avantages de cet exercice et Xénophon s'en est constitué le chaleureux panégyriste, *de Venat.*, cap. XII et XIII.

(5) *De venatione*, c. IX.

(6) Ἁλίσκονται δὲ καὶ ἄνευ ποδοστράβης διωκόμεναι......

ἀπαγορεύουσι γὰρ σφόδρα, ὥστε ἑστῶσαι ἀκοντίζονται.......
ὅτι δὲ διὰ δύσπνοιαν πίπτουσι. Arrianus, *de Venat.*, c. XXIII : ὥστε ἀπαγορεῦσαι τὴν ἔλαφον, ἀπαγορεύσασα δὲ καὶ χανοῦσα ὑπὸ ἀπορίας ἵσταται· καὶ ἔξεστιν ἤδη, εἰ μὲν βούλοιο, ἀκοντίσαι ἐγγύθεν ὡς πεπεδημένην.

(7) Cf. Winckelmann, *Monum. ant. ined.* T. I, p. 10.

(8) Xenoph., *l. c.* τοῖς γὰρ κέρασι παίει καὶ τοῖς ποσίν.

(9) *Auserl. Vas.* Taf. XCIII.

(10) *Monumenti per servire alla storia degli ant. pop. ital.* Tav. LXXXIX.

(11) *Monumenti dell' Instit. arch.* T. III. Tav. 44. *Mus. etrusc. Gregor.* T. II, Tav. IX, 2. Müller, *Description des ant. du musée Thorvaldsen*, sect. II. n° 54, p. 64.

(12) Il ne parle du cheval (cap. XI) que par rapport à la chasse de bêtes féroces, la plupart étrangères à la Grèce.

(13) *L. c.*, p. 824, A: μόνη δὴ πᾶσι λοιπὴ καὶ ἀρίστη ἡ τῶν τετραπόδων ἵπποις καὶ κυσὶ καὶ τοῖς ἑαυτῶν θήρα σώμασιν.

postérieure [1]; mais, à défaut de textes, les peintures de vases le mettraient hors de doute. Une scène de chasse au cerf, digne d'attention, orne la partie supérieure d'une magnifique amphore du musée du Louvre [2]. Les chasseurs, au nombre de six, sont tous à pied. Les deux qui se trouvent le plus rapprochés de l'animal le percent de leurs javelines, l'un au dos, l'autre à la poitrine, et de peur d'être blessés par lui, ils se font un bouclier de leurs chlamydes. L'un des chasseurs n'est pas armé de javelines, comme ses compagnons; il tient de la main gauche un *pedum* et dans la droite une pierre qu'il se prépare à lancer contre le quadrupède.

3. Le départ d'un guerrier fait le sujet du tableau qui décore la frise de notre hydrie (Voy. pl. XIX, 2). Les compositions de cette sorte sont souvent, en l'absence d'inscriptions, susceptibles d'être rapportées, avec quelque vraisemblance, à des personnages divers. Mais on trouverait difficilement un guerrier, auquel les détails de celle que nous avons sous les yeux s'appliquassent plus convenablement qu'à Hector. Au sixième livre de l'Iliade [3] le héros troyen, d'après le conseil du devin Hélénus, son frère, abandonne le champ de bataille et rentre en ville, où il a successivement avec sa mère et avec sa femme une entrevue, qui est la dernière. C'est ce passage d'Homère qui semble avoir donné aux artistes l'idée d'un tableau du départ d'Hector pour aller repousser les Grecs [4]. Mais ils ont exprimé cette idée sous plusieurs formes, sans s'astreindre à suivre le récit du poète. Ainsi, une amphore à inscriptions du musée de Munich [5] montre l'armement du guerrier troyen (ΗΕΚΤΟΡ), en présence d'Hécube (ΗΕΚΑΒΕ), qui lui présente son casque, et de Priam (ΠΡΙΑΜΟΣ). Sur une amphore à inscriptions, conservée au Musée du Vatican [6], Hector (ΚΑΛΟΣ ΕΚΤΩΡ), revêtu de ses armes, tient en main une coupe, dans laquelle sa mère (ΕΚΑΒΗ) va verser du vin d'une œnochoé, circonstance qui est en contradiction formelle avec le texte de l'Iliade [7]. Le vieux Priam (ΠΡΙΑΜΟΣ), l'air triste et abattu, est debout derrière son fils. Une kelebé inédite de la collection Campana à Rome [8], représente aussi le départ d'Hector, qui a lieu devant une assistance nombreuse. On y a déchiffré les inscriptions suivantes : ΠΡΙΑΝΟΣ, FΑΚΑΒΑ, ΕΚΤΟΡ, ΗΙΙΠΠΟΜΑΧΟΣ [9], ΚΕΒΡΙΟΝΑΣ, ΞΑΝΘΟΣ [10], ΔΑΙΦΟΝΟΣ, ΠΟΛΥΞΕΝΑ, ΚΕΣΑΝΔΡΑ, ΑΙΝΟΙ [11], ΚΙΑΝΙΣ. On remarque dans ce tableau un quadrige, puis deux chevaux, dont l'un est monté par un cavalier. C'est aux compositions de cette dernière forme qu'appartient celle de notre hydrie. On voit au centre le quadrige d'Hector, que monte son aurige Cébrionès [12], vêtu d'une longue tunique blanche, tenant d'une main les rênes et de l'autre un bâton en guise de fouet. On aperçoit derrière les chevaux un personnage barbu, couvert d'un manteau; il porte dans une main un bâton et de l'autre fait un geste, indice, soit de sa surprise, soit de l'animation avec laquelle il parle. On pourrait prendre ce personnage

---

[1] Arrian. *de Venat.*, c. XXIII.

[2] Millingen, *Anc. uned. monum.* I, pl. XXIII. Panofka, *Vasi di premio.* Tav. II et *Bilder. ant. Leb.* V, 5.

[3] Vs. 76-503.

[4] Cf. Overbeck, *Heroische Gallerie.* S. 399.

[5] Chez Gerhard, *Auserl. Vas.* III. Taf. 188.

[6] Chez Gerhard, *l. c.* Taf. 189; dans le *Mus. etr. Gregor.* T. II. Tav. 60, 2; et chez Overbeck, *l. c.* Taf. XVI, 16.

[7] VI, 264, sqq.

[8] On en lit une description dans l'*Arch. Zeit.* 1846, n° 43, et chez Gerhard, *Aus. Vas.* III. S. 81. Cf. Overbeck, *l. c.* S. 404, fg.

[9] Un guerrier troyen de ce nom est mentionné dans l'*Iliade*, XII, 189.

[10] Ce nom placé devant les deux chevaux se rapporte à l'un d'eux (Gerhard, *Arch. Zeit. l. c.* S. 502), sinon au cavalier. Un guerrier troyen nommé Xanthus périt de la main de Diomède. *Il.* V. 152.

[11] Suivant M. Gerhard, ce nom est placé à côté d'une figure de femme; je ne comprends pas alors comment M. Overbeck puisse proposer de lire ΑΙΝΕΙΑΣ. Le mot ΑΙΝΟ ne cacherait-il pas plutôt le nom de (Θ)ΕΑΝΩ, épouse d'Anténor et prêtresse de Minerve? *Il.* VI, 298, sqq.

[12] C'est le même dont le nom figure sur le vase Campana; il est question de lui plusieurs fois dans l'*Iliade.* Voy. VIII, 318. XI, 521. XII, 91, sq. XIII, 790. XVI, 727, sqq.

pour le devin Hélénus, si, d'après l'Iliade, ce fils de Priam ne se trouvait pas dans ce moment à l'armée, d'où il a lui-même envoyé Hector dans la ville. Je préfère y reconnaitre Anténor, ce prince sage, qui, dans une assemblée des Troyens, ouvrit l'avis qu'il fallait mettre fin à la guerre en rendant aux Grecs Hélène avec ses trésors [1]. A droite, en face des chevaux, Priam est assis sur un ocladias; il a la tête baissée et s'appuie sur son sceptre. La figure qui est debout derrière lui a pour vêtements une chlamyde, des bottines ailées et un pétase; sa main gauche est munie d'un caducée. Ce personnage, dans le costume et avec l'attribut de Mercure, est probablement le héraut Idæus [2], qui remplit un message de Priam auprès des Atrides [3] et qui plus tard fit l'office de cocher, lorsque l'infortuné monarque se rendit dans le camp des Grecs pour redemander le corps d'Hector [4]. L'épouse du roi des Troyens occupe l'extrémité droite de la composition; comme sur les vases de Munich et du Vatican, cités ci-dessus, elle est représentée encore jeune. A l'extrémité opposée se voit Andromaque; Hector, muni de ses armes, lui fait ses adieux avant de monter sur son char. Le bouclier du guerrier a pour emblème un dauphin; sur l'amphore du Vatican le même animal orne son casque [5].

Outre Hécube et Andromaque, Priam est ici présent à la scène d'adieux. L'Iliade ne parle, à la vérité, que de l'entretien d'Hector avec les deux premières, mais, si le poète ne fait pas mention de l'entrevue du héros avec son père, il la laisse du moins supposer. En effet, en quittant ses compagnons d'armes, Hector leur annonce qu'il rentre à Troie pour engager leurs femmes et les vieillards, dont les sages conseils dirigent les affaires de l'État, à calmer la colère des dieux par des prières et des sacrifices [6].

[1] Il. VII, 347, sqq.
[2] Voy. Il. III, 248. VII, 276. 278.
[3] Il. VII, 372. 381, sqq.
[4] Il. XXIV, 325-470.
[5] Une composition, ayant une grande ressemblance avec la nôtre, décore la frise d'une hydrie de Vulci au musée britannique. Au centre du tableau Priam est assis sur un pliant devant les chevaux du quadrige d'Hector, monté par l'aurige Cébrionès; à gauche le guerrier s'entretient avec une femme, sa mère ou son épouse; son bouclier porte également le dauphin pour emblème. On y remarque aussi le personnage que j'ai appelé Anténor. Mais la seconde femme et le héraut sont remplacés par trois autres guerriers. Voy. *A Catalogue of the Gr. and Et. vases in the Britisch Mus.* Vol. I, p. 66, n° 478. D'autres vases se rapportant, avec plus ou moins de vraisemblance, au même sujet, sont notés par M. Gerhard, *Auserlesene Vasenbilder*, III, p. 81.

[6] Il. VI, 113-15.

PLANCHE XX.

1. MERCURE SACRIFICATEUR. — 2. DONS ET JEUX D'AMOUR.

1. Les peintures de cette planche [1] font la décoration d'une coupe trouvée à Vulci. A l'intérieur (Pl. XX, 2) nous remarquons Mercure debout sur une base. Il est représenté avec des formes juvéniles; sa chevelure, serrée par un bandeau violet, tombe en longues boucles sur son cou et son pétase est rejeté sur son dos. Sous sa chlamyde, son vêtement habituel, on aperçoit une tunique courte, particularité dont les vases peints n'offrent que peu d'exemples. On remarque ensuite l'absence d'ailes aux talons, autre particularité, assez commune cependant sur les peintures à figures rouges de style encore ancien [2]. Le dieu tient le caducée de la main gauche et de la droite une patère, dont il répand une liqueur rouge. Deux passages d'auteurs anciens [3] autorisent à croire que la patère était un attribut donné très-fréquemment au fils de Maïa dans les représentations de cette divinité. Plusieurs autres monuments figurés, parvenus jusqu'à nous, confirment cette opinion. La peinture intérieure d'une autre coupe [4] offre également Mercure versant du vin d'une patère; cette peinture, de style archaïque, est l'œuvre du céramographe Hermæus, auquel elle sert de signature; en effet, on lit dans le champ l'inscription : ΗΕΡΜΑΙΟΣ ΕΠΟΙΕΣΕΝ, *Hermæus a fait*. Dans les cérémonies du culte chez les Grecs, la libation tantôt constituait à elle seule une offrande aux dieux [5], comme dans les deux tableaux précédents, tantôt accompagnait le sacrifice d'une victime et était versée sur la flamme de l'autel, où étaient consumées les chairs destinées aux dieux [6]. Nous avons un exemple de cette dernière libation sur la peinture qui orne le fond d'une troisième coupe de la même provenance [7]. Mercure barbu, vêtu d'une chlamyde, le pétase rejeté sur le dos, les pieds sans talonnières, verse du vin sur un autel allumé. Sur un stamnus, connu depuis longtemps [8], le même

---

[1] Cette planche, ayant été ajoutée après coup, ne se trouve pas à la place qu'elle aurait dû occuper dans l'ordre des sujets.
[2] Cf. Gerhard, *Aus. Vas.* I. Taf. 16 et 18, avec la note 23, S. 60, et la note 13, S. 68.
[3] Aristoph. *Pac.* 424. 431, sqq. Cic. *De divinat.* I, 23.
[4] Publiée par Le Normant et De Witte, *Élite céram.* T. III, pl. 73. Cf. *Bullet. dell' Instit. arch.* 1842, p. 167. Panofka, *Von den Namen der Vasenbildner*, p. 4.
[5] Hesych., voc. Λοιβή· σπονδή, θυσία οἴνου. Voy. Hermann, *Gottesd. Alterth.* § 25, 13.
[6] Hermann, *l. c.* § 28, 18.
[7] *Élite des mon. céram.* T. III, pl. 76.
[8] Millin, *Peintures de vases* I, pl. 51, Guigniaut, *Religions de l'antiquité*, CVI. 422. Creuzer, *Symbol.* Bd. III. Hft. 2. Taf. X, éd. 3. *Élite des monuments céramographiques*, *l. c.*, pl. 88.

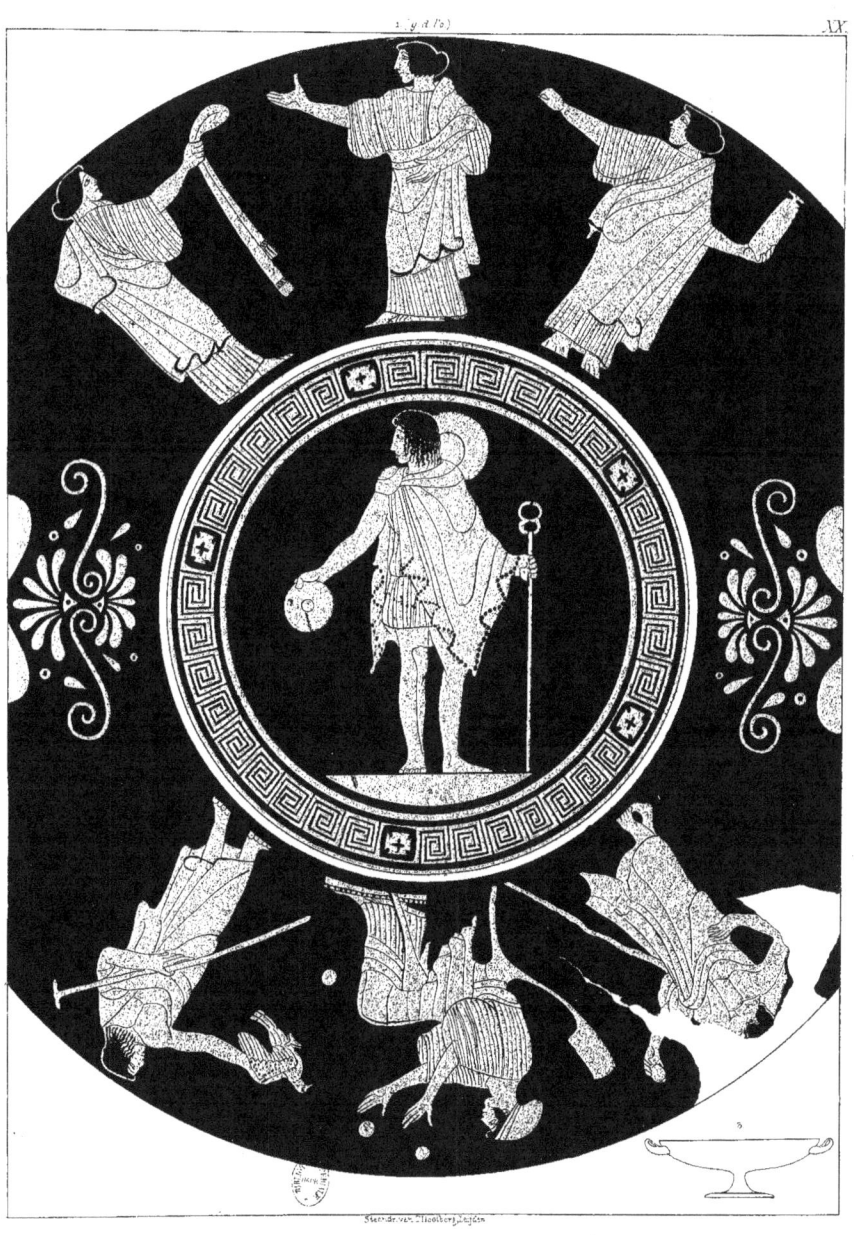

dieu, dans son costume et avec ses attributs ordinaires, et en outre la tête couronnée de myrte, conduit d'une main par les cornes un bouc vers un autel, pour y être sacrifié; dans l'autre main il porte un vase, en forme de phiale, (κανοῦν, *canistrum*), rempli de gâteaux et de fruits, destinés à servir d'offrande; à la même main sont encore suspendues une bandelette et une couronne qui a la forme d'un chapelet de perles ou de graines rondes. Derrière le fils de Maïa on voit à mi-corps un silène couronné de myrte, avec le thyrse et la bandelette. Dans une composition [1], représentant Jason avec la toison d'or, on voit à la partie supérieure Mercure tenant le caducée et un plateau contenant des fruits et des branches de myrte ou d'olivier pour une offrande [2]. Mais la peinture [3] où le fils de Maïa figure avec une patère, en face de sa mère portant une couronne, et accompagné d'un bélier et d'un bouc, paraît appartenir à un autre ordre d'idées. Ce ne sont pas les vases peints seuls qui nous offrent Mercure dans les fonctions de sacrificateur, il nous apparaît en la même qualité sur des monuments de divers genres. Un bas-relief du Vatican [4] montre le dieu avec la patère conduisant un bélier, sans doute vers un autel pour y être immolé. Un beau bronze [5] le représente avec la patère et un objet rond, probablement une pomme ou un autre fruit; enfin des pierres gravées [6] le font voir portant sur un plateau la tête d'un bélier qu'il a sacrifié. L'hymne homérique dépeint Mercure comme un habile sacrificateur [7] et Diodore de Sicile [8] lui attribue l'institution des sacrifices. Ce fait fournit l'explication de la série de représentations que je viens de passer en revue. Il faut rapporter au même sujet une autre suite de compositions montrant le fils de Maïa qui porte un bélier (κριοφόρος) : elles contiennent en effet une allusion à un genre de sacrifice particulier, à la lustration [9].

2. Sur les peintures extérieures (pl. XX, 1), nous voyons d'un côté, au centre de la composition, une jeune femme assise sur un siége à dossier. Elle est vêtue d'une tunique plissée, à larges manches, et d'un péplus, qui enveloppe le bas du corps seulement; un cécryphale coiffe sa tête. Elle lève les mains afin de rattraper deux des balles qu'elle a lancées en l'air; une troisième tombe à ses pieds. Devant et derrière cette femme se trouve un éphèbe drapé et muni d'un bâton; l'un lui présente un oiseau qu'il tient par les ailes; l'autre lui offre une pomme. Mais, uniquement occupée de son jeu, elle semble ne leur prêter aucune attention. La nature des objets offerts, jointe au mot ΚΑΛΟΣ inscrit dans le champ de la peinture, indique que les éphèbes cherchent à gagner le cœur de la jeune femme. En effet, la pomme est un symbole de l'amour et les amants se la jetaient en signe de déclaration ou de provocation [10]. Il faut reconnaître dans l'oiseau, soit la colombe favorite de Vénus [11], soit l'*iynx*

---

[1] Millingen, *Peint. de vas. gr.*, pl. VII.

[2] Pour l'explication de l'emploi de ces branches dans les sacrifices, j'ai déjà signalé ailleurs (*Annal. dell' Inst. arch.* XVII, p. 131, n. 4) un passage de Sophocle, *OEdip. Colon.* 483, sq.

[3] Gerhard, *Aus. Vas.* I. Taf. XIX, 1. Creuzer, *l. c.* Taf. XI, 32. *Élite céram.* III, 85.

[4] Visconti, *Mus. Pio-Clement.* IV, 14. Creuzer, *l. c.* Taf. IX, 47. Je ne sais si ce n'est pas plutôt comme protecteur des troupeaux, Νόμιος, que comme sacrificateur que Mercure conduit un bélier sur le putéal du Capitole, *Museo Capit.* IV, 22. Winckelmann, *Mon. Inediti*, I, 5.

[5] *Musæi Kirkerian. ær.* T. II. Tab. XXI.

[6] Gori, *Thes. Gemm.* II. Tab. 70, n° 3. 71, n° 5. Lippert, *Dactyl.* II, 122. Toelken, *Verz. der Preuss. Gemmensamml.* p. 180, n° 880, f.

[7] Vs. 115, sqq. Afin de se procurer le feu nécessaire au sa-

crifice le dieu commence par écorcer un rameau de laurier, *Ibid.* 109 : Δάφνης ἀγλαὸν ὄζον ἑλὼν ἐπέλεψε σιδήρῳ, etc. Cette opération est figurée sur la peinture de l'intérieur d'une coupe, publiée dans l'*Élite des monuments céramographiques*. T. III, pl. 74.

[8] I, 16. — Pan, fils d'Hermès, doué, comme son père, de la puissance inventive, est aussi représenté comme fondateur du culte religieux sur deux bas-reliefs du musée de Padoue, que j'ai publiés dans les *Bulletins de l'académ. de Belgique.* T. XIII, n° 7, p. 759 (*Mélang. d'antiq.*, fasc. V).

[9] Pausanias, IX, 22, 1.

[10] Theocrit. V, 88. Virgil. *Eclog.* III, 64. Catull. XV, 19. Propert. I, 3, 24. Cf. Boettiger, *Opuscul.*, p. 399, sq. Creuzer, *Zur Archæolog.* III, S. 176, ff. Engel, *Cypros*, II. S. 190, f.

[11] La colombe était donnée comme présent d'amour. Theocr. V, 96. Ovid. *Met.* XIII, 833. Cf. ci-dessus, p. 70, note 10.

ou torcol, auquel on attribuait une puissance magique sur la personne aimée [1]. Le jeu de balle (σφαῖρα) lui-même a ici une signification érotique. Le témoignage des auteurs et des monuments figurés prouve que ce sens s'y attache quelquefois. Anacréon [2] dépeint l'Amour lui envoyant une sphéra et le provoquant à jouer avec lui. Un vase [3] montre le dieu entre deux femmes, à l'une desquelles il envoie une sphéra; celle-ci pose la main sur une stèle, où on lit: ΧΙΗΣΑΝ ΜΟΙ ΤΑΝ ΣΦΙΡΑΝ. Sur la face principale d'un autre vase [4], Éros lève les mains pour recevoir la balle qu'une femme, figurée sur le revers, a jetée en l'air. Enfin sur un troisième vase [5], des Amours sont mêlés à des femmes occupées du jeu de balle.

Le sujet des peintures extérieures d'une coupe du cabinet Thorvalsen offre de l'analogie avec celui qui nous occupe. « Au milieu de l'un côté du vase un jeune homme, appuyé sur son bâton,
» présente une pomme comme symbole d'amour à une femme qui assise devant lui sur une chaise
» lui présente de même des pommes (tient en mains des balles); une bandelette est suspendue au-dessus
» d'eux. A côté d'eux se trouvent deux couples, les jeunes gens avec des gestes agaçants, les femmes
» dans des poses engageantes, qui caractérisent ces figures comme des hétaires avec leurs amants.
» De l'autre côté du vase sont deux couples debout, correspondant aux précédents, et entre eux un
» groupe de deux femmes, dont l'une assise sur une chaise joue avec trois pommes comme avec des
» balles (joue avec trois balles); l'autre debout devant elle tient une pomme (une sphéra?) dans la
» main qu'elle lève..... De chaque côté l'inscription ΗΟ ΠΑΙΣ ΚΑΛΟΣ deux fois répétée [6]. » Sur une peinture décorant les deux faces d'une amphore de Nola à figures rouges, conservée au musée britannique [7], on voit une jeune femme assise sur un siége à dossier, s'amusant à jouer avec deux balles : en face d'elle un éphèbe enveloppé dans son manteau, qu'il a relevé sur sa tête en guise de capuchon, et s'appuyant sur un bâton, lui adresse ses hommages. Une oie placée entre eux est un présent de l'amant [8] ou bien sert simplement à caractériser la scène.

Toutes les peintures dont il vient d'être question prouvent que le jeu de balle (σφαιριστική) n'était pas seulement un des exercices favoris des éphèbes, mais encore un amusement des jeunes filles. C'est même par rapport à elles que nous le trouvons mentionné pour la première fois. Homère [9] nous montre Nausicaa s'en amusant avec ses compagnes sur le bord de la mer. Je ferai encore une remarque qui ne manque pas d'importance. Les grammairiens [10] qui énumèrent les différentes espèces de jeux de balle et les auteurs qui en parlent semblent n'avoir tous en vue que l'emploi d'une seule sphéra. Cependant la joueuse de balle des coupes de Leide et de Copenhague se

---

[1] Pindar. Pyth. IV, 213-219. Boeckh. Theocrit. II, 17, et passim., avec les scolies sur ces passages. Hesych. v. Ἴυγξ. T. II, p. 84. Cf. Boeckh, Expl. ad Pyth., p. 277. Böttiger, Kl. Schr. I. S. 183, f. II, 321, f. Creuzer, l. c. S. 106.

[2] Ap. Athen., p. 599. C. Fragm. 13, p. 668. ed. Bergk (Poet. Lyr. Gr.):

Σφαίρῃ δηὖτέ με πορφυρέῃ
βάλλων χρυσοκόμης Ἔρως
νήνι ποικιλοσαμβάλῳ
συμπαίζειν προκαλεῖται.

[3] Millingen, Anc. unedited mon. I, pl. XII.

[4] Vase inédit du musée de Leide, trouvé dans la Cyrénaïque, Janssen, Monument. etc., p. 176, n° 1818.

[5] De la Borde, Vases de Lamberg, 1, pl. 47. Une représen-

tation du jeu de balle avec une signification à la fois érotique et mystique se voit sur un vase de la collection Lamberti à Naples, publié par M. Gerhard, Griechische Mysterienbilder, Taf. XI.

[6] L. Müller, Description des antiq. du musée Thorvalsen, I, p. 84, sv.

[7] Publiée dans les Annal. dell' Instit. archeolog. Vol. XIII. Tav. d'Agg. I, ann. 1841. Je ne puis me rallier à l'explication de M. De Witte (Ibid., p. 261, svv) qui dans la femme reconnaît Pénélope.

[8] Voy. ci-dessus, p. 70, note 9.

[9] Odyss. VI, 100, sq. Cf. la Ναυσικάα de Sophocle, Fragm., p. 334. ed. Wagner. On attribua même plus tard à la fille d'Alcinoüs l'invention de ce jeu. Athen. I, 25, p. 14, d.

[10] Pollux, IX, 6, 104, sqq. Eustath. ad Odyss. VIII, 372, p. 1601, et d'autres,

DONS ET JEUX D'AMOUR.

sert de trois sphéra ; celle de l'amphore du musée britannique en emploie deux, et les trois joueurs représentés sur une peinture des Thermes de Titus [1] en ont chacun deux. Les monuments figurés ajoutent donc aux notions que les textes nous ont conservées de cet exercice.

La peinture extérieure de l'autre côté de notre coupe offre trois jeunes filles : celle du milieu tient avec deux doigts ou reçoit sur la main ouverte un objet rond de couleur violette que je prends pour une sphéra [2] plutôt que pour une pelote de laine ; celle de gauche lui présente une bandelette ; la troisième avance aussi vers elle la main droite, de laquelle elle tient une branche de lierre, tandis que dans la gauche elle porte un lécythus. Entre les deux premières se lit le mot ΚΑΛΟΙ. Je ne demanderai pas à la mythologie des noms pour ces trois figures ; je ne saurais y reconnaitre, avec un savant archéologue de mes amis, ni les Grâces, ni les Parques. J'y vois simplement une jeune fille jouant à la balle et deux de ses suivantes venant lui apporter des objets de toilette. En confrontant cependant ce sujet avec celui du côté opposé, je ne suis pas éloigné de croire que ce sont trois hétaires qui se montrent réciproquement les présents qu'elles ont reçus de leurs amants.

[1] *Description des Thermes de Titus*, pl. 17. Panofka, *Bild. a. Leb.* X, 1.

[2] Cette sphéra est plus grosse que celles du côté opposé, mais il y en avait de divers volumes. Les auteurs distinguent la μικρὰ de la μεγάλη σφαῖρα. Voy. les textes cités par Krause, *Gymnastik u. Agon.* S. 309 n. 1. Puis sa couleur d'un violet rougeâtre rappelle la σφαίρη πορφυρέη d'Éros chez Anacréon. Voy. *Supra*, p. 88, not. 2.

ADDITIONS ET CORRECTIONS.

Page 7, note 5, 2ᵉ colonne. D'après M. Janssen, *Monument.*, etc., p. 174, n° 1806, l'une des bases carrées figurées sous les anses de la coupe porterait le mot ΚΑΛΟΣ.

Page 8, lignes 13, 30 et 33. *Au lieu de* Muesthée, *lisez* Ménesthée.

Page 10, note 5, 2ᵉ colonne, ligne 1. *Au lieu de* celui-ci, *lisez* le premier.

Page 11, dernière ligne. *Au lieu de* Telle, *lisez* Tel.

Page 24, ligne 14. *Au lieu de* Phaéton, *lisez* Phaëthon.

Page 46, note 1. Les représentations du combat des Centaures et des Lapithes publiées par Passeri, d'Hancarville et De la Borde pourraient bien être des reproductions des peintures d'un seul et même vase.

Page 71, note 10, l. 2. *Au lieu de* ἀνοιτόμενος, *lisez* ἀναιθόμενος.

Page 74. Un autre lécythus du Musée de Leide, rapporté également de la Grèce, montre un aurige conduisant un quadrige à côté duquel court un apobate armé. L'hippodrome est indiqué par une *meta* coloriée en blanc. Voy. Janssen, *ouv. c.*, p. 169, n° 1735.

TABLE DES PLANCHES.

		Pages
Planche I.	Les fiançailles de Jupiter et de Junon	1
Pl. II.	L'oracle de Minerve Scirade	5
Pl. III.	1. Banquet de Bacchus. — 2. La Minerve bachique	11
Pl. IV.	1. L'initiation et le départ de Triptolème. — 2. Un message d'Iris	14
Pl. V.	Danse bachique. — 2. Chœur de jeunes garçons	17
Pl. VI.	L'Aurore poursuivant Céphale	22
Pl. VII.	L'union mystérieuse de Minerve et d'Hercule	25
Pl. VIII.	1. Dispute du trépied. — 2. Combat d'Hercule et du Centaure Dexamène	28
(Gravure dans le texte.)	Dispute de la biche	31
Pl. IX.	Iolas aux jeux funèbres donnés en l'honneur de Pélias	35
Pl. X.	Combat de Thésée et du Minotaure	38
Pl. XI.	1. Le combat des Centaures et des Lapithes. — 2. La fin de Cénée. — 3. Les divinités de Delphes	45
Pl. XII.	1. Pélée enlevant Thétis. — 2. Une course de chevaux	50
Pl. XIII.	La querelle de Lycurgue et d'Amphiaraüs	55
Pl. XIV.	1. L'armement d'Achille. — 2. Cassandre poursuivie par Ajax	58
Pl. XV.	1. La fuite d'Énée. — 2. Le supplice de Sisyphe	62
Pl. XVI.	1. La fuite d'Énée. — 2. Diomède et Ulysse en embuscade	66
Pl. XVII.	1. Les érastes rivaux. — 2. Une course de chars	69
Pl. XVIII.	Concours musical	75
Pl. XIX.	1. Bains. — 2. Chasse au cerf. — 3. Adieux d'Hector	79
Pl. XX.	1. Mercure sacrificateur. — 2. Dons et jeux d'amour	86

TABLE DES VASES EXPLIQUÉS.

Annali dell' Inst. Arch.
  Vol. xiii. Tav. d'Agg. 1 . . . . p. 88.
Birch, *Arch. Brit.*
  Vol. xxxii, pl. xi . . . . . . p. 10.
  — pl. ix. x. xii. . . p. 54, svv.
Bonaparte (Luc.) *Mus. Étr.*
  n°s 1015. 1425 . . . . p. 74.
Bulletin de l'Acad. de Brux.
  T. xii, p. 184. . . . . . p. 79, n. 13.
Collection E. Braun . . . . . . p. 76.
  — Campana . . . . p. 84.
  — Hope . . . . . . p. 77, n. 10.
  — Jatta . . . . . . p. 59, n. 8.
  — Northampton . . . p. 4, n. 5.
  — Panckoucke. . . . p. 71. 72.
  — Révil . . . . . . p. 9, n. 9.
  — Santangelo . . . p. 77, n. 10.
De la Borde, *Vases de Lamberg.*
  Pl. xxv. xxvi . . . . p. 46.
De Luynes (Duc), *Descript. de Vas.*
  Pl. xii . . . . p. 45.
  Pl. xiii . . . . p. 59, n. 8.
De Witte, *Catalogue Durand.*
  N° 145 . . . . p. 18, sv.
  365 . . . . p. 46, sv. p. 48.
  665 . . . . p. 71, sv
  722. 732 . . . . p. 72.
  — *Catalogue Étrusque.*
  N° 99 . . . . p. 27.

N°s 103, 104 . . . . p. 37.
134 . . . . p. 27.
177 . . . . p. 72, n. 2.
D'Hancarville, *Antiq. d'Hamilton.*
  Vol. iii, pl. 54 . . . . p. 78.
  — pl. 86 . . . . p. 45.
Dubois-Maisonneuve, *Introduction* etc.
  Pl. lx . . . . . . p. 19, sv. n. 14.
Gerhard, *Auserl. Gr. Vas.*
  Taf. ccxvi . . . . p. 64.
  ccxxxv. ccxxxvi . . . . . p. 40.
  ccli. cclii . . . . p. 37.
— *Etrusk. u Kampan Vas.*
  Taf. xxii . . . . p. 60.
— *Vasen u. Trinkschal.*
  Taf. xi. xii . . . . p. 71.
Lenormant et de Witte, *Élite des M. Cér.*
  Tom. iii, pl. liii. lxiv . . . . p. 45.
  — pl. lxxiv . . . . p. 87, n. 7.
  Tom. iv, pl. xvii . . . . . . p. 80.
Micali, *Mon. ined. alla Stor.* etc.
  Tav. xlvi, 6.. . . . . . . p. 71.
Millin, *Peintures de vases.*
  i, pl. lxii. . . . . . p. 16, n. 6.
  ii, pl. xli . . . . p. 27.
— *Monum. inédits.*
  ii, pl. xxxvi. . . . . . p. 48, n. 5.
Millingen, *Vases de Coghill.*
  Pl. li . . . . p. 12, n. 6.

Minervini, *Mon. ined. di Barone.*
  i. Tav. iv . . . . p. 25, sv.
Müller, *Descript. du Mus. Thorvalsen.*
  i. p. 82 . . . . p. 72.
  84 . . . . p. 84.
Musée de Leide . . . p. 74. 78. 88.
  — de Naples . . . . p. 46, n. 2.
Mus. Gregor.
  Tav. liv, 2 a . . . . . p. 26, n. 1.
  lx, 3 a . . . . p. 78.
  lxxxv, 4 a . . . . . p. 46, n. 4.
Panofka, *Vasi di Premio.*
  Tav. iii. iv . . . . p. 64.
— *Die Eigennamen mit* καλός.
  Taf. i . . . . p. 70, n. 12.
— *Museo Bartoldiano.*
  p. 152 . . . . p. 71.
Passeri, *Picturae Etr. in Vasc.*
  i. Tab. 7 . . . . p. 77.
  ii. Tab. 152 . . . . p. 37.
  iii. Tab. 249 . . . . p. 12.
  — 250-251 . . . . p. 26, n. 1.
Von Stackelberg, *Graeber der Hellenen.*
  Taf. xiii. 3 . . . . . . p. 26, n. 1.
Stephani, *Minotauros,* etc.
  Taf. ii. iii. vi . . . . p. 45.
Tischbein, *Vases.*
  i, 25 . . . . p. 55.
  i, 57 . . . . p. 80, n. 5.

TABLE DES MATIÈRES.

Académie (l') embellie par Cimon, page 82, note 3.
Achille. — Son armement, p. 58, sv.
Ajax, fils d'Oïlée, poursuit Cassandre, p. 59, svv. — Lui fait violence dans le temple de Minerve, *ibid.*, n. 4.
Ajax, fils de Télamon, consulte l'oracle de Minerve Sciradc, p. 8 et 10.
Ἄλυκα, inscr., p. 40, n. 3.
Amphianaüs. — Sa querelle avec Lycurgue, p. 55, sv.
Anténor. — Présent aux adieux d'Hector, p. 85.
Ἀνθυλα, inscr., p. 40, n. 3.
Ἀντιας, inscr., p. 40, n. 4.
Ἀντιες, inscr., p. 18, n. 1.
Ἀντιμενες, inscr., p. 82.
Apobate. — Dans les Panathénées, p. 73, sv. 89.
ἀποβατικοὶ τροχοί, p. 74.
Apollon dispute à Hercule le trépied de Delphes, p. 27, sv. — Prend la biche, son acolythe, p. 30, sv. — Dispute la biche à Hercule, *ibid.* — Citharède, p. 49.
Ἀριαδνε, inscr., p. 40.
Ariadne assiste au combat de Thésée et du Minotaure, p. 41, sv. — S'éprend d'amour pour Thésée, p. 43.
Ἀριαννε, inscr., p. 39.
ἀτάμινθος, p. 80.
Ἀστυδαμα(ς), inscr., p. 39, n. 5.
Ἀθεναα, inscr., p. 38, n. 2.
Ἀθεναια, inscr., p. 40.
Athéniens. — Nombre et noms des envoyés en Crète pour être livrés au Minotaure, p. 43, sv.
αὐλωδία, p. 73, sv.
Aurore enlève divers jeunes gens, p. 22, n. 6. — Représentée sans ailes, *ib.*, n. 1.
Autel (l') des dieux domestiques placé dans l'*aula*, p. 46, n. 3.
Bacchus couché dans une grotte, p. 11, sv. — Représenté sans Ariadne sur le coffre de Cypsélus, *ibid.* — Préside aux banquets, p. 12. — Ses rapports avec Minerve, p. 12, sv. — Accompagné du bouc et de deux Silènes, p. 26. — Entre deux Ménades, p. 57 et 66. — Juge de la lutte pour la possession de la biche de Delphes, p. 31.
Bains. — Leur usage chez les Grecs, p. 79, sv. — Douches, p. 80. — Rentrant dans la catégorie des scènes de toilette, p. 80, sv.
Balles de volumes divers, p. 89, n. 2. — Jeu de — pratiqué par les jeunes filles, p. 88. — Sa signification érotique, *ibid.* — Ses diverses espèces, *ib.*

Bandelette. — Attribut de la Victoire, p. 4. — Emblème érotique, p. 72, n. 4. — Donnée au vainqueur comme accessoire du prix, p. 77.
Biche. — Symbole de la puissance prophétique, p. 30. — Cérényte, *ibid.* — Acolythe d'Apollon, p. 30, sv. — Ravie par Hercule, p. 31.
Branches. — De myrte ou d'olivier servant aux sacrifices, p. 87, n. 2.
Caille donnée en cadeau aux éromènes, p. 70.
Καλικρατες, inscr., p. 39, n. 7.
Καλλιμαχος, inscr., p. 25, sv.
Καλος, inscr. — Ajouté à des noms propres, p. 83. — Accompagnant des noms de divinités, p. 36, n. 11. — A un sens érotique, p. 87. 89.
Cassandre poursuivie par Ajax, p. 59, sv. — Représentée sous la forme d'une enfant, p. 61. — Son vêtement, *ibid.*
Cébrionès, aurige d'Hector, p. 84.
Cénée. — Invulnérable, p. 48. — S'enfonce dans la terre et descend aux enfers, *ibid.* — Armes avec lesquelles ses adversaires l'attaquent, *ibid.* — Type arrêté de ce combat, *ibid.*, n. 5.
Centaures. — Leur combat avec les Lapithes, p. 45, svv. — Formes sous lesquelles on les représente, p. 47. — Leurs armes, *ibid.*
Céphale. — Poursuivi par l'Aurore, p. 22, sv. — Chasseur, p. 23.
Cerf. — Donné en cadeau aux éromènes, p. 71. — Sa signification érotique, *ibid.*, n. 10. — Diverses manières de le chasser, p. 85, sv.
Χαιτος, inscr., p. 39, n. 5.
χεὶρ καταπρηνής — τιμή, p. 19, n. 14.
Cheval donné en cadeau aux éromènes, p. 70. — En rapport avec les fontaines, p. 81.
Chien accompagnant un quadrige, p. 57, n. 3. — Donné en cadeau aux éromènes, p. 70, n. 13.
Chiron. — Sa forme et ses attributs, p. 31, n. 8. 10. — Assiste à l'enlèvement de Thétis, *ibid.*
Cithare. — Symbole de persuasion et d'harmonie, p. 13. — Emblème érotique, p. 27.
Κιθαρῳδία, p. 73, svv.
Collier donné en cadeau aux éromènes, p. 71, sv.
Colombe donnée en cadeau aux éromènes, p. 70. — Consacrée à Vénus, p. 87.
Concours musicaux dans les grandes fêtes de la Grèce, p. 75. — Signe auquel on les reconn. sur les peint. de vases, p. 78.

Coq. — Symbole des luttes agonistiques, p. 41, n. 1. — Donné en cadeau aux éromènes, p. 70, svv. — Emblème érotique, p. 75.
Couronne sur la tête d'un messager, p. 2, n. 2. — Prix de la victoire dans les grandes fêtes nationales, p. 77. — Signe de fête, p. 78. — Attribut de la Victoire, p. 4.
Course. — De chevaux, p. 32. — De chars avec apobates, p. 75, sv.
Courtisanes dans le Sciron, p. 7, et 9, n. 8.
Danse de Silènes et de Bacchantes, p. 17, svv. — De jeunes filles, p. 78, n. 4. phallique, p. 20. — De jeunes garçons, p. 21.
Danseurs. — Leur costume particulier, p. 21, n. 3.
Déjanire. — Violentée par Nessus et par Dexamène, p. 25.
Déionée ou Déïon, père de Céphale, p. 24.
Delphiques (les divinités) avec des attributs bachiques, p. 49.
Δεμοδικα, inscr., p. 39, n. 6.
Dexamène (le Centaure). — Son combat avec Hercule, p. 33, sv.
Diomède en embuscade avec Ulysse, p. 66, sv.
Dolon se rend dans le camp des Grecs, p. 67.
Δορκις, inscr., p. 18, n. 7, p. 19.
Δορο, inscr., p. 19, n. 2.
Doublement érotique, p. 32.
Eto, inscr., p. 17, n. 5 et p. 19.
Énée. — Sa glorification par Homère, p. 62. — Sa fuite de Troie, p. 62, sv. et 66. — Manière dont il porte Anchise, *ibid.* — Accompagné de Créuse ou de Vénus, *ibid.* — Suivi de deux enfants ou d'Ascagne seul, p. 64 et 66.
Ἐντεδο, inscr., p. 40, n. 7.
Érastes. — Leur rivalité, p. 70. — Leurs présents aux jeunes gens, p. 70, svv.
Éromènes. — Reçoivent des cadeaux, p. 69, svv. — Se prostituent, p. 70.
Ευανθες, inscr., p. 40, n. 9.
Ευκιε, inscr., p. 40, n. 9.
Fiançailles, p. 5 et 26.
Figures d'une composition omises, p. 26. 35. 67.
Fleur offerte au vainqueur, p. 49 et 78. — Présent d'amour, p. 43.
Flûtes de longueur inégale, p. 76, n. 4.
Fontaine. — Coulant sous un portique, p. 79, sv. — Callirhoé jetait son eau par neuf mufles d'animaux, p. 82, n. 10.
γελγανος. — Surnom de Jupiter en Crète, p. 39, n. 4.

TABLE DES MATIÈRES.

Γελκος, inscr., p. 39. — Nom du coq en Crète, *ibid.*, n. 4.
Guerriers jouant aux dés, p. 9. — Consultent l'oracle avant leur départ pour la guerre, p. 7, n. 7.
Hector. — Ses adieux, p. 84, sv.
Hercule. — Son union mystique avec Minerve, p. 25, svv. — Citharède, p. 26. — Enlève le trépied de Delphes, p. 28, sv. Enlève la biche d'Apollon, p. 30, sv. — Combat le Centaure Dexamène, p. 33, sv.
Ἱππαιος, inscr., p. 18, n. 3.
Ἱππομαχος, inscr., p. 84.
Ἱππος, inscr., p. 18.
Ἡ(δι), inscr., p. 33. n. 1.
Iaeus, héraut troyen, p. 83.
Iolas, aurige d'Hercule, p. 35. — Vainqueur dans les jeux funèbres donnés en l'honneur de Pélias, p. 36, sv.
Ιολεος, inscr., p. 33, n. 1.
Ἱππαλεκτρυών. — Sa double signification, p. 72, n. 2.
Iris verse la libation dans les pactes solennels, p. 4 — et Jupiter, p. 16 — et Priam, *ibid.*, n. 6.
Junon. — Ses fiançailles avec Jupiter, p. 2. — Coiffée du modius, *ibid.*
Jupiter. — Nicéphore, p. 2, n. 3. — Ses fiançailles avec Junon, p. 2. — Triomphe de la résistance de la déesse, p. 4. — L'un et l'autre adorés comme divinités protectrices du mariage, p. 3. — Représentés sur un char, p. 3. — Envoie Iris à Cérès, p. 16, et à Priam, *ibid.*, n. 6.
Jynx, p. 87, sv.
Κλυτο, inscr., p. 18, n. 4.
Κυνέη. — Donnée aux chasseurs et à divers héros, p. 22, n. 3.
Κῶμος, p. 12.
λαγωβόλον. — Ses diverses formes, p. 22, n. 3.
Lapithes. — Combattent les Centaures, p. 45, svv.
λήκυθοι, p. 84.
Libation. — Symbole d'un pacte solennel, p. 4 et 26, sv.
Lièvre, donné en cadeau aux éromènes, p. 74, sv. — Consacré à Vénus, p. 72. — Consacré à l'Amour, *ibid.* — Symbole érotique, *ibid.* et p. 34.
Λυχινος, inscr., p. 40, n. 2.
Λυχιος, inscr., p. 40, n. 8.
Lycurgue. — Sa querelle avec Amphiaraüs, p. 53, sv.
Main. — Donner la main en signe de promesse, p. 26. — Lever la main en prêtant serment, *ibid.*
Μελπα(ς), inscr., p. 19, n. 3.
Ménestrée consulte l'oracle de Minerve Scirade, p. 8 et 10.
Mercure. — ἀγώνιος, p. 32. 37. 41. 74. — Avec l'épée, p. 74. — Sacrificateur, p. 86, sv. — Institue les sacrifices, p. 87. — Κριοφόρος, *ibid.*

Minerve. — Scirade honorée à Athènes dans deux endroits différents, p. 5, sv. — Prédit l'avenir au moyen de dés, p. 6, svv. — Invente ce genre de divination, *ibid.* — Préside au jeu de dés, p. 7. — Invente le parasol, p. 5, n. 1. — Son temple dans le Phalère et dans l'île de Salamine, p. 5, n. 7. — Son idole, p. 9, sv. — Bachique, p. 12, svv. — Munie d'attributs dionysiaques, p. 13. — Κισσαία, *ibid.* n. 8. — Protectrice d'Iolas, p. 35, sv. — Représentée avec la lance seule et même sans attributs, p. 43. — Se présente à Pâris sous la forme de Vénus, p. 68. — Hygia, p. 82.
Μινος, inscr., p. 39.
Minos assiste au combat de Thésée et du Minotaure, p. 41, sv.
Minotaure. — Son combat avec Thésée, p. 38, svv. — Plusieurs versions sur ce combat, p. 41 et 42, n. 6. — Endroit où il a lieu, p. 44.
Μινσταυρος, inscr. p. 40.
Μολπε, inscr., p. 18, n. 3.
Mufles de lion, de panthère et de sanglier, employés comme ornement architectonique des fontaines, p. 42.
Μυρο, inscr. p. 17, n. 4.
Myrte. — Symbole des mystères, p. 16, n. 1.
Ναις, inscr., p. 19, n. 7.
Neptune. — Préside aux fontaines, p. 81. — Crée le cheval, *ibid.* — ἱππιος, p. 82.
Nudité des cavaliers dans les jeux publics, p. 52.
Oie donnée en cadeau aux éromènes, p. 70. — Symbole érotique, p. 88.
Ορατιας, inscr., p. 18, n. 9.
Oschophorion, autre nom du Sciron, p. 6, n. 3.
Palestrites consultent l'oracle de Minerve Scirade, p. 7.
Palme donnée au vainqueur comme accessoire du prix, p. 77.
Paon donné en cadeau aux éromènes, p. 70.
Pâris trompé par Minerve, p. 68. — Avec l'armure ordinaire des oplites, *ibid.*
Patère, attribut de Mercure, p. 86.
Pédérastie, très-répandue dans la Grèce, p. 69.
Personnages représentés sous la forme d'enfants par suite de l'insuffisance de l'art, p. 36, n. 8, p. 61, n. 3.
Πετραιος, p. 49, n.
Phaëthon, fils ou petit-fils de Céphale, p. 24, n. 4.
Φαινιππος, inscr., p. 39, n. 1.
Φοιβε, inscr., p. 19, n. 6.
φορβειά, p. 76, n. 6.
πιλος donné aux chasseurs, p. 22, n. 3.
Ποδοστράβαι, p. 83.
Pirithoüs combat les Centaures, p. 46.
Ποδις, inscr., p. 19, n. 3.
Pomme. — Symbole érotique, p. 34, n. 2. p. 87, n. 10.

Porphyrion donné en cadeau aux éromènes, p. 70.
Προκριτος, inscr., p. 39, n. 8.
Proserpine assiste au supplice de Sisyphe, p. 64.
Protélies, p. 5 et 26.
Pseudo-Eratosthène corrigé, p. 74, n. 5.
Ψορα, inscr., p. 18, n. 3.
Rossignol donné en cadeau aux éromènes, p. 70.
Satyres les mêmes que les Silènes, p. 17, n. 2.
Scires, fête consacrée à Minerve, p. 5, sv.
Sciron. — Deux endroits de ce nom à Athènes, p. 5. — Rendez-vous des devins et des joueurs de dés, p. 7.
Serpent. — Emblème de l'eau, du génie de la localité, ou de la santé; p. 81.
Silènes à queue et à pieds de cheval, avec des oreilles d'âne, p. 19, n. 10 et 11.
Σιμος, inscr., p. 40, n. 6.
Σιμος, inscr., p. 17, n. 5.
σκιραφεία, p. 7.
σκιράφιον, *ibid.*
Σμις, inscr., p. 49, n. 4.
Σμος, inscr., p. 19, n. 1.
Σολον, inscr., p. 40, n. 10.
Σφεκις, inscr., p. 19, n. 9.
Ταυρος, inscr., p. 38, n. 3.
Θανον, inscr., p. 18, n. 2.
Thésée combat le Minotaure, p. 38, svv. — Apprend de Minerve l'exercice de la lutte, p. 41. — Son armure, *ibid.*, et p. 8, n. 7. — Son type avant et après Phidias, p. 8. — Combat les Centaures, p. 45, sv.
Θεσευς, inscr., p. 38. 40.
Thétis enlevée par Pélée, p. 50, sv. — Ses métamorphoses, p. 51. — Apporte une armure à Achille, p. 58, sv. — Vêtue d'une cuirasse couverte d'écailles, p. 58, n. 5.
Τιμο, inscr., p. 40, n. 11.
Τιμονικα, inscr., p. 39, n. 2.
Tithon, frère de Céphale, p. 24. — Jeune troyen enlevé par l'Aurore, *ibid.* — Caractérisé par la lyre, p. 25, n. 10.
Trépied. — Symbole de la lumière et de la prophétie, p. 30, n. 12. — Symbole de la victoire, p. 30.
Triptolème. — Son initiation, son départ, son retour, p. 15. — Ses attributs, p. 16. — Son char, *ibid.*
Τροχος. — donné en cadeau aux éromènes, p. 71. — Symbole érotique, *ibid.*, n. 7.
Ulysse en embuscade avec Diomède, p. 66, sv. — Revêtu de l'armure ordinaire des oplites, p. 67.
Vase rempli d'huile, donné pour prix dans les Panathénées, p. 77. — Ses formes, *ibid.*
Vénus protège la fuite d'Énée, p. 63.
Χανθα, inscr., p. 18, n. 6.
Χανθοι, inscr., p. 18.
Χανθος, inscr., p. 84, n. 10.

www.ingramcontent.com/pod-product-compliance
Lightning Source LLC
Chambersburg PA
CBHW052302220526
45471CB00001B/461